Romanistische Arbeitshefte 33

Herausgegeben von
Volker Noll und Georgia Veldre-Gerner

Wolfgang Pöckl, Franz Rainer, Bernhard Pöll

Einführung
in die romanische
Sprachwissenschaft

5., aktualisierte Auflage

De Gruyter

Zu diesem Band ist eine Audio-CD mit Sprachproben erhältlich, die von den Autoren zum Selbstkostenpreis bezogen werden kann. Eine Kontaktadresse kann beim Verlag erfragt werden.

Wir danken unseren Sprechern und Übersetzern:
Dumitru Viezuianu (Rumänisch)
Chiara Gerini (Italienisch)
Cosimo Bitta (Sardisch)
Margareth Lardschneider McLean (Ladinisch)
Christian Ollivier (Französisch)
Robert Lafont (Okzitanisch)
Ramón Torra (Katalanisch)
Pilar Cabañas (Spanisch)
Eduardo Alvelos (Portugiesisch)
Geraldo de Freitas† (Portugiesisch-Brasilianisch)
Bernardino von Baars sowie einer anonymen Sprecherin (Papiamentu)

(Die Sardisch-, Okzitanisch- und Papiamentuaufnahmen mussten auf dem Korrespondenzweg beschafft werden und haben deshalb leider nicht Studioqualität.)

Alle im Text angegebenen Internet-Seiten waren Anfang Dezember 2012 aktiv.

ISBN   978-3-11-031013-9
e-ISBN 978-3-11-031069-6
ISSN   0344-676X

Library of Congress Cataloging-in-Publication Data
A CIP catalog record for this book has been applied for at the Library of Congress.

Bibliografische Information der Deutschen Nationalbibliothek
Die Deutsche Nationalbibliothek verzeichnet diese Publikation in der Deutschen Nationalbibliografie; detaillierte bibliografische Daten sind im Internet über http://dnb.d-nb.de abrufbar.

© 2013 Walter de Gruyter GmbH, Berlin/Boston

Gesamtherstellung: Hubert & Co. GmbH & Co. KG, Göttingen
∞ Gedruckt auf säurefreiem Papier

Printed in Germany

www.degruyter.com

Inhaltsverzeichnis

1.	**Erste Unterrichtseinheit**	1
1.1	Einführung in die Einführung	1
1.2	Phonetik	5
1.3	Die Ausgliederung der romanischen Sprachen	14
2.	**Zweite Unterrichtseinheit**	19
2.1	Geschichte der romanischen Sprachwissenschaft	19
2.2	Sprachwandel	24
2.3	Die Herausbildung romanischer Kultursprachen	27
3.	**Dritte Unterrichtseinheit**	35
3.1	Typen wissenschaftlicher Publikationen	35
3.2	Etymologie und Wortgeschichte	38
3.3	Sprachskizze 1: Latein	44
4.	**Vierte Unterrichtseinheit**	51
4.1	Literatursuche I: konventionell	51
4.2	Sprachgeographie	53
4.3	Sprachskizze 2: Rumänisch	58
5.	**Fünfte Unterrichtseinheit**	67
5.1	Literatursuche II: elektronisch	67
5.2	Semiotik	69
5.3	Sprachskizze 3: Italienisch	73
6.	**Sechste Unterrichtseinheit**	79
6.1	Abfassen einer Arbeit	79
6.2	Phonologie	82
6.3	Sprachskizze 4: Sardisch	86
7.	**Siebte Unterrichtseinheit**	91
7.1	Zitat und Plagiat	91
7.2	Orthographie	94
7.3	Sprachskizze 5: Rätoromanisch	98
8.	**Achte Unterrichtseinheit**	105
8.1	Fachsprache der Linguistik	105
8.2	Morphologie	108
8.3	Sprachskizze 6: Französisch	113

VI

9. **Neunte Unterrichtseinheit** 119
9.1 Theorien, Hypothesen, Definitionen 119
9.2 Syntax 124
9.3 Sprachskizze 7: Okzitanisch 128

10. **Zehnte Unterrichtseinheit** 133
10.1 Wörterbücher I: Allgemeines/Einsprachige Wörterbücher 133
10.2 Semantik 136
10.3 Sprachskizze 8: Katalanisch 141

11. **Elfte Unterrichtseinheit** 147
11.1 Wörterbücher II: Zweisprachige Wörterbücher 147
11.2 Pragmatik 150
11.3 Sprachskizze 9: Spanisch 153

12. **Zwölfte Unterrichtseinheit** 161
12.1 Grammatiken 161
12.2 Textlinguistik 164
12.3 Sprachskizze 10: Portugiesisch 167

13. **Dreizehnte Unterrichtseinheit** 173
13.1 Korpora 173
13.2 Zweitspracherwerb 178
13.3 Sprachskizze 11: Kreolsprachen (am Beispiel Papiamentu) 182

14. **Bibliographie** 185

15. **Sachindex** 191

1. Erste Unterrichtseinheit

1.1 Einführung in die Einführung

1.1.1 Vorbemerkung zur 5. Auflage

Seit dem ersten Erscheinen dieses Arbeitshefts sind 23 Jahre vergangen. Nachdem sich die Verfasser in der zweiten Auflage darauf beschränkt hatten, Druckfehler auszumerzen, erfolgten in der dritten, neu bearbeiteten Auflage (2003) eine Aktualisierung und behutsame Erweiterung der Inhalte. In der vierten und der nun vorliegenden fünften Auflage wurden nur kleine Veränderungen (punktuelle Ergänzungen und Korrekturen kleinerer Fehler) bzw. bibliographische Aktualisierungen vorgenommen. Wenn seit der dritten Auflage drei Autoren verantwortlich zeichnen, so hat dies seinen Grund darin, dass die beiden Verfasser des ursprünglichen Texts in ihrer gegenwärtigen beruflichen Tätigkeit keine Möglichkeit mehr haben, das Heft in ihren Lehrveranstaltungen einzusetzen und Neuerungen zu erproben, weshalb sie es für sinnvoll hielten, in die neue Fassung kritische Überlegungen und konkrete Unterrichtserfahrungen eines jüngeren Kollegen einfließen zu lassen.

Das Grundkonzept dieses Arbeitsheftes ist seit der ersten Auflage unverändert geblieben: Im Wissen um das generell eher knappe Stundenbudget für Lehrveranstaltungen mit propädeutischem Charakter wurde an dem Ziel festgehalten, praktische Fertigkeiten, theoretisch-methodische Grundlagen und enzyklopädische Information parallel auszubauen. Erwartungsgemäß zeigte sich, dass in der ersten Rubrik – *Arbeitstechnik und Hilfsmittel* – die größten Eingriffe vorzunehmen waren, denn die Benützung elektronischer Medien ist mittlerweile eine Selbstverständlichkeit geworden. Im *Linguistik*-Block kam es uns darauf an, eine möglichst breite Palette der sprachwissenschaftlichen Teildisziplinen vorzustellen und neuere Entwicklungen, die in den letzten beiden Jahrzehnten ein erkennbares Profil gewonnen haben, zu integrieren.

Der Kanon der verschiedenen Zweige der Linguistik scheint in der jüngeren Vergangenheit jedoch relativ stabil geblieben zu sein, weshalb sich in Titeln und Abfolge der Kapitel wenig geändert hat. Wenn man die aktuellen Großprojekte der Sprachwissenschaft betrachtet, so scheint derzeit eher das Bedürfnis vorzuherrschen, das Erreichte in umfangreichen Nachschlage- und Überblickswerken zu sammeln und verfügbar zu halten.

Bei der Vorstellung der einzelnen romanischen Sprachen im jeweils dritten Abschnitt wurde einerseits der zunehmenden Bedeutung der außereuropäischen Romanität und andererseits den sich etablierenden Klein- und Minderheitensprachen stärker Rechnung getragen. Die Sprachskizzen wurden jeweils um ein linguistisches Thema ergänzt, dessen Behandlung sich bei der betreffenden Sprache anbot. Auf den durch die dazugehörige Audio-CD vermittelten akustischen Eindruck sollte nach Möglichkeit nicht verzichtet werden.

1.1.2 Benutzerprofil

Obwohl in jüngster Zeit zahlreiche Beiträge zur Geschichte des Fachs Romanistik und seiner Lehre veröffentlicht worden sind, hat sich unseres Wissens niemand mit der Frage befasst, wie sich die Großmeister der Disziplin erstsemestrige Romanisten vorgestellt haben: welche Kenntnisse sie bei diesen als selbstverständlich voraussetzten, wofür sie ihre Aufmerksamkeit reklamierten, welche Lernziele sie für unabdingbar hielten, welche Ratschläge sie zu geben wussten. Wenn man im Vertrauen auf Lehrerfahrung und pädagogisches Feingefühl der *opinion leaders* annimmt, dass ihre als Einführung deklarierten Werke tatsächlich einmal den Bedürfnissen von Anfängern und den Anforderungen der Lehre entsprochen haben, so müssen wir ohne alle Sentimentalität konstatieren, dass die Schule heute die durchschnittlichen Maturanten/Abiturienten nicht auf jener Stufe des Wissens entlässt, auf der sie diese Bücher in Empfang nehmen möchten.

Denn mit Selbstverständlichkeit wurde eine gründliche Ausbildung in den klassischen Sprachen vorausgesetzt; zumindest für das (klassische) Latein wurde auf eine gut entwickelte Lesefertigkeit gebaut. Mittlerweile aber stehen wir vor einer veränderten Situation. Ein beträchtlicher Prozentsatz der Studierenden hat bei Studienbeginn nicht nur keinerlei Erfahrung mit Altgriechisch, sondern auch keine Lateinkenntnisse. Ebenso wenig kann erwartet werden, dass alle Studierenden der Romanistik – im Einklang mit einer früher gültigen Hierarchie der Sprachen – Französisch beherrschen, noch dass sie sich mit der Absicht tragen, es je zu lernen. Die Aufsplitterung in einzelne Studienzweige hat dazu geführt, dass es „reine" Italianisten, Hispanisten usw. gibt. Längst bilden diese zusammengenommen die Mehrheit gegenüber den Französisten oder Frankoromanisten. Daraus ergibt sich als erste Konsequenz, dass in dieser *Einführung in die romanische Sprachwissenschaft* paradoxerweise nur Vorkenntnisse aus Deutsch und … Englisch vorausgesetzt werden. Auf das Deutsche, vermutlich Muttersprache der meisten Leser, wird sowohl im Text als auch in den Übungen vor allem dort zurückgegriffen, wo es auf das „Sprachgefühl" ankommt.

Die noch vor nicht allzu langer Zeit als Errungenschaft gepriesene zunehmende Vertreibung der Grammatik aus dem Klassenzimmer zugunsten von betont „kommunikativem" Sprachunterricht sowie die Tatsache, dass sich die Studierenden der Romanistik immer häufiger aus Abgängern von berufsorientierten Schultypen rekrutieren, führten ferner dazu, dass die grammatische Mitgift nicht mehr die früherer Jahre ist. Folglich wird hier über die lateinischen Namen der Wortarten hinaus kaum einschlägiges Vorwissen vorausgesetzt.

1.1.3 Vom Sinn einer gesamtromanischen Perspektive

Für die Verfasser von Einführungen stand es lange außer Zweifel, dass jeder Romanist sich einen soliden Überblick über das gesamte Fachgebiet verschaffen sollte. Solange sich die romanische Sprachwissenschaft auf die Beschreibung der Aufsplitterung des Lateins in die verschiedenen romanischen Sprachen und Dialekte beschränkte, musste der gesamtromanische Ansatz als selbstverständlich erscheinen und bedurfte keiner besonderen Legitimation.

Unterdessen hat sich das Bild von den Aufgaben der Sprachwissenschaft geändert. Einerseits verlagerte sich der Schwerpunkt des Fachs im Laufe der ersten Hälfte des 20. Jahrhunderts von der ausschließlich historischen Betrachtungsweise zu einem zunehmenden Studium von Sprach*strukturen*, was wiederum zu einer stärkeren Betonung der einzelsprachlichen Perspektive führte. Andererseits wurde diese Perspektive auch durch den aus der Verzweigung der Sprachwissenschaft in viele Subdisziplinen erwachsenden Spezialisierungsdruck gefördert. Auf institutioneller Ebene spiegelt sich diese Veränderung darin wider, dass die einzelnen romanistischen Studienzweige immer mehr voneinander isoliert betrieben werden. Gesamtromanische Lehrveranstaltungen oder solche, die zumindest mehr als eine romanische Sprache betreffen, werden zusehends seltener oder auch mit Bedauern als etatbedingte Notlösungen beklagt.

Vor diesem Hintergrund bedarf der gesamtromanische Ansatz einer neuen Rechtfertigung. Es kann natürlich nicht darum gehen, ein veraltetes Studienmodell kritiklos wiederaufleben zu lassen. Das sieht man auch schon daran, dass historisch und strukturell ausgerichtete Sprachwissenschaft in diesem Heft in gleicher Gewichtung vorkommen. Unser Hauptargument ist der allgemeinbildende Aspekt einer gesamtromanischen Perspektive: Studierende der Romanistik sollten einen Blick über den Zaun des eigenen Studienzweigs auf die faszinierende Vielfalt der Romania werfen, wobei sie am Beispiel anderer romanischer Sprachen auch viel lernen werden, was auf das eigene Studienfach übertragbar ist. Da es sich im ersten Semester ohnehin immer nur um eine Einführung in die Grundzüge der Sprachwissenschaft handeln kann, sei es nun in französischem, italienischem oder anderem Gewande, kann eine gesamtromanische Einführung auch zur Vermeidung von Redundanz im Lehrangebot beitragen.

Der einzelsprachenübergreifende Zugang zum jeweiligen Spezialgebiet erlaubt auch eine bessere Einordnung des eigenen Studienfachs und seiner Gegenstände in das breite Spektrum der Wissenschaften von den Sprachen und Kulturen. Eine Anekdote, die im politischen Diskurs der letzten Jahre vielfach bemüht wurde, kann auch das diesem Arbeitsheft zugrunde liegende Konzept illustrieren. Ein mittelalterlicher Reisender kommt an einem Bauplatz vorbei. „Was machst du da?", fragt er einen Arbeiter. „Ich haue diesen Stein so zurecht, dass er genau auf den anderen hier passt." Der Reisende stellt dieselbe Frage einem anderen Arbeiter. „Ich baue eine Kathedrale", antwortet dieser nicht ohne Stolz. Die unvermeidliche Spezialisierung muss nicht im Widerspruch zum Verständnis des Gesamtkomplexes stehen.

1.1.4   Anmerkungen zur Benutzung des Arbeitsheftes

Anders als manche älteren Einführungen versteht sich dieses Heft nicht als Vorbereitung auf wissenschaftliche Tätigkeit im engeren Wortsinn, da dies wegen der Berufsabsichten der überwiegenden Mehrzahl unserer Studierenden unangemessen und wegen der Komplexität der modernen Sprachwissenschaft zu ambitioniert wäre. Vielmehr geht es uns darum, Verständnis für sprachwissenschaftliche Fragen zu wecken und auf die Lektüre einfacherer

Fachliteratur vorzubereiten. Nicht wenige Einführungen scheinen die Studierenden nach dem Ebenbild ihrer Autoren formen zu wollen. Dagegen waren wir bestrebt, uns gegenüber den verschiedenen Lehrmeinungen möglichst neutral zu verhalten und uns auf ein sprachwissenschaftlich-romanistisches Grundwissen zu konzentrieren, das über die verschiedenen Richtungen hinweg konsensfähig ist und in neueren Fachtexten grundsätzlich als bekannt vorausgesetzt zu werden pflegt. Es versteht sich von selbst, dass in Anbetracht der Stofffülle und des beschränkten Raums manches vereinfacht dargestellt werden musste.

Bei der Abfassung der Arbeit wurde auf eine progressive Einführung des Fachvokabulars bzw. -wissens besonders geachtet, damit einzelne Abschnitte auch als Vorbereitung auf die Lehrveranstaltung durchgearbeitet werden können, wodurch diese selbst bei Bedarf teilweise für die Besprechung der Aufgaben und für die Vertiefung des Stoffes freigehalten werden kann. Auch bei der Auswahl der Lektüreaufgaben haben wir in der Regel nur auf solche Texte zurückgegriffen, die nicht theoretische Kenntnisse oder Fachtermini voraussetzen, welche erst zu einem späteren Zeitpunkt eingeführt werden.

Die Literaturangaben empfehlen dem interessierten Leser weiterführende Literatur, die uns übrigens selbst vielfach als Inspirationsquelle gedient hat. Die Aufgaben sind wesentlicher Bestandteil unseres Konzepts: Sie dienen zur Festigung des Stoffs und Erweiterung des Horizonts, der Anregung zum eigenständigen Denken und der Gewöhnung an das Lesen von einfachen Fachtexten sowie natürlich als Grundlage für das wissenschaftliche Gespräch inner- und außerhalb der Lehrveranstaltung.

1.1.5 Literatur

Dahmen et al. (Hg.) (2000)

1.1.6 Aufgaben

Anmerkung zu den Aufgaben: Gehen Sie immer genau auf die jeweilige Frage ein, d.h.: behandeln Sie alle relevanten Aspekte, aber auch nur diese. Bei Lektüre-Aufgaben empfiehlt es sich im Allgemeinen, zuerst den Text als ganzen zu lesen und erst im Anschluss daran die Antworten zu formulieren. Schreiben Sie Zusammenfassungen bitte immer in ganzen Sätzen und in korrektem Deutsch.

1. Vergleichen Sie ein romanistisches Lehrveranstaltungsverzeichnis der Jahrhundertwende mit einem aus den fünfziger Jahren und ihrem aktuellen. Welche Unterschiede in den Inhalten stellen Sie fest? [Hinweise zum Auffinden solcher Verzeichnisse gibt der Lehrveranstaltungsleiter.]

2. Suchen Sie mit Hilfe des Katalogs Ihrer Instituts-/Universitätsbibliothek den Standort des *Lexikons der romanistischen Linguistik* (*LRL*). Machen Sie ein Inventar aller in dieser Bibliothek vorhandenen Bände der Reihe *Handbücher zur Sprach- und Kommunikationswissenschaft* (*HSK*).

3. Vergleichen Sie das Inhaltsverzeichnis des ersten Bandes von Gustav Gröbers *Grundriss der romanischen Philologie* (Gröber 1904–06; Photomechanischer Nachdruck Berlin: de Gruyter, 1985) mit dem des *LRL*. Versuchen Sie Unterschiede in der thematischen Gewichtung zu erkennen.

1.2 Phonetik

1.2.1 Das internationale phonetische Alphabet

So wie die Physiker ein Urmeter brauchen, um ihre Messungen aufeinander beziehen zu können, erwies sich im ausgehenden 19. Jahrhundert auch für die Sprachwissenschaftler ein standardisiertes „Lautmaß" als notwendig. Um die übereinzelsprachliche Vergleichbarkeit zu gewährleisten, wurde von einer internationalen Vereinigung, der *Association Phonétique Internationale,* ein System von Symbolen erarbeitet, mit dem prinzipiell alle in menschlichen Sprachen vorkommenden Laute erfasst werden können, was natürlich immer wieder eine Anpassung an den neuesten Kenntnisstand erforderlich macht. Das **Internationale Phonetische Alphabet** (abgekürzt *IPA* oder *API*) benützt vorwiegend lateinische und griechische Buchstaben sowie einige Zusatzzeichen, z.B. „ ː " nach einem Vokal zur Angabe der Vokallänge oder den kleinen hochgestellten Strich zur Kennzeichnung der betonten Silbe (z.B. [alfaˈbeːt]. Die Wiedergabe einer Lautfolge durch Zeichen eines phonetischen Alphabets nennt man **phonetische Transkription**. Diese steht immer zwischen eckigen Klammern. Sie kann in Abhängigkeit vom angestrebten Zweck mehr oder weniger genau sein; technisch spricht man von **breiter** oder **enger** Transkription. Schema 2 und 3 sowie Tabelle 1 und 2 beschränken sich auf jene Symbole des API-Zeichensatzes, die für die romanischen Standardsprachen Spanisch, Französisch, Italienisch, Portugiesisch und Rumänisch sowie für das Deutsche von Bedeutung sind. Es sei hier auch noch darauf hingewiesen, dass neben dem API-System noch viele andere Transkriptionssysteme existieren, die vor allem für dialektologische Zwecke geschaffen wurden.

1.2.2 Artikulatorische Phonetik

Sprachlaute kann man nach verschiedenen Gesichtspunkten beschreiben. Die **akustische Phonetik** z.B. betrachtet sie als Schallwellen. Hier wollen wir sie hingegen unter dem Gesichtspunkt ihrer Hervorbringung beschreiben, ein Gebiet, dem sich die **artikulatorische Phonetik** widmet.

6

1.2.2.1 Der Sprechtrakt

Entwicklungsgeschichtlich betrachtet haben die **Artikulationsorgane** erst sekundär die Funktion von Sprechwerkzeugen übernommen. Schema 1 zeigt, welche Stellen des Sprechtraktes für die Lauterzeugung besondere Bedeutung haben. In der Phonetik heißen diese Stellen **Artikulationsorte**. Die Bezeichnungen dafür sind meist deutsch, die den einzelnen Artikulationsorten zugeordneten Adjektive (in Klammern) sind jedoch immer lateinische Fremdwörter.

Schema 1: Sprechtrakt (nach Mangold [2001, 616])

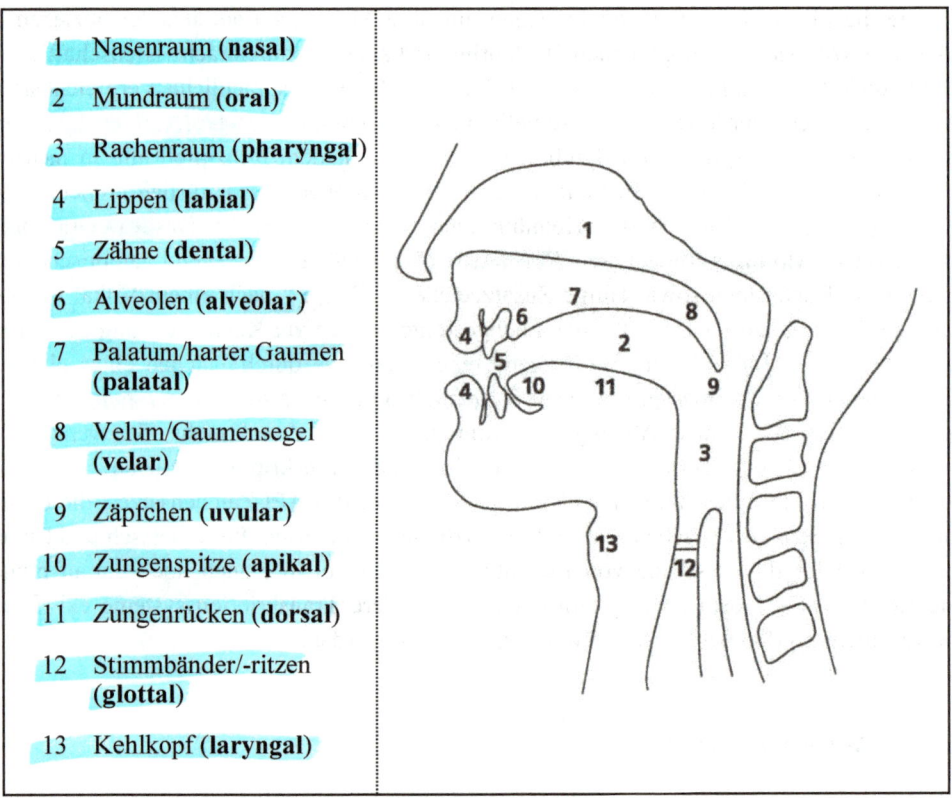

1   Nasenraum (**nasal**)

2   Mundraum (**oral**)

3   Rachenraum (**pharyngal**)

4   Lippen (**labial**)

5   Zähne (**dental**)

6   Alveolen (**alveolar**)

7   Palatum/harter Gaumen (**palatal**)

8   Velum/Gaumensegel (**velar**)

9   Zäpfchen (**uvular**)

10   Zungenspitze (**apikal**)

11   Zungenrücken (**dorsal**)

12   Stimmbänder/-ritzen (**glottal**)

13   Kehlkopf (**laryngal**)

1.2.2.2 Vokale

Bei der Beschreibung und Klassifikation der **Vokale** spielen die im vorhergehenden Abschnitt eingeführten Fachausdrücke für Artikulationsorte eine untergeordnete Rolle. Dies hängt damit zusammen, dass Vokale Laute sind, bei deren Bildung die Luft ohne wesentliche Behinderung durch den Mundraum (und Nasenraum) ausströmen kann, während die angeführten Artikulationsorte gerade jene Stellen des Sprechtrakts sind, an denen es bei der Bildung von Konsonanten zu Behinderungen für den Luftstrom und somit zu Geräuschbildungen kommt. Für die Beschreibung der Vokale sind hingegen andere artikulatorische Eigenschaften von Bedeutung. Man pflegt die Vokale durch das sog. **Vokaldreieck** (vgl. Schema 2) darzustellen, das als Längsschnitt durch den Mundraum zu sehen ist. Die Position auf der „Abszisse" zeigt an, ob ein Vokal **vorne**, **zentral** oder **hinten** gebildet wird, jene auf der „Ordinate" hingegen den **Öffnungsgrad**. Dazu kommen noch zwei Eigenschaften, die in einer zweidimensionalen Darstellung nicht adäquat dargestellt werden können: die **Rundung** und die **Nasalität**.

Schema 2

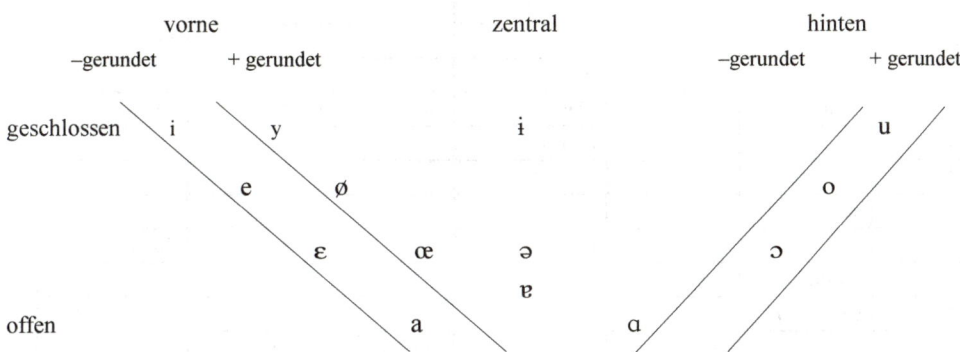

Bei **gerundeten** Vokalen sind die Lippen, wie der Name schon sagt, gerundet, bei den übrigen **gespreizt**. Im Vokaldreieck sind die gerundeten Vokale rechts neben den entsprechenden nicht-gerundeten Vokalen eingezeichnet. Bei den **Nasalvokalen** ist das Gaumensegel abgesenkt, sodass die Luft auch durch die Nase entweichen kann. Sie sind in Schema 2 nicht eingezeichnet. In der API-Transkription wird Nasalierung durch eine **Tilde** (˜) über dem entsprechenden **Oralvokal** symbolisiert.

Halbvokale (auch **Halbkonsonanten** oder **Gleitlaute** genannt) stehen artikulatorisch zwischen Vokalen und Konsonanten. Bsp.: [j] frz. *hier*, [w] frz. *oui*, [ɥ] frz. *huit*. Halbvokale können im Gegensatz zu Vollvokalen keine Silbe bilden.

Diphthonge sind kontinuierlich artikulierte Vokalverbindungen, etwa die Verbindung *Eu* in dt. *Euro* (in mehreren romanischen Sprachen hingegen wird dieselbe Buchstabenverbindung zweisilbig gesprochen!). Welche Verbindungen in welcher Sprache als „echte" Diphthonge zu bezeichnen sind, ist oft umstritten. Unter den romanischen Sprachen sind das Rumänische und das Portugiesische sehr diphthongreich.

Tabelle 1 enthält für jeden Vokal des Deutschen und der hier berücksichtigten fünf romanischen Sprachen je ein Beispiel (vorzugsweise aus den Texten der Sprachproben), sofern der Vokal in der betreffenden Sprache existiert.

alles IPA

Tabelle 1

Vokal	Pt.	Sp.	Frz.	It.	Rum.	Dt.
[i]	emigrar	hijo	ils	città	şi	schielt
[ɪ]						schilt
[ī]	fim					
[y] [ü]			une			Wüste
[ʏ]						wüsste
[e]	mesma	era	établir	invece	neam	Leben
[ẽ]	somente					
[ø] [ö]			feu			höchst
[ɛ] [ę]	terra		terre	terra		echt
[ɛ̃] [ę̃]			dessein			
[œ] [ǫ̈]			leur			Mörtel
[œ̃]			un			
[a]	cidade	lugar	place	cambio	ţară	alt
[ɑ]			bâtissait			
[ɑ̃] [ã]			langue			
[ɨ]	senhor				în	
[ə]	utilizar		le		limbă	ihnen
[ɐ]	atinja					
[ɐ̃]	sã					
[u]	do	una	tout	bitume	turn	flucht
[ʊ]						Flucht
[ũ]	confundir					
[o]	todo	como	mots	loro	opri	groß
[ɔ] [o̩]	homem		comme	cosa		dort
[õ] [õ]	encontrar		monde			
[ɥ]			cuisons			
[w]	construir	fuego	soyons	questo	oamenii	
[j]	oriente	oriente	Orient	oriente	iată	Lilie

Handwritten margin notes: right — "offen / geschlossen" (by [i]/[ɪ]); "offen / geschlossen" (by [y]/[ʏ]); left — "Schwa(h)t" (by [ə]).

Anm.: Im Spanischen und Rumänischen, wo die Merkmale [offen] und [geschlossen] keine be-
deutungsunterscheidende Funktion haben, wurde die geschlossene Variante als Vertreter eingetragen.
Bei entsprechender Lautumgebung kann jedoch relativ offene Aussprache die Regel sein.

1.2.2.3 Konsonanten

Für eine adäquate Klassifikation der **Konsonanten** nach artikulatorischen Gesichtspunkten
benötigen wir neben den Artikulationsorten auch noch Angaben zur **Artikulationsart**,
womit die Wirkung bzw. Behandlung des Luftstroms beim Sprechen gemeint ist. Hier müssen wir uns wieder mit einigen Fachausdrücken vertraut machen. Nach der Artikulationsart
unterscheiden wir (a) **Verschlusslaute** (auch: **Okklusive**, **Plosive**, **Mutae**, Sg. **Muta**): der

Luftstrom wird kurz gestaut und dann „explosionsartig" gelöst; (b) **Reibelaute** (auch: **Frikative**, **Spiranten**): der Luftstrom wird durch eine Enge geführt; (c) **Affrikaten** (Sg. die **Affrikata/Affrikate**): Verschlusslaute mit folgenden Reibelauten; (d) **Nasale**: im Gegensatz zu den Nasalvokalen werden die Konsonanten unter vollständigem Verschluss des Mundraums gebildet; (e) **Liquiden** (Sg. der **Liquid**): Oberbegriff für **Laterale** (Konsonanten, bei denen die Luft seitlich ausströmt) und **Vibranten** (Konsonanten, die durch eine Vibration von Zungenspitze oder Zäpfchen entstehen; auch: **Trill**). Als **Flap** (< engl. *to flap* ‚schlagen') oder **Tap** (< engl. *to tap* ‚klopfen') bezeichnet man einen Konsonanten, der durch ein einmaliges Schlagen der Zungenspitze entsteht.

Schließlich benötigen wir noch die Unterscheidung **stimmhaft/stimmlos**: Bei der Artikulation stimmhafter Konsonanten schwingen die Stimmbänder, was sich – leicht nachvollziehbar – durch eine Vibration des Kehlkopfs bemerkbar macht.

Schema 3 ist eine Klassifikation der wichtigsten romanischen Konsonanten nach artikulatorischen Gesichtspunkten, wobei im Sinne einer breiteren Transkription kleineren, den Artikulationsort betreffenden Unterschieden zwischen den einzelnen Sprachen nicht Rechnung getragen wird.

Schema 3

	bilabial		labio-dental		dental		alveolar		palatal		velar		uvular		glottal	
	sth	stl	sth	stl	sth	stl	sth	stl	sth	stl	sth	stl	sth	stl	sth	stl
Verschlusslaute	b	p			d	t					g	k				ʔ
Reibelaute	β		v	f	ð z	θ s			ʒ j¹	ʃ ç	ɣ	x	ʁ			h
Affrikaten				pf	dz	ts			dʒ	tʃ						
Nasale	m		ɱ				n		ɲ		ŋ					
Liquide: Laterale							l		ʎ		ɫ					
Liquide: Vibranten (Trills)							r						ʀ			
Taps/Flaps							ɾ									

Die Bezeichnung der Konsonanten erfolgt durch eine Angabe zur Stimmbeteiligung (stimmhaft oder stimmlos), gefolgt von einer Kombination eines Substantivs für die Artikulationsart und eines oder mehrerer Adjektive für den/die Artikulationsort(e). So ist [p] z.B. ein stimmloser **bilabialer**, d.h. mit Hilfe beider Lippen gebildeter Verschlusslaut, [v] ein stimmhafter **labio-dentaler**, d.h. mit Hilfe von Unterlippe und oberen Schneidezähnen gebildeter Reibelaut usw.

Tabelle 2 enthält für jeden Konsonanten des Deutschen und der fünf berücksichtigten romanischen Sprachen je ein Beispiel.

---

[1] Dieser Laut wird oft als **Approximant** klassifiziert, weil (wie bei den Vokalen) der Luftstrom relativ ungehindert den Sprechtrakt verlässt (vgl. Tabelle 1).

Tabelle 2

Konsonant	Pt.	Sp.	Frz.	It.	Rum.	Dt.
[b]	betume	betún	bitume	bitume	limbă	bis
[p]	palavra	palabra	peuple	prima	pămînt	Pech
[d]	do	de	de	dire	Domnul	der
[t]	terra	tierra	terre	terra	tot	Turm
[g]	língua	lengua	langue	lingua	gînd	ganz
[k]	coisa	con	confondre	fuoco	care	klein
[ʔ]						aber
[β]	habitante	pueblo				
[v]	havia		voir	vedere	vreme	Welt
[f]	fogo	fuego	feu	fuoco	foc	Volk
[ð]	toda	toda				
[z]	coisa		faisons	paese	zidi	sagen
[θ]		mezcla				
[s]	Senhor	sobre	servir	Signore	smoală	uns
[ʒ]	linguagem		langage		ajunge	
[ʃ]	apenas		bouche	scendiamo	şi	Stein
[ç]						Pech
[ɣ]	fogo	fuego				
[x]		hijo				sprach
[h]					haidem	haben
[pf]						Kopf
[dz]				zero		
[ts]				zio	faţă	Spitze
[dʒ]				regione	filologie	
[tʃ]		mucho		città	cer	Matsch
[m]	mesma	misma	monde	mattone	mai	Mörtel
[ɱ]		influjo		invece		Anfang
[n]	única	nada	nom	nome	neam	nicht
[ɲ] [ñ]	Senhor	compañero	Seigneur	campagna		
[ŋ]	brincar	ninguno		lingua		Ding
[l]	língua	lengua	langue	lingua	limbă	Land
[ɬ] = [ʎ]	tal					
[ʎ]		llamar		gli		
[ʀ] = [ʃ]	terra		terre			rot / warten
[ʁ] = [ʌ]			terre			warten
[r]		tierra		terra		rot / warten
[ɾ]	pedra	piedra		regione	oraş	rot / warten

Allophon ← (handwritten annotation next to [ʀ] and [ʁ] rows)

1.2.3   Kontrastive Phonetik

1.2.3.1   Vom ausländischen Akzent

In Abschnitt 1.2.2 haben wir alle Laute kennengelernt, die für die Beschreibung der größeren romanischen Sprachen und des Deutschen von Bedeutung sind. Ein guter Teil davon eignet allen fünf bzw. sechs Sprachen, andere wiederum haben eine beschränktere Verbreitung. Das Erlernen jener Laute, die die eigene Muttersprache nicht kennt, gehört zu den ersten Hindernissen beim Fremdsprachenerwerb. Zu den erfahrungsgemäß schwer zu nehmenden Hürden gehören für Deutschsprachige das englische *th* ([θ] bzw. [ð]), für Franzosen der sog. *ich*-Laut ([ç]), für Italiener unsere gerundeten Vokale *ü* [y] und *ö* [ø] bzw. [œ], für Spanier die Unterscheidung von kurzen und langen Vokalen. Aber selbst jene Laute, die in zwei oder mehreren Sprachen existieren, sind meist nicht ganz identisch, wie die Verwendung ein und desselben Symbols glauben machen könnte. So hat etwa das [ʀ] in frz. *terre* einen etwas anderen Klang als das [ʀ] in port. *terra*. Der genaue phonetische Wert eines jeden API-Symbols kann also von Sprache zu Sprache verschieden sein.

Gelingt es einem Ausländer nicht, sich das Lautsystem der Fremdsprache „perfekt" anzueignen, so sagt man, er habe einen **Akzent**. Bei den in der Muttersprache nicht existierenden Lauten weicht, wer die Hürde nicht nehmen kann, meist auf diejenigen Laute der Muttersprache aus, die den fremdsprachlichen am Nächsten kommen. So sagen manche Deutsche [siŋk] oder [fiŋk] statt [θiŋk], Franzosen [iʃ] statt [iç], Italiener [mide] statt [mydə], und das Deutsch von Spaniern klingt oft wie monotones Geratter, weil sie alle Vokale kurz sprechen. Aussprachemängel dieses Typs sind so auffällig, dass sie dem Sprecher meist bewusst sind. Ihre Nicht-Überwindung ist ungenügendem Training, psychischen Hemmungen, in ganz seltenen Fällen auch physiologischen Faktoren zuzuschreiben. Abweichungen in der Feinphonetik hingegen werden dem Sprecher oft gar nicht bewusst und bleiben somit unkorrigiert. Als Muttersprachler hat man für diese Abweichungen, und mögen sie auch noch so geringfügig sein, ein feines Ohr, das den Fremden unbarmherzig als solchen identifiziert, auch wenn der phonetisch nicht Geschulte im Allgemeinen nicht in der Lage ist anzugeben, worin der „Akzent" besteht.

Für Studierende einer Fremdsprache ergibt sich aus dem Gesagten die unabdingbare Notwendigkeit, gleich zu Beginn des Studiums einen einschlägigen Phonetikkurs zu besuchen, sofern dies nicht ohnehin im Studienplan vorgesehen ist. Die folgenden Hinweise zu einigen Hauptunterschieden zwischen dem Deutschen und den romanischen Sprachen vermögen einen solchen Kurs keineswegs zu ersetzen.

1.2.3.2   Deutsch vs. Romanisch: einige Unterschiede

Sprachen unterscheiden sich nicht nur hinsichtlich ihres Lautinventars und der Feinphonetik der einzelnen Laute, sondern auch in Bezug auf die **Phonotaktik**, d.h. die zulässigen Lautverbindungen, und die **Prosodie**, d.h. **Akzent** (hier in der Bedeutung von ‚Betonung'!) und

Intonation (Sprechmelodie). Was das Lautinventar betrifft, so kann aus kontrastiver Sicht vor allem auf die Wichtigkeit der Unterscheidung von stimmhaften und stimmlosen Konsonanten in den romanischen Sprachen nicht genug hingewiesen werden. Die Ursache für die Schwierigkeiten, die Deutschsprachige in diesem Bereich haben, liegt auf der Hand: Manche der stimmhaften Konsonanten existieren im Deutschen überhaupt nicht, und diejenigen, die existieren, werden meist nicht so stimmhaft artikuliert wie in den romanischen Sprachen, vor allem an bestimmten Stellen eines Wortes (s.u.). In Tabelle 4 sind die wichtigsten Konsonantenpaare angeführt, die sich nur in der Stimmhaftigkeit unterscheiden. Die Beispiele sind, wo nicht anders angegeben, französisch.

Tabelle 4

	Anlaut	**Inlaut**	**Auslaut**
[p]	*pas* [pa]	*pépé* [pepe]	*pompe* [pɔ̃p]
[b]	*bas* [ba]	*bébé* [bebe]	*bombe* [bɔ̃b]
[t]	*thé* [te]	*gratin* [gʀatɛ̃]	*honte* [ɔ̃t]
[d]	*dé* [de]	*gradin* [gʀadɛ̃]	*onde* [ɔ̃d]
[k]	*quai* [ke]	*caca* [kaka]	*bac* [bak]
[g]	*gai* [ge]	*gaga* [gaga]	*bague* [bag]
[s]	*sel* [sɛl]	*casser* [kase]	*fesse* [fɛs]
[z]	*zèle* [zɛl]	*caser* [kaze]	*fez* [fɛz]
[ʃ]	*chaque* [ʃak]	*rocher* [ʀɔʃe]	*hanche* [ɑ̃ʃ]
[ʒ]	*Jacques* [ʒak]	*Roger* [ʀɔʒe]	*ange* [ɑ̃ʒ]
[f]	*fer* [fɛʀ]	*buffet* [byfɛ]	*vif* [vif]
[v]	*ver* [vɛʀ]	*buvait* [byvɛ]	*vive* [viv]
[ts]	it. *zio* [tsio]	it. *senza* [sɛntsa]	*fritz* [fʀits]
[dz]	it. *zulù* [dzulu]	it. *pranzo* [pʀandzo]	
[tʃ]	it. *Cina* [tʃina]	it. *cacio* [katʃo]	*match* [matʃ]
[dʒ]	it. *Gina* [dʒina]	it. *agio* [adʒo]	*badge* [badʒ]

Ein weiterer Grund dafür, dass uns die Aussprache der meisten romanischen Sprachen „weicher" vorkommt als die deutsche, liegt darin, dass im Deutschen, und ganz besonders in den norddeutschen Varietäten, stimmlose Verschlusslaute **aspiriert**, d.h. mit nachfolgendem **Hauchlaut** (transkribiert als hochgestelltes *h*) gesprochen werden. *Tal* wird [tʰaːl] ausgesprochen, *Kilo* [kʰiːlo]. Den romanischen Standardsprachen ist diese **Aspiration** fremd.

Eine andere Eigenheit des Deutschen, die man unbedingt unterdrücken muss, wenn man eine romanische Sprache spricht, ist der sog. **Knacklaut** (auch **Glottisschlag** u.ä.; transkribiert als [ʔ]). Darunter versteht man einen Kehlkopfverschluss, der sich im Deutschen automatisch am Beginn vokalisch anlautender Silben einstellt. Er ist mit daran Schuld, dass das Deutsche auf romanische Ohren einen „abgehackten" Eindruck macht. Die Wichtigkeit der Unterdrückung von Aspiration und Knacklaut kann man gut durch einen Vergleich der Aussprache von dt. *Theater* mit it./sp./pt. *teatro* bzw. frz. *théâtre* veranschaulichen.

Sprachen unterscheiden sich aber, wie gesagt, nicht nur im Lautinventar, sondern auch hinsichtlich der möglichen Lautverbindungen. So haben z.B. sowohl das Deutsche als auch die romanischen Sprachen die Laute [k] und [n], aber nur das Deutsche erlaubt Wörter, die mit *kn-* beginnen. Dies ist der Grund, warum z.B. bei der Entlehnung von *Landsknecht* die Konsonantenverbindung [kn] durch einen Vokal „aufgebrochen" wurde: it. *lanzichenecco,* frz. *lansquenet.*

Eine phonotaktische Eigenheit des Deutschen, die sich beim Erlernen romanischer Sprachen störend bemerkbar macht, ist die sog. **Auslautverhärtung**. Damit ist gemeint, dass im Wortauslaut nur stimmlose Konsonanten vorkommen; vgl. *Rad* [ʀaːt] vs. *Rades* [ʀaːdəs], *gib* [giːp] vs. *geben* [geːbən] usw. Aufgrund dieser Eigenschaft ihrer Muttersprache haben Deutschsprachige die Tendenz, auch in der Fremdsprache alle Endkonsonanten stimmlos zu sprechen. Dies ist besonders im Französischen zu vermeiden, da dort die Unterscheidung von stimmhaften und stimmlosen Konsonanten im Auslaut häufig sogar grammatikalische Funktion hat, nämlich Femininum und Maskulinum zu unterscheiden: *sportif* (m.) [spɔʀtif] vs. *sportive* (f.) [spɔʀtiv] usw.

Im süddeutschen Raum gibt es zudem eine Art „Anlauterweichung": *p-* und *t-* werden tendenziell stimmhaft gesprochen. So klingt der Anlaut von *Pater* oft fast wie der von *Berg,* der von *Torf* fast wie der von *Dorf.* Daher müssen Sprecher dieser Regionen besonders darauf achten, frz. *pont* ‚Brücke' nicht wie *bon* ‚gut' zu sprechen, it. *basta* ‚genug' nicht wie dt./it. *Pasta* ‚Teigwaren' usw. Zu beachten sind auch jene stimmhaften Konsonanten, die im Deutschen nicht einmal im Inlaut eine Entsprechung haben, z.B. das [ʒ] von frz. *rage* ‚Wut'.

Das Produkt einer Übertragung (technisch: eines **Transfers**) dieses Typs aus einer Sprache, meist der Muttersprache, in eine andere nennt man **Interferenz**. Interferenzen sind natürlich nicht auf den phonetischen Bereich beschränkt, sondern ergeben sich auf fast allen Ebenen einer Sprache (vgl. 13.2).

1.2.4 Literatur

http://scripts.sil.org[2], Cunha/Cintra (1991; Kap. 3), Lichem (1969), Mangold (2001), Meisenburg/Selig (1998), Navarro/Haensch/Lechner (1970), Pompino-Marschall (1995)

1.2.5 Aufgaben

1. Lernen Sie den in diesem Abschnitt eingeführten phonetischen Fachwortschatz sowie die API-Symbole und vollziehen Sie introspektiv die artikulatorischen Eigenschaften der einzelnen Laute nach.

2. Üben Sie die Aussprache der Wörter von Tabelle 4. Bei den stimmhaften Konsonanten müssen Sie, wenn Sie einen Finger auf den Kehlkopf legen, ein deutliches Vibrieren spüren.

---

[2] Diese Homepage bietet eine kostenlose Download-Möglichkeit für IPA-Fonts (PC und Mac).

3. Transkribieren Sie die folgenden deutschen Wörter nach der Lautung, die Sie einem Deutsch-lerner als Modell vorgeben würden (Konsultieren Sie im Zweifelsfall den Aussprache-Duden!): *Kamm, kam, Öse, König, wünscht, Samt, Sieb, bucht, Bucht, Lappalie, spielt, Tod, Topf, Dach.*

4. Sprechen Sie die folgenden deutschen Wörter mit und ohne Aspiration, um sich deren Existenz bewusst zu machen: *Tat, kühl, Pate, Teich, Kinn, Peter, Tee.*

5. Sprechen Sie die folgenden dt. Wörter mit und ohne Knacklaut, um sich dessen Existenz bewusst zu machen: *aber, ist, Esel, Ufer, ohne, Übung.*

6. Das *i* in dt. *Hit* klingt „heller" als jenes in engl. *hit*. Versuchen Sie, diese akustisch-im-pressionistische Beschreibung anhand des Vokaldreiecks artikulatorisch umzuformulieren.

1.3 Die Ausgliederung der romanischen Sprachen

1.3.1 Latein: Vom Stadtdialekt zur Weltsprache

Der politische Aufstieg Roms zur größten Militärmacht des Altertums veränderte innerhalb weniger Jahrhunderte auch die Sprachenlandschaft Europas entscheidend. Vor 2500 Jahren war Latein kaum mehr als ein Stadtdialekt. Um Christi Geburt gehörten dann zwar schon viele Gebiete Mittel- und Südwesteuropas zum Römischen Reich, aber die in Europa am weitesten verbreitete Sprache bzw. Sprachfamilie war das Keltische, das heute nur mehr eine Randexistenz auf den Britischen Inseln und in Frankreich (Bretagne) führt. Durch die Eroberungen Roms wurde das Lateinische auf die Inseln des westlichen Mittelmeers (Sizi-lien 241, Sardinien und Korsika 238 v. Chr.), auf die Iberische Halbinsel (gegen Ende des 3. Jahrhunderts v. Chr.), nach Gallien (50 v. Chr.), England (43 n. Chr.) sowie Mittel- und Südosteuropa (Dakien 107 n. Chr.) gebracht. In vielen Gebieten hat sich das Latein nach einer Phase der Zweisprachigkeit durchgesetzt und bis heute erhalten: die romanischen Sprachen sind ja nichts anderes als das von Generation zu Generation weitergegebene ge-sprochene Latein. Gebiete mit seit der römischen Eroberung nie unterbrochener Romanität fasst man als **Romania continua** zusammen. Im Gegensatz dazu steht die **Romania sub-mersa**, die untergegangene Romania, in der das Latein von anderen Sprachen verdrängt wurde (z.B. Nordafrika, Rheinland, Britannien; vgl. Karte 1). Die in der Neuzeit in der Fol-ge der Entdeckungsfahrten eingerichteten Kolonien, in denen sich romanische Sprachen festgesetzt haben, nennt man **Romania nova**, neue Romania.

1.3.2 Substrat

Die bodenständigen Sprachen, die durch die Sprache der Eroberer überlagert und verdrängt werden, verschwinden in den seltensten Fällen, ohne Spuren zu hinterlassen. Sprachwechsel und Zweisprachigkeit haben regelmäßig auch Veränderungen der dominierenden Sprache durch solche als **Substrate** bezeichnete Sprachen zur Folge. Einer der Gründe, warum sich das Latein in den verschiedenen Teilen des Imperiums auseinanderentwickelt hat, ein Prozess, den man **Ausgliederung** oder **Differenzierung** nennt, liegt in der Tatsache, dass das Latein auf verschiedene Substratsprachen traf.

Eine der heute üblichen Grobgliederungen der europäischen Romania beruht auf Namen wichtiger Substratsprach(grupp)en:

Zur **Iberoromania** zählt man Portugiesisch, Spanisch und Katalanisch. Lange glaubte man an ein einheitliches Substrat Iberisch, in dem man den direkten Vorläufer des Baskischen sah. Heute weiß man, dass die Verhältnisse viel komplexer waren. Am wichtigsten waren Iberisch und Baskisch (nicht-indoeuropäische Sprachen) sowie Keltiberisch (eine keltische Sprache) im Zentralraum der Iberischen Halbinsel. Im Westen siedelte der keltische Stamm der Lusitanier: daher der Name **Lusitanistik** für *Portugiesische Philologie*.

In der **Galloromania** spricht man Französisch und Okzitanisch. Im antiken Gallien sprach man vorwiegend keltische Dialekte. Aufgrund seiner Ähnlichkeit mit dem Okzitanischen (u.a. im Wortschatz) wird das Katalanische auch oft der Galloromania zugeordnet.

Das Lateinische war eine italische Sprache wie Oskisch (Süditalien) und Umbrisch (Mittelitalien), zwei Substratsprachen, die für einzelne Besonderheiten italienischer Dialekte verantwortlich gemacht werden. Zur **Italoromania** zählt man die Mehrzahl der romanischen Dialekte, die sich auf dem Territorium des heutigen Italien aus dem Latein entwickelt haben, auch solche ohne italisches Substrat wie das Sizilianische oder die oberitalienischen Dialekte.

Die Räter, deren Sprache wahrscheinlich mit jener der Etrusker in Zusammenhang steht, finden sich in der Bezeichnung **Rätoromania** wieder, die heute drei kleine geographisch voneinander getrennte Sprachgebiete zusammenfasst.

Der **Dakoromania** gehört das Rumänische an. Der Name leitet sich von den Dakern ab, allerdings herrscht über das gewiss nicht einheitliche Substrat auf dem Balkan und im Karpatenraum große Unsicherheit.

1.3.3 Superstrat

Wo sich das Lateinische, zuerst als Verwaltungs- und Verkehrssprache, schließlich als Muttersprache, durchsetzte, verlief die weitere Entwicklung nicht immer ungestört. Besonders in der Zeit der Völkerwanderung, die in den romanischen Sprachen bezeichnenderweise *Barbareneinfall* genannt wird, wurde römisches Territorium von anderssprachigen Völkerschaften bedroht und erobert. Das Prestige des Lateins als Kultursprache führte jedoch dazu, dass die Eroberer, anstatt ihre eigene Sprache durchzusetzen, oft die lateinische Sprache annahmen. Die aufgegebene Sprache eines Eroberervolkes heißt **Superstrat**. Dessen Wirkung auf die „siegreiche" Sprache des unterworfenen Volkes stellt einen weiteren Faktor für die Differenzierung des Lateins dar.

Die wichtigsten Superstrate in der Romania sind das Fränkische in der nördlichen Galloromania ab dem 3. Jahrhundert, das Arabische auf der Iberischen Halbinsel und in Sizilien ab dem 8. Jahrhundert sowie das Slawische in der Dakoromania ab dem 6. Jahrhundert.

1.3.4 Adstrat

Handels- und Kulturbeziehungen ziehen ebenfalls sprachliche Beeinflussungen nach sich, wobei sich das Gefälle von der prestigehöheren zur weniger angesehenen oder ausgebildeten Sprache in der Regel deutlich an der Zahl der Entlehnungen ablesen lässt. Diese Art von Sprachkontakt verläuft ohne Sprachwechsel: **Adstrat-** und Empfängersprache können in ihrem angestammten Verbreitungsgebiet als eigenständige Sprachen erhalten bleiben.

Im Spätmittelalter und in der Zeit des Humanismus spielte für alle romanischen Sprachen – die Dakoromania ausgenommen – das Latein als Kulturadstrat eine bedeutende Rolle, vor allem bei der Entwicklung eines fachsprachlichen Wortschatzes. Im 17. und 18. Jahrhundert war Französisch aufgrund seines Status als Diplomaten- und Konversationssprache europaweit wichtigstes Adstrat. In unserer Zeit kommt dieser Titel eindeutig dem Angloamerikanischen zu.

1.3.5 Ost- und Westromania

Sprachwandel, eine natürliche Erscheinung aller lebenden Sprachen, kann sich auch ohne Anstoß „von außen", wie wir ihn in den vorangegangenen Abschnitten kennengelernt haben, vollziehen.

Während viele Veränderungen das gesprochene Latein des gesamten Römischen Reichs gleichermaßen erfassten, spalteten zwei andere relativ alte Fälle „internen" Sprachwandels das Imperium in zwei Blöcke, da sie sich jeweils nur in einem der beiden Teile vollzogen.

Wahrscheinlich um das 3. Jahrhundert nach Christus wurden nördlich und westlich der Linie La Spezia-Rimini lat. *p, t, k* zwischen Vokalen (bzw. nach einem Vokal und vor einem *l* oder *r*) zu *b, d, g*. Beispiele:

lat.	pg.	sp.	it.	rum.
CAPRA(M) ‚Ziege'	*cabra*	*cabra*	*capra*	*capră*
ROTA(M) ‚Rad'	*roda*	*rueda*	*ruota*	*roată*
FOCU(M) ‚Feuer'	*fogo*	*fuego*	*fuoco*	*foc*

Anmerkung: Der Ausgangspunkt für die romanischen Substantive ist im Allgemeinen nicht der Nominativ der entsprechenden lateinischen Substantive, sondern der sog. **casus obliquus**, worunter man einen Fall des Vulgärlateins versteht, in dem mehrere Fälle des klassischen Lateins zusammengeflossen sind. In unseren Beispielen hat der Obliquus die Form eines Akkusativs ohne *-m* (daher die Klammern).

Den romanischen Sprachraum nördlich und westlich der Linie La Spezia-Rimini nennt man **Westromania**, den südlich und östlich davon gelegenen **Ostromania**.

Nur in der Ostromania vollzog sich der zweite angesprochene Lautwandel. Schon in ältester lateinischer Zeit bestand die Tendenz, auslautendes *-s* vor konsonantischem Anlaut des Folgeworts nicht zu sprechen, wie uns Inschriften zeigen. Diese Entwicklung wurde in

klassischer Zeit rückgängig gemacht, jedoch nur in den gebildeteren Schichten der Bevölkerung. Die heutigen ostromanischen Schriftsprachen Italienisch und Rumänisch zeigen die
Folgen dieses Schwunds.

lat.	pg.	sp.	it.	rum.
DORMIS ‚du schläfst'	*dormes*	*duermes*	*dormi*	*dormi*
MAGIS ‚mehr, aber'	*mais*	*más, mas*	*ma*	*mai*

Eine Lautentwicklung, die ursprünglich an eine soziale Schicht gebunden war, bildet sich
heute also geographisch ab. Den Grund dafür sieht man in der soziologischen Verschiedenheit der Träger der Romanität in der Ost- und in der Westromania: In Dakien waren vorwiegend Soldaten an der Verbreitung des Lateinischen beteiligt, während die Romanisierung
der Ibero- und Galloromania von städtischen Zentren mit regem kulturellen Leben ausging.

Karte 1: Europäische Romania

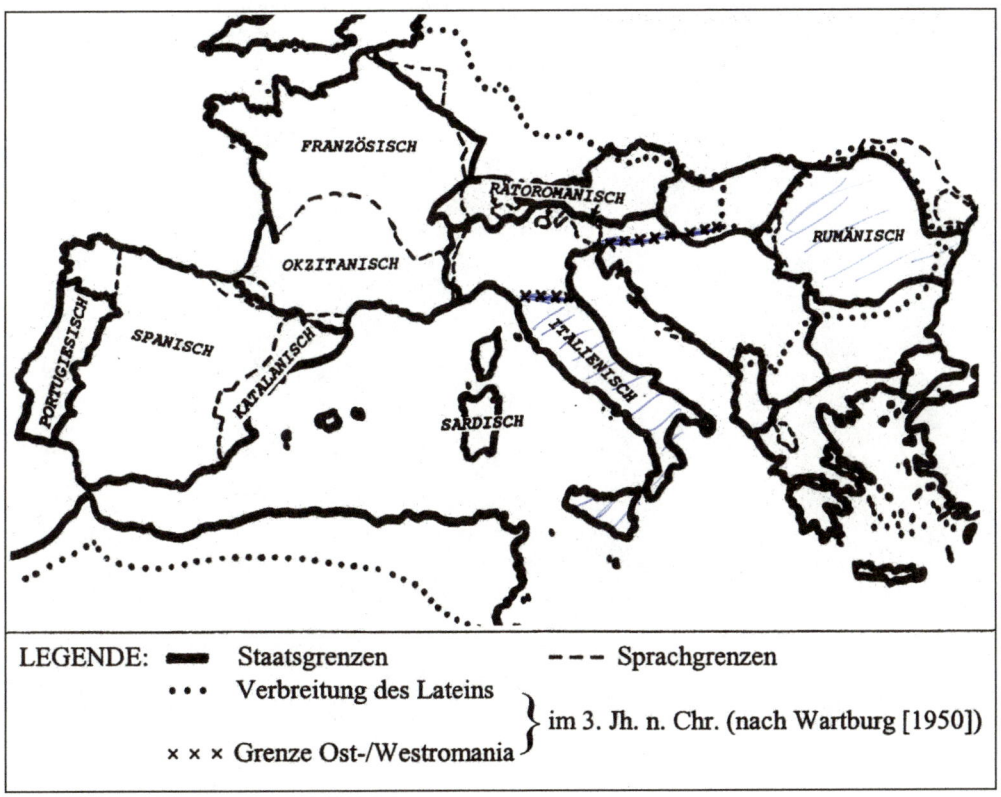

LEGENDE: ▬ Staatsgrenzen   – – – Sprachgrenzen
          • • • Verbreitung des Lateins ⎫
                                          ⎬ im 3. Jh. n. Chr. (nach Wartburg [1950])
          × × × Grenze Ost-/Westromania ⎭

18

1.3.6   Literatur

Kontzi (1982), Wartburg (1950)

1.3.7   Aufgaben

1. Wo befindet sich das größte zusammenhängende Gebiet der *Romania nova* und welche Sprachen werden dort gesprochen?

2. Folgende deutsche Wörter sind Entlehnungen aus frühem lateinischen Adstrat: *Mauer, Fenster, Ziegel, Kalk, Mörtel, Keller, Pflaster, Straße, Wein, Essig, Kelter, Presse, Trichter*. Was haben die Germanen von den Römern gelernt?

3. Welches Phänomen dokumentieren die beiden Inschriftfragmente *optimus omnium* und *omnibu princeps* (klass. lat. *omnibus princeps)*?

4. Von den folgenden Dreiergruppen ist die erste Form jeweils lateinisch, die beiden anderen italienisch bzw. spanisch. Ordnen Sie die Formen den betreffenden Sprachen zu: SAPERE/*sapere/ saber*, SECURU(M)/*seguro/sicuro*, CANTAS/*canti/cantas*, CATENA(M)/*cadena/catena*, ACUTU(M)/ *agudo/acuto*, MUTARE/*mudar/mutare*.

2.   Zweite Unterrichtseinheit

2.1   Geschichte der romanischen Sprachwissenschaft

2.1.1   Phase 1: Vorgeschichte

Keine Wissenschaft entsteht in einem einzigen Augenblick aus dem Nichts, auch wenn vereinfachend herausragende Leistungen als Ursprung einer Disziplin angesehen werden. Dasselbe gilt übrigens für jeden **Paradigmenwechsel, d.h. für jeden tiefgreifenden Wandel in der Herangehensweise an die Gegenstände der Forschung.** Daher hat auch die romanische Sprachwissenschaft, die sich nach allgemein akzeptierter Auffassung im zweiten Viertel des 19. Jahrhunderts konstituierte, eine lange und mit vielen bekannten Namen bestückte Vor- bzw. Frühgeschichte.

Als älteste Zeugen der Beschäftigung mit „romanistischen" Themen gelten Traktate über die altokzitanische (in älterer Terminologie: altprovenzalische) Dichtersprache aus der ersten Hälfte des 13. Jahrhunderts. Sie wurden geschrieben aus – berechtigter – Sorge über den Niedergang der gepflegten Literatursprache der *Trobadors* (so bezeichneten sich die altokzitanischen Minnesänger; im Deutschen ist die französisierte Form *Troubadour* üblich). Obwohl sie sich sehr deutlich an das Vorbild der lateinischen Schulgrammatik anlehnten, ging es darin nicht um eine systematische Beschreibung des Sprachgebrauchs, also nicht um eine Grammatik im modernen Sinn, sondern eher um eine Anleitung zum Verfassen von Gedichten. Mitte des 15. Jahrhunderts schrieb der Universalgelehrte Leon Battista Alberti ein kleines italienisches Werk mit ähnlicher Zielsetzung (das erst im 20. Jahrhundert gedruckt wurde). Die erste eigentliche Grammatik einer romanischen Sprache verfasste der Andalusier Antonio de Nebrija. Seine *Gramática castellana* (1492) entstand u.a. mit dem Ziel, dem Kastilischen den Weg zur Weltsprache zu ebnen.

Das erste Werk, in dem romanische Sprachen auch unter historischem Blickwinkel betrachtet werden, ist Dantes (unvollendete) Abhandlung *De vulgari eloquentia* (1303/4; dt. *Über das Dichten in der Muttersprache*). Auf der Suche nach einer geeigneten italienischen Dichtersprache schnitt Dante auch das Thema des gemeinsamen Ursprungs und der Verwandtschaft der ihm bekannten romanischen Sprachen an.

In der Renaissance rücken die großen romanischen Sprachen in Positionen ein, die im Mittelalter dem Latein vorbehalten waren (z.B. Politik/Diplomatie, Wissenschaften). Damit verbunden ist auch ein Interesse an der Geschichte. Allerdings werden in dem patriotischen Bemühen von Gelehrten, die Vorzüge der jeweils eigenen Sprache nachzuweisen, viele haltlose Behauptungen aufgestellt. Neben aus moderner Sicht recht abenteuerlichen Thesen finden sich aber immer wieder auch gegenstandsadäquate Bemerkungen, die freilich öfter der Intuition als systematischer Nachforschung entspringen.

Um jedoch als Wissenschaft anerkannt zu werden, braucht ein Fach nach heutigem Verständnis erstens eine methodische Grundlage, die sie über bloße Gelehrsamkeit hinaushebt, und zweitens eine Form institutioneller Verankerung, z.B. einen festen Platz im Fächerkanon der Hochschulen. Diese Kriterien begann die Romanistik erst im Laufe der ersten Hälfte des 19. Jahrhunderts zu erfüllen. Wenn Italienisch, Spanisch, Französisch davor im Lehrprogramm von Universitäten aufscheinen, handelt es sich nur um von sogenannten Sprachmeistern erteilten Sprachunterricht, nicht um Sprachwissenschaft.

2.1.2   Phase 2: Begründung der Romanistik

Die Ehre, die Romanistik auf ein wissenschaftliches Fundament gestellt zu haben, gebührt dem ab 1823 in Bonn Germanistik und Romanistik lehrenden Professor Friedrich Diez. Unter dem Einfluss der romantischen Begeisterung für das Mittelalter beschäftigte er sich zunächst mit der Lyrik der ältesten romanischen Literatursprache (*Leben und Werke der Troubadours* (1829)), bevor er sich, angeregt durch Jakob Grimms *Deutsche Grammatik*, sprachwissenschaftlichen Arbeiten zuwandte. In den Jahren 1836–43 erschien die *Grammatik der romanischen Sprachen*, 1853 sein *Etymologisches Wörterbuch der romanischen Sprachen*.

Während wir heute gewohnt sind, Literatur- und Sprachwissenschaft als getrennte Fächer anzusehen, bildeten früher beide dadurch eine relativ organische Einheit, dass die damals vorherrschende Beschäftigung mit Texten vergangener Sprachzustände (Altspanisch, Mittelfranzösisch usw.) sprachgeschichtliche Kenntnisse voraussetzte, die ihrerseits wieder nur auf der Grundlage alter Texte zu gewinnen waren. Die kombinierte Anwendung von Literatur- und Sprachwissenschaft auf Texte nennt man **Philologie**. Diese Bezeichnung findet sich noch heute im Namen von Zeitschriften oder Instituten bzw. Seminaren, wo er aber meist als Überbegriff für die beiden Orientierungen verwendet wird, ohne dass ihre gegenseitige Integration noch mitgedacht würde.

Mit *Grammatik* meinten Grimm und Diez nicht eine Anleitung zum richtigen Gebrauch von Sprachen, sondern die vergleichende Beschreibung verwandter Sprachen unter historischem Gesichtspunkt. Heute nennt man ein Werk dieser Art daher folglich auch **Historische Grammatik**. Grundidee und wissenschaftlicher Ansatzpunkt war die Erkenntnis, dass der systematische Vergleich von Formen die Feststellung sprachlicher Verwandtschaft bzw. eines gemeinsamen Ursprungs erlaubt. Die **historisch-vergleichende Methode**, die Diez von Grimm (und Grimm von Franz Bopp) entlehnt hatte, ruht auf der Überzeugung, dass sich Sprachwandel nicht willkürlich, sondern ziemlich regelhaft vollzieht. Hauptanliegen des Wissenschaftlers musste es also sein, „Regeln" zu entdecken und zu beschreiben, nach denen die Veränderungen vor sich gehen. Dabei ist die Forderung nach Regelhaftigkeit das eigentlich Neue und Wesentliche, während oberflächliche Ähnlichkeit als oft nur zufallsbedingt erkannt wurde: so kann man zeigen, dass dt. *haben* mit lat. *capere* ‚fangen' verwandt ist, dagegen nicht mit lat. *habere* ‚haben', wie man spontan annehmen würde.

Der Romanist hat bei dieser Aufgabe gegenüber seinen germanistischen oder slawistischen Kollegen den wesentlichen Vorteil, dass die Ausgangssprache der romanischen Sprachen, nämlich das Latein, außerordentlich gut dokumentiert ist, während das „Urgermanische" oder „Urslawische" nicht durch Texte bekannt sind und nur durch Vergleich verwandter Formen in verschiedenen späteren, dokumentierten (germanischen, slawischen) Sprachen **rekonstruiert** werden können.

2.1.3   Phase 3: Junggrammatische Sprachwissenschaft

Die zweite Hälfte des 19. Jahrhunderts war geprägt von einer mächtigen Aufwertung der Naturwissenschaften, was sich auf geistesgeschichtlicher Ebene in der Strömung des Positivismus niederschlug. Vor diesem Hintergrund ist der Versuch einiger junger historisch-vergleichender Sprachwissenschaftler in den achtziger Jahren des 19. Jahrhunderts zu verstehen, die Sprachwissenschaft dadurch in den Rang einer „exakten" Wissenschaft zu erheben, dass man den im Sprachwandel feststellbaren Regelmäßigkeiten, speziell jenen lautlicher Natur, den Status von Naturgesetzen zuschrieb, welche bekanntlich durch die Eigenschaft der Ausnahmslosigkeit gekennzeichnet sind (vgl. 4.2.3). Diese Sprachwissenschaftler wurden von ihren Gegnern spöttisch **Junggrammatiker** getauft, ein Name, den die Betroffenen selbstbewusst aufgriffen. Dem junggrammatischen Ansatz, der in der historischen Sprachwissenschaft bis weit ins 20. Jahrhundert hinein tonangebend war, verdanken wir große Materialsammlungen und -systematisierungen. Der bedeutendste Vertreter dieser Richtung in der Romanistik war Wilhelm Meyer-Lübke. Seine Hauptwerke sind eine *Grammatik der romanischen Sprachen* (1890–1902) und ein *Romanisches etymologisches Wörterbuch* (3. Aufl. 1930–35; abgekürzt *REW*).

Gegen die junggrammatischen Anschauungen wurden von verschiedenen Seiten und aus verschiedenen Gründen Einwände erhoben. Der bedeutendste zeitgenössische Kritiker war zweifellos Hugo Schuchardt, der besonders hervorhob, dass Sprachen das Ergebnis unablässiger **Sprachmischung** seien. Zwei andere antijunggrammatische Strömungen werden in 2.1.4 und 2.1.5 besprochen.

2.1.4   Phase 4: Idealistische Sprachwissenschaft

Wilhelm von Humboldt, der große Kulturphilosoph der Goethezeit, sah im Sprechen einen Spiegel des menschlichen Geistes. Der Wortführer der deutschen idealistischen Sprachwissenschaft, Karl Vossler, knüpfte an diesen Gedanken an und wollte in polemischem Gegensatz zu den junggrammatischen „Lautschiebern" der Sprachwissenschaft ihre „geistige" Dimension zurückgewinnen. Er betonte die Rolle des kreativen Individuums für den Sprachwandel und glaubte an eine innige Wechselwirkung zwischen der Wesensart der Sprecher einer Sprache einerseits und ihrem grammatischen Bau und ihrer Entwicklung andererseits. So brachte er etwa die Ausbildung eines Teilungsartikels im Französischen des

Spätmittelalters mit dem rechnerischen Geist der Franzosen der frühbürgerlichen Epoche in Verbindung.

Während die junggrammatisch-positivistische Sprachwissenschaft bei unbedeutenderen Vertretern leicht zur geistlosen Faktenhuberei verkommen konnte, ließ sich die idealistische Gegenströmung zu haltlosen Spekulationen über den Nationalcharakter verleiten und insbesondere im Dritten Reich als ideologisches Instrument missbrauchen, wodurch dieser Ansatz nach 1945 definitiv diskreditiert war.

2.1.5 Phase 5: Strukturalistische Sprachwissenschaft

Solange *Sprachwissenschaft* soviel bedeutete wie *historische Sprachwissenschaft*, also bis in die ersten Jahrzehnte des 20. Jahrhunderts, hatte die Romanistik neben der Indogermanistik eine gewisse Vordenkerrolle. Seitdem jedoch werden die großen methodischen Neuerungen weitgehend von außen, nämlich von der Allgemeinen Sprachwissenschaft (des nicht deutschsprachigen Raums), an die Disziplin herangetragen und fachintern angepasst oder weiterentwickelt.

Als einschneidendstes Ereignis in der Geschichte der Sprachwissenschaft in unserem Jahrhundert erwies sich rückblickend die postume Veröffentlichung des *Cours de linguistique générale* (1916; dt. *Grundfragen der allgemeinen Sprachwissenschaft*) des Genfer Indogermanisten Ferdinand de Saussure. Gegen die junggrammatische Einschränkung von Sprachwissenschaft auf Sprachgeschichte setzte Saussure die Forderung, Sprache auch als ein in sich strukturiertes Gefüge von Lauten, Wörtern etc. zu studieren. Bei dieser Perspektive stand nicht mehr im Vordergrund, wie sich einzelne sprachliche Phänomene historisch entwickelt haben, sondern wie sie in einer bestimmten Phase der Entwicklung zusammenwirken. Der **diachronen** (d.h. historischen) Sprachbetrachtung stellte er eine **synchrone** entgegen, die eine Sprache als System von Beziehungen zwischen sprachlichen Elementen zu einem gegebenen Zeitpunkt zu verstehen und zu erfassen versucht.

Alle sprachwissenschaftlichen Schulen, die sich in der einen oder anderen Weise auf de Saussure berufen, fasst man unter dem Sammelnamen **Strukturalismus** zusammen. Um diese neuen Richtungen von der herkömmlichen historischen Sprachwissenschaft auch terminologisch abzusetzen, wurden sie im deutschen Sprachraum zunächst oft mit dem Begriff **Linguistik** abgehoben. Nachdem heute das zwischen den beiden Lagern bisweilen sehr heftige Konkurrenzdenken einer harmonischeren Koexistenz Platz gemacht hat, werden auch die beiden Bezeichnungen *Linguistik* und *Sprachwissenschaft* weitgehend gleichbedeutend verwendet.

Ihre Blütezeit hatte die strukturalistische Sprachwissenschaft bis Ende der sechziger Jahre des 20. Jahrhunderts. Aber auch heute gibt es noch bedeutende Linguisten, die das Erbe Ferdinand de Saussures bewahren und am Postulat der Systemhaftigkeit sprachlicher Erscheinungen festhalten, ohne dabei die Erkenntnisse neuerer Strömungen zu ignorieren.

2.1.6   Phase 6: Die Generative Grammatik

Eine zweite bedeutende Neuorientierung in der (Allgemeinen) Sprachwissenschaft des 20. Jahrhunderts, die allerdings in der Romanistik anfangs sehr zurückhaltend aufgenommen wurde, erfolgte Ende der 1950er Jahre durch den US-Amerikaner Noam Chomsky. Sein Ansatz figuriert unter dem Etikett **Generative** (Transformations-)**Grammatik**. Hauptmerkmale dieser Richtung sind: (a) Sätze und ihre Struktur werden als zentrale Einheit der linguistischen Analyse betrachtet; (b) man bemüht sich um eine besonders explizite Beschreibung sprachlicher Phänomene und (c) hofft allen Menschen angeborene Eigenschaften aufzudecken, die den Erwerb sowie das Funktionieren von Sprache erklären helfen. Äußeres Merkmal der Generativen Grammatik und der von ihr aus weiterentwickelten Grammatikmodelle ist eine starke Formalisierung und eine konsequente Konzentration auf die Strukturen sprachlicher Äußerungen (vielfach unter Vernachlässigung der situativen Kontexte).

2.1.7   Phase 7: Die Situation heute

Die Gegenwart widersetzt sich erfahrungsgemäß generell einer zuverlässigen wissenschaftsgeschichtlichen Beschreibung und Bewertung, weil der zeitgenössische Betrachter den Eindruck einer schwer entwirrbaren Vielfalt hat. Die Sprachwissenschaft bildet hierin keine Ausnahme. Wenn man jedoch die Entwicklungen der letzten Jahrzehnte durch eine gemeinsame Tendenz kennzeichnen will, so besteht sie wohl darin, dass zunehmend (und bisweilen ausschließlich) die gesellschaftliche Dimension von Sprache und Sprechen im Zentrum des Interesses steht. Sprechen und Schreiben geschieht immer in sozialen Kontexten: Auf der Basis dieser Überzeugung konstituiert sich die **Soziolinguistik**, der in diesem Lehrwerk nicht ein besonderes Kapitel gewidmet wurde, die aber in Form von für sie charakteristischen Einzelaspekten vor allem in den Sprachskizzen über alle Kapitel verstreut berücksichtigt wird. Dass Sprechen nicht nur ein Aktivieren von grammatischen Regeln ist, sondern eine Form des sozialen Handelns, hat die (von der Soziolinguistik nicht immer streng abzugrenzende) **Pragmalinguistik** bzw. **Pragmatik** in den Mittelpunkt ihrer Forschung gestellt. Auf die um 1970 ausgerufene **„pragmatische Wende"**, d.h. die Abkehr von der einseitigen Analyse abstrakter Strukturen zugunsten der Einbettung der Sprache und des Sprechens in das gesellschaftliche Umfeld, folgte in den 1980er Jahren die **„kognitive Wende"**. Die **kognitive Linguistik** bemüht sich um die Erforschung der mentalen Strukturen, Prozesse und Strategien, die dem Menschen das Verstehen und Speichern von Informationen sowie effizientes Kommunizieren ermöglichen. Eine ähnliche Zielsetzung verfolgen die **Psycho-** und **Neurolinguistik**, die nicht nur von Linguisten, sondern auch von kognitiven Psychologen mit den ihre Disziplin kennzeichnenden experimentellen Methoden betrieben werden.

2.1.8   Literatur

Albrecht (2000), Arens (²1969), Christmann (1974), Christmann (1985), Christmann/ Hausmann (1989), Hausmann (1993), *LRL* I/1, Schwarz (1996), Tamás (1983)

2.1.9   Aufgaben

1. Welches sind die Entsprechungen von *sprachlich, sprachwissenschaftlich* und *linguistisch* in Ihrer romanischen Sprache?

2. Ermitteln Sie, seit wann es an Ihrer Universität ein romanistisches Institut/Seminar gibt, welche Bezeichnungen es im Laufe der Zeit führte und ob es schon vor dessen Einrichtung Fremdsprachenunterricht gab. [Literatur, falls vorhanden, ist vom Lehrveranstaltungsleiter anzugeben.]

3. Lesen Sie in Gauger/Oesterreicher/Windisch (1981) den Abschnitt über Dante (40–42) und skizzieren Sie Dantes Vorstellung einer italienischen Dichtersprache.

4. Lesen Sie den Abschnitt über Nebrijas Grammatik in *Kindlers Literaturlexikon* und beantworten Sie folgende Fragen: (a) Welchen Zweck verfolgte Nebrija mit seinem Werk? (b) Wie sah er das Verhältnis von Kastilisch (Spanisch) und Latein?

5. 1492 ist ein bedeutendes Jahr in der Geschichte Spaniens. Welche politischen und kulturellen Ereignisse fallen in dieses Jahr?

6. Lesen Sie in *LRL* I/1 (26–28) den Abschnitt über François Raynouard und finden Sie heraus, (a) welche Wissenschaft um 1800 Vorbildcharakter für andere hat und warum; (b) welche Stellung Raynouard in der Herausbildung der romanischen Sprachen dem Altokzitanischen zuschreibt; (c) wie er die Sprachen nennt, die wir heute als „romanisch" bezeichnen.

7. Lesen Sie Hausmann (1993, 1–20 = Kapitel I „Romanistik unterm Hakenkreuz") und versuchen Sie zu skizzieren: (a) was nach Gröber das Fach und seine Besonderheit ausmacht; (b) welche Akzente Leo Spitzer in Lehre und Forschung setzte; (c) was Frankreichkunde ist und welche drei Formen Hausmann unterscheidet; (d) welche Konsequenzen das gebrochene Verhältnis der großen Romanisten der 1930er Jahre zur Soziologie hatte.

8. Lesen Sie B. E. Vidos: *Handbuch der romanischen Sprachwissenschaft*. München 1968, 37f. Wie wird dort die Entstehung des Teilungsartikels begründet?

2.2   Sprachwandel

Sprachwandel wird in vielen sprachwissenschaftlichen Werken sehr vereinfacht durch ein Schema der Form $A > B$ (lies: „A wird zu B") dargestellt: „lat. [fl]- wird im Italienischen zu [fj]- (vgl. FLORE(M) > *fiore*)" usw. Eine derart verkürzte Darstellungsweise ist in manchen Kontexten gewiss legitim oder aus Platzgründen sogar unvermeidlich, in Wirklichkeit verbirgt sich hinter einem solchen Schema jedoch meist ein sehr komplexer Vorgang, den man in drei Phasen einteilen kann: Innovation, Diffusion und Resultat.

2.2.1   Innovation und Diffusion

Bei der **Innovation** geht es um die Frage, wie B überhaupt entsteht (z.B. durch Wortbildung, semantischen Wandel, phonetische Erosion usw.). Das Ergebnis der Innovation ist nicht, dass A plötzlich durch B ersetzt wird, sondern dass neben A nun auch B existiert, meist als stilistisch markierte Variante. A und B konkurrieren meist über einen längeren Zeitraum, bis sich schließlich eine der beiden Formen durchsetzt und die andere verdrängt. So konnte z.B. der Autor dieser Zeilen seit den neunziger Jahren des 20. Jahrhunderts in Wien beobachten, wie sich das intensivierende Präfix *ur-*, das im Hochdeutschen auf einige wenige Adjektive wie *uralt* oder *urgemütlich* beschränkt ist, bei seinen Kindern und deren Altersgenossen zum Universalintensifikator wandelte und so die Stelle von *sehr* oder emphatischeren Gradadverbien wie *irrsinnig, voll* u.ä. einnahm.

Bezüglich der zweiten Phase, jener der **Diffusion**, ist es von Vorteil, zwei Arten analytisch auseinanderzuhalten: die Diffusion von B innerhalb des Sprachsystems und jene innerhalb der Sprachgemeinschaft. Bei der Diffusion innerhalb des Sprachsystems geht es darum zu beschreiben, wie sich B vom ersten sprachlichen Kontext, in dem es auftaucht, auf andere Kontexte ausdehnt. Im Fall von *ur-* konnte man z.B. beobachten, wie das Präfix zuerst auf weitere Adjektive ausgedehnt wurde, die es in der Standardsprache nicht dulden würden: *urgroß, urschön, urschnell, urlangweilig, urviel* usw. Über adjektivisch gebrauchte Partizipien wie *urverschnupft* gelangte das Präfix dann auch vor verbal gebrauchte Partizipien, wo es in ein Adverb umgedeutet werden konnte (*das hat mir ur getaugt*), was ihm schließlich den Weg zur eindeutig adverbiellen Verwendung eröffnete (*das taugt mir ur*).

Die Frage nach der Diffusion innerhalb der Sprachgemeinschaft ist im Wesentlichen ein soziologisches Problem. Man versucht im Einzelfall festzustellen, wer der Initiator einer Innovation war und auf welchen Wegen diese dann auf weitere Teile der Sprachgemeinschaft und schließlich eventuell auch auf die gesamte Sprachgemeinschaft ausgedehnt wurde. Im Falle von *ur-* ist die Innovation offenkundig von Kindern ausgegangen und bis heute auf Kinder und Jugendliche beschränkt geblieben. Von Erwachsenen wird dieses neue *ur-* höchstens scherzhaft in den Mund genommen, da ihnen die gruppensprachliche Markierung noch klar bewusst ist. Neben dieser gruppensprachlichen Beschränktheit unterliegt dieser Gebrauch von *ur-* auch geographischen Beschränkungen: außerhalb von Wien scheint er nicht üblich zu sein. Ob er sich letztlich weiter ausdehnen wird, um vielleicht einmal, wie *sehr*, zum universellen Gradadverb zu werden, oder ob er das Schicksal so vieler anderer emphatischer Gradadverbien teilen und wieder verschwinden wird, kann man nicht mit Sicherheit prognostizieren.

Zahlreiche Untersuchungen solcher sozialer Diffusionsprozesse haben ergeben, dass sie bis zu einem gewissen Grad allgemeinen Prinzipien gehorchen. Man hat beispielsweise wiederholt festgestellt, dass in den heutigen westlichen Gesellschaften Mädchen und Frauen stärker dazu tendieren als Männer, prestigeträchtigere sprachliche Eigenheiten anzunehmen. Da sie diese auch an die Kinder weitergeben, leisten sie auf diese Weise einen nicht unbeträchtlichen Beitrag zur Durchsetzung standardsprachlicher Normen. Männliche Jugendliche und Männer hingegen favorisieren öfter von der Norm abweichende Eigenheiten:

Dialekte, Minderheitensprachen oder Substandardvarietäten haben daher oft mehr männliche als weibliche Sprecher. Solche Verallgemeinerungen sind jedoch zeit- und ortsgebunden. So waren vor Jahrzehnten oft noch die Frauen die beliebtesten Informanten der Dialektologen, weil sie weniger mobil waren und so den Ortsdialekt oft reiner bewahrt hatten.

2.2.2 Lautwandel

In der Geschichte der romanischen Sprachwissenschaft hat vor allem die Diffusion von lautlichen Innovationen im Sprachsystem großes Interesse erregt. In junggrammatischer Zeit ging man davon aus, dass Lautwandel rein phonetisch bedingt sei und in allen in Frage kommenden Fälle wirke (**Laut***gesetz*). Ausnahmen von diesem Prinzip waren durch das Zusammenwirken mit anderen Lautgesetzen, durch Analogie oder Entlehnung zu erklären. Im Folgenden beschränken wir uns auf die letzten beiden Aspekte und illustrieren sie – in vergröbernder Darstellung – anhand der Entwicklung von lat. A im Französischen.

Lat. A in **offener**, d.h. in einer auf Vokal endenden Silbe wurde im Französischen zu *e*, wenn die Silbe betont war, blieb hingegen erhalten, wenn die Silbe unbetont war und vor dem Hauptakzent lag oder **geschlossen** war, d.h. auf einen Konsonanten endete: vlt. NÁVE ,Schiff' > frz. *nef* ,Kirchenschiff', vlt. PRATU ,Wiese' > frz. *pré*, vlt. NÁSU ,Nase' > frz. *nez* etc. vs. vlt. ABÉRE ,haben' > *avoir*, vlt. SAPÉRE ,wissen' > *savoir*, vlt. FARÍNA ,Mehl' > *farine*.

Mit dem Begriff der **Analogie**, worunter man in diesem Zusammenhang die Beeinflussung der Lautung eines Wortes durch ein sinnverwandtes Wort versteht, lässt sich ein Gegenbeispiel gegen das eben beschriebene Lautgesetz leicht entschärfen: lat. *lávas* ,du wäschst' und *lavátis* ,ihr wäscht' entsprechen im Französischen *(tu) laves* und *(vous) lavez*. Von diesen beiden Formen entspricht nur *lavez* dem Lautgesetz, nicht jedoch *laves*, das eigentlich *lèves* lauten müsste. Nach junggrammatischer Argumentation kann man das durch die Einwirkung von Verbformen wie *lavons, laver, lavez* usw. erklären.

Dennoch existieren „Gegenbeispiele": lat. CANDELÁBRUM ,Leuchter' / frz. *candélabre*, PÁPA ,Papst' / frz. *pape*, STÁTUS ,Staat' / frz. *état*, REGÁLIS ,königlich' / frz. *royal* usw. Darauf würde ein Junggrammatiker antworten, dass diese Wörter nicht ununterbrochen im Munde des Volkes weitergelebt hätten, keine sog. **Erbwörter** seien, sondern irgendwann, nachdem das Lautgesetz Á > *e* erloschen war, aus dem Lateinischen entlehnt worden sind.

Analogie und Entlehnung dürfen aber nicht zu „Ausreden" verkommen, sondern müssen anderweitig gestützt werden: beim analogischen Ausgleich der Verbalformen kann man auf die Häufigkeit dieses Phänomens bei verschiedenen Verben verweisen, und im konkreten Fall von *lèves* ist diese Form sogar im Altfranzösischen belegt. Die Entlehnung aus dem Lateinischen ist dann plausibel, wenn es sich um Wörter handelt, die der Kirchen- bzw. Rechtssprache angehören. Solche in der Geschichte der romanischen Sprachen übrigens recht häufige Entlehnungen aus dem Latein nennt man **Buchwörter**.

So fruchtbar die Annahme von Lautgesetzen war, einige der damit verbundenen Grundannahmen sind heute widerlegt: Lautwandel ist nicht nur phonetisch bedingt, denn es können auch Faktoren aus anderen Bereichen der Grammatik eine Rolle spielen. Ferner

27

müssen nicht alle Wörter von einem Lautgesetz betroffen sein: es kommt vor, dass nur die häufigsten Wörter von einem bestimmten Lautwandelprozess erfasst werden, und schließlich gibt es auch Fälle von sporadischer Diffusion von einem Wort zum nächsten.

2.2.3 Literatur

Aitchison (1991), Keller (1994)

2.2.4 Aufgaben

1. Seit geraumer Zeit ist im geschriebenen Deutsch die vermehrte Verwendung „geschlechtsneutraler" Bezeichnungen von Berufen und sozialen Rollen zu beobachten (*KonsumentInnen*, *ProfessorInnen*, *StudentInnen* usw.): (a) Wo nahm dieser Sprachwandelprozess seinen Ausgang? (b) Beschreiben Sie die augenblickliche Diffusion in der Sprachgemeinschaft. (c) Suchen Sie in 2.2.1 einen Beweis dafür, dass das Maskulinum im Deutschen **generische** Funktion haben kann, d.h. auch auf Frauen bezogen wird. (d) Hat dieser Sprachwandel Zukunft? Soll er eine haben?

2. Die folgenden Typen von Lautwandel gehören zu den in den romanischen Sprachen häufigsten: **Assimilation, Dissimilation, Sonorisierung, Nasalierung, Palatalisierung, Diphthongierung, Zentralisierung (Vokalabschwächung), Aphärese, Apokope, Epenthese, Metathese, Rhotazismus.** Suchen Sie in einem sprachwissenschaftlichen Lexikon Definitionen dieser Prozesse und entscheiden Sie, welchem die folgenden Veränderungen zuzuordnen sind: (a) vlt. FACTU ‚gemacht' > it. *fatto*; (b) vlt. ARBORE ‚Baum' > sp. *árbol*; (c) vlt. CAELU > rum. *cer*; (d) vlt. PALUDE ‚Sumpf' > tosk. *padule*; (e) vlt. BONU ‚gut' > it. *buono*; (f) vlt. AMORE ‚Liebe' > sp. *amor*; (g) vlt. AUTUMNU > rum. *toamnă*; (h) vlt. CAM(E)RA ‚Zimmer' > frz. *chambre*; (i) vlt. CENTU > it. *cento*; (j) vlt. BONU > frz. *bon* [bɔ̃]; (k) vlt. ACU ‚Nadel' > it. *ago*; (l) vlt. FABA ‚Saubohne' > afrz. *feve* [fɛvə].

3. Sind Wörter des folgenden Typs als Ausnahmen zu dem in 2.2.2 beschriebenen Lautgesetz zu betrachten?: frz. *drap* < vlt. DRÁPPU ‚Tuch'; *vache* < VÁCCA ‚Kuh'; *gras* < GRÁSSU ‚dick'; *pas* < PÁSSU ‚Schritt'; *arme* < ÁRMA ‚Waffe'; *part* < PÁRTE ‚Teil'?

4. Die Erklärung der Häufigkeit bestimmter Lautentwicklungen ist meist schwierig und setzt solide Kenntnisse in der allgemeinen Phonetik voraus. Das folgende Problem (Palatalisierung) können Sie aber wahrscheinlich auch mit dem phonetischen Rüstzeug lösen, das Sie in 1.2 erworben haben. Warum tritt der Wandel [k] > [tʃ] so häufig vor *i* und *e* auf, nie aber vor *u* und *o*? Als Subtyp welcher anderen Lautveränderung könnte man also die Palatalisierung ansehen?

2.3 Die Herausbildung romanischer Kultursprachen

2.3.1 Der Verlust der Mitte

Mit dem Zusammenbruch des Weströmischen Reiches (476) verloren die römischen Provinzen endgültig ihre Metropole, die stets auch einen Faktor sprachlicher Vereinheitlichung dargestellt hatte. Dieser Verlust des vereinheitlichenden Zentrums förderte die sprachliche Differenzierung, die durch die Ausbildung kleinerer politischer Einheiten und die bedeutenden Bevölkerungsumschichtungen im Zuge der Völkerwanderung wesentlich verstärkt wurde. So zerfiel das Sprechlatein in zahlreiche Dialekte, deren gegenseitige Verständlichkeit – so dürfen wir annehmen – schon bald zu schwinden begann.

Als Schriftsprache aber wurde auf romanischem Territorium bis ins Hochmittelalter fast ausschließlich Latein verwendet. Auch die weniger gebildeten Sprecher verloren wegen seines Gebrauchs als Kultsprache nie ganz den Kontakt mit dem Lateinischen. Allerdings war dieses Latein hinsichtlich der Aussprache, des Wortschatzes und sogar der Grammatik den jeweiligen lokalen Dialekten angepasst worden, sodass auch auf der schriftsprachlichen Ebene eine gewisse Dialektalisierung eingetreten war. Wenn im 7. Jahrhundert selbst ein für seine Zeit sehr gebildeter Chronist die Kasus durcheinanderbrachte (Bsp.: *a Francorum ceterasque gentes*), wie wird dann wohl der einfache Mönch oder Landpfarrer Latein gesprochen und geschrieben haben!

2.3.2   Die „Karolingische Renaissance"

In diese historisch gewachsene Situation griff in der Galloromania Karl der Große (768–814) durch eine Bildungsreform ein, die die Abkehr von diesem „Kompromisslatein" und eine Besinnung auf das klassische Latein der Antike forderte. Es ist kein Zufall, dass eine solche Reform zuerst im Frankenreich getroffen wurde: die Entfernung der Volkssprache vom „reinen" Latein war dort aufgrund der Sprachentwicklung am größten. Mit der Rückkehr zum klassischen Latein verschärfte sich die Kluft zwischen der Kanzlei- und Kultsprache einerseits und der romanischen Alltagssprache andererseits weiter. Latein konnte nach dieser Maßnahme nicht mehr als gehobene Variante der eigenen Umgangssprache empfunden werden, sondern war eine Fremdsprache geworden.

Als natürliche Folge dieser Situation registrieren wir in der (nördlichen) Galloromania die größte Dichte früher volkssprachlicher Texte. In anderen romanischen Gebieten dauerte es noch Jahrhunderte, bis sich ein ähnliches Sprachbewusstsein herausbildete.

2.3.3   Die ersten romanischen Texte

Die frühesten volkssprachlichen Zeugnisse sind überwiegend Gebrauchstexte: (Privat-)Verträge, Predigtvorlagen, **Glossen** (d.h. Erklärungen von nicht mehr verstandenen Wörtern in lateinischen Handschriften des Mittelalters oder in eigenen **Glossaren**), **Interlinearversionen** (d.h. Wort-für-Wort-Übersetzungen). Sie sind im Allgemeinen, wenn nicht zufällig, dann wohl eher wegen ihrer Nützlichkeit als wegen ihres Ansehens erhalten geblieben. Selbst volkssprachliche Literatur des Hochmittelalters genoss offensichtlich nur relativ wenig Prestige: der *Cantar de mio Cid* (Ende 12. Jh.) etwa, das einzige überlieferte spanische Heldenepos, ist nur in einer Abschrift vom Anfang des 14. Jahrhunderts auf uns gekommen, wobei noch dazu das erste und zwei innere Blätter fehlen. Man muss allerdings bedenken, dass auch umfangreiche Texte mündlich tradiert wurden und dass die Schriftlichkeit ein Monopol des Klerus darstellte, wodurch geistliche Texte mehr Chancen hatten als weltliche, schriftlich festgehalten zu werden.

Die philologischen Kommentare zu den ältesten romanischen Texten versuchen, den Entstehungsraum bzw. die Herkunft des Autors möglichst genau einzugrenzen. Dies ist jedoch meist schwierig, da wir nur in den seltensten Fällen Autographen besitzen und beim Abschreiben leicht Änderungen vorgekommen sein können, wenn z.B. der Dialekt eines Kopisten von dem des Autors abwich. Auch passierte es oft, dass Schreiber ein romanisches Wort im Wissen um dessen Ursprung an die Form des lateinischen Ursprungswortes anglichen.

2.3.4   Der lange Weg zur Standardsprache moderner Prägung

Den wahrscheinlich wichtigsten Faktor für die Entstehung von überregionalen volkssprachlichen Sprachformen stellte die Literatur dar. Die Dichtung des Hochmittelalters basierte fast überall auf regional begrenzten Sprachformen. Auch wenn wir von „altfranzösischer" Literatur sprechen, dürfen wir dabei nicht an eine einheitliche altfranzösische Sprache denken, vielmehr sind die Werke, die unter diesem Etikett gebündelt werden, in verschiedenen nordfranzösischen Dialekten verfasst. An diesem Sachverhalt ist sehr gut zu erkennen, dass die Dialekte gewöhnlich historisch älter sind als die sich langsam auf ihrer Grundlage konstituierende Standardsprache. Wenn die Dichtersprache der altokzitanischen Trobadorlyrik (Ende 11. bis 13. Jh.) als Ausnahme erscheint, weil sie uns von Anfang an als gefestigte überdialektale Sprachform entgegentritt (die sogar von Minnesängern verwendet wurde, deren Muttersprache kein altokzitanischer Dialekt war), hängt das wahrscheinlich damit zusammen, dass uns die Vorstufen des Vereinheitlichungsprozesses nicht überliefert sind. Auch die altokzitanische Kanzleisprache war übrigens kaum weniger homogen.

Für überregionale Ausgleichssprachen hat sich der Begriff **Koiné** eingebürgert, der ursprünglich nur die aus den altgriechischen Dialekten entstandene Kompromissform bezeichnet.

Die Herausbildung der meisten romanischen Schriftsprachen fällt ins Spätmittelalter (vgl. Tabelle 3). Mit Ausnahme des Okzitanischen und des Italienischen, bei dem kulturelle Faktoren einen maßgeblichen Einfluss hatten, spielten bei diesem Prozess politische Faktoren gewöhnlich die bedeutendste Rolle: der Dialekt des Machtzentrums wurde im Allgemeinen zur Grundlage der Schriftsprache.

In einer zweiten Konsolidierungsphase, die für die meisten romanischen Sprachen mit dem Humanismus zusammenfiel, wurde der überregionale Sprachgebrauch durch Grammatiken und Wörterbücher mehr oder weniger erfolgreich fixiert. Der wichtigste Anstoß dazu ging vom Buchdruck aus.

Das Modell bei all diesen „Fixierungen" war das Lateinische. Nicht nur die Traditionen der lateinischen Grammatikschreibung wurden meist streng kopiert (weshalb es z.B. ziemlich lange dauerte, bis in romanischen Grammatiken der Artikel seinen festen Platz bekam), auch die Idealvorstellung von der Unveränderlichkeit des Lateins übte große Faszination aus. Da Sprachwandel aber etwas Universelles ist, driften die festgeschriebene Norm und der tatsächliche Sprachgebrauch ab dem Moment der Festschreibung schon wieder auseinander.

Tabelle 3

Jh.	Pg.	Sp.	Kat.	Frz.	Okz.	It.
9.				STRASSBURGER EIDE EULALIASEQUENZ		INDOVINELLO VERONESE
10.		GLOSAS EMILIANENSES		LEODEGARLIED		
11.		JARCHAS		ALEXIUSLIED	TRO-	
12.	SACHTEXTE	CANTAR DE MIO CID			BA-	
13.	LYRIK	ALFONS X.	HOMILIES D'ORGANYA		DORS	SIZILIANISCHE DICHTERSCHULE, DANTE
14.	CHRONIKEN		R. LLULL			

Anmerkung: Das älteste rumänische Dokument stammt von 1521. Für das Sardische gibt es aus dem Mittelalter nur Urkunden, für das Rätoromanische eine Interlinearversion, Lieder und Rechnungsbücher; aus dem 16. Jahrhundert haben wir für beide Sprachen religiöse Texte.

2.3.5   Sprache und Dialekt

In den bisherigen Abschnitten haben wir die Begriffe **Sprache** und **Dialekt** in etwa so verwendet, wie dies in der Alltagssprache geschieht. Eine genaue Definition dieser beiden Begriffe ist problematisch, weil es sich um vage alltagssprachliche Begriffe handelt, die zudem stark emotional besetzt sind. Für viele Sprecher ist ein Dialekt eine minderwertige Sprachform, und dies erklärt, warum die Diskussion um den Status einer bestimmten Sprachform fast nie leidenschaftslos abläuft. Aus der Sicht des Sprachwissenschaftlers sind jedenfalls zwei Arten von Kriterien zu unterscheiden: innersprachliche und außersprachliche. Aus innersprachlicher Sicht ist die Bezeichnung von zwei Sprachformen als *Sprachen* um so eher gerechtfertigt, je größer der **Abstand** zwischen beiden ist, d.h. je weniger sie lautlich, lexikalisch und grammatikalisch gemeinsam haben. Aufgrund dieses Kriteriums wird z.B. das Sardische im Allgemeinen als eigene Sprache und nicht als Dialekt des Italienischen klassifiziert. Das Kriterium des Abstands allein reicht jedoch nicht immer aus: So wollen manche das Valencianische als eigene Sprache vom Katalanischen absetzen, obwohl kaum ein sprachlicher Unterschied besteht. Solche Ansprüche erklären sich durch die wesentliche Rolle außersprachlicher Faktoren bei der Bewertung des Status einer Sprachform. Ein solcher Faktor ist der Grad des **Ausbaus** der Sprachform: In je mehr **Domänen**, d.h. Bereichen, eine Sprachform Verwendung findet, desto eher bezeichnet man sie als Sprache. Solche Domänen sind Literatur, Verwaltung, Schule, Medien, Wissenschaft u.a. Voll ausgebaute Standardsprachen sind meist in all diesen Domänen vertreten, während Dialekte typischerweise auf den familiären Bereich und vielleicht die Mundartdichtung beschränkt sind. Schließlich ist es auch klar, dass bei der Verwendung von *Sprache* und *Dialekt* häufig politische und ideologische Motive eine Rolle spielen. Wer (sich) politisch absetzen will, der setzt (sich) auch sprachlich ab. Daher neigen Autonomiebewegungen dazu, die eigene Sprachform als *Sprache* zu bezeichnen, um sich von der Zentralgewalt zu distanzieren, während zentralistische Regierungen dazu tendieren, alle Sprachformen außer der Staatssprache zu Dialekten herabzudefinieren. Gerade in den romanischen Ländern spielen heute solche Auseinandersetzungen eine große Rolle, da es in vielen von ihnen neben der Staatssprache mehrere Minderheitensprachen gibt, die sich in ihrer Existenz bedroht sehen. Einige von ihnen werden im Laufe dieser Einführung noch behandelt. Im nächsten Abschnitt soll exemplarisch die Situation des Galicischen dargestellt werden.

2.3.6   Eine Fallstudie: Galicisch (auch: Galegisch; sp. *gallego*, gal. *galego*)

Im Mittelalter (etwa 1200–1350) war das Galicische Schriftsprache („Galicisch-Portugiesisch") und bildete die Grundlage für das sich ausgliedernde Portugiesisch, das sich innerhalb seiner politischen Grenzen zur voll ausgebauten Kultursprache entfaltete. Die Sprache der Region Galicien, die aus innersprachlicher Sicht zum Portugiesischen gehört, konnte sich auf Dauer gegen das übermächtige Kastilische, das sich im Verlauf der Reconquista zur Staatssprache Spanisch entwickelt hatte, nicht halten und blieb bis in die jüngste Zeit hinein auf den mündlichen Gebrauch beschränkt.

Versuche zur Wiederbelebung hatten wenig Durchschlagskraft. Rosalía de Castro erzielte 1863 mit ihren *Cantares Gallegos*, dem ersten gedruckten Buch in galicischer Sprache, einen literarischen Achtungserfolg. Die um die Jahrhundertwende von einer Regionalbewegung ausgehenden Bestrebungen zur Aufwertung des Galicischen scheiterten jedoch an mangelnder Begeisterung der betroffenen Bevölkerung. Unter dem spanischen Diktator Franco (1936–75), der selbst galicischer Herkunft war, wurde das Galicische wie alle anderen spanischen Minderheitensprachen verboten.

Die Demokratisierung Spaniens, das seit 1978 eine konstitutionelle Monarchie ist, eröffnete die Möglichkeit zu neuen Initiativen. Allerdings war das Galicische in einer wenig günstigen Ausgangslage, vor allem wegen des mangelnden Prestiges. Es wurde von der Landbevölkerung und den einkommensschwächeren Schichten gesprochen (aber nicht geschrieben), und auch das nur im privaten Bereich, während die Oberschicht und die Zuwanderer sich des Kastilischen bedienten, dem bis dahin auch alle öffentlichen Domänen vorbehalten waren.

Der von nationalistisch-autonomistischer Seite eingeleitete Aufruf zu neuem sprach-lichen Selbstbewusstsein hatte nur begrenzten Erfolg. Das heute gültige Sprachengesetz er-kennt zwar Galicisch als Landes- und Amtssprache an, doch erwies sich die **Loyalität** der Sprecher zu ihrer Sprache zunächst als mäßig ausgeprägt. Die im Zuge einer nicht sehr effizient organisierten Sprachplanungsaktion durchgeführte **Standardisierung**, d.h. die Festlegung einer Norm für Aussprache, Schreibung, Wortschatz und Grammatik, verun-sicherte die Sprecher erneut, da sie ihre eigene Sprachform im neuen Standardgalicischen nicht unmittelbar wiedererkannten und sie nun erst recht für sozial entwertet hielten.

Obwohl Galicisch heute in den elektronischen und Printmedien stark präsent ist und auch die meisten Schüler die Regionalsprache lesen und schreiben können, hat es das Sta-dium des Vollausbaus (noch) nicht erreicht.

2.3.7   Sprecherzahlen

Schema 4 bildet diagrammartig Sprecherzahlen für die größten romanischen Sprachen ab. Die Angaben sind wegen der unterschiedlichen Definition von *Sprecher* in der verwendeten Literatur nur als grobe Richtwerte zu betrachten. Offensichtlich ist, dass die *Romania nova* den bedeutendsten Anteil stellt und sich dieser Anteil in Zukunft noch wesentlich steigern wird. Hochrechnungen für Portugiesisch-Brasilianisch etwa prognostizieren einen Anstieg auf 250 Millionen Sprecher im Jahr 2050.

Schema 4: Sprecherzahlen (Angaben in Millionen)

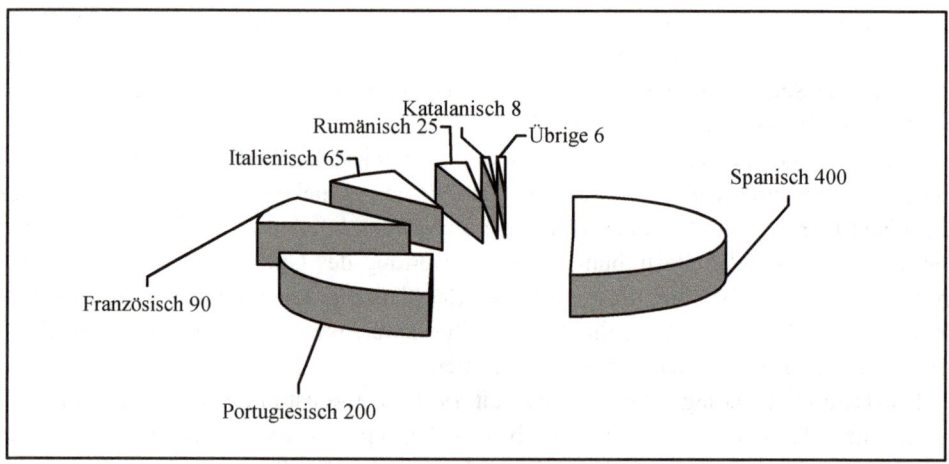

2.3.8 Das Gewicht von Sprachen

In den Augen von Linguisten sind alle Sprachen gleich viel „wert". Seit dem Ende den 1970er Jahren beteiligen sich jedoch auch Sprachwissenschaftler vermehrt an den in unserer Zeit so beliebten Rankings. Die Antwort auf die Frage, welche Sprachen die wichtigsten sind, lässt sich natürlich nicht einfach mit dem Hinweis auf die Sprecherzahlen beantworten.

Amerikanische Linguisten haben den Vorschlag gemacht, die ökonomische Stärke von Sprachen mit Hilfe des Bruttoinlands- bzw. des Bruttosozialprodukts zu ermitteln. Der Rechenvorgang besteht also darin, das BIP / BSP eines Landes durch die Einwohnerzahl des Landes zu dividieren und das Resultat mit der Zahl der Sprecher der betreffenden Sprache zu multiplizieren. Man kann das Gesamtergebnis also nur länderweise ermitteln, wenn die Sprache in mehr als einem Staat gesprochen wird (und auch das nur unter der Vorgabe, dass jedem Einwohner eindeutig eine Sprache zugeordnet werden kann, was in mehrsprachigen Gesellschaften – in Europa wäre der Modellfall Luxemburg – problematisch ist).

Wirtschaftsdaten sind nicht nur konjunkturabhängig und unterliegen sehr starken Schwankungen, sie müssen nach Auffassung der Fachleute auch durch Faktoren anderer Natur ergänzt werden. Ein spanisches Team aus Diplomaten, Linguisten, Technologieexperten und Wissenschaftsmanagern hat in einem repräsentativen Sammelband (Otero 1995) etwa folgende Kriterien in Bezug auf die eigene Sprache diskutiert:

- Status und Verwendung des Spanischen in europäischen und internationalen Organisationen
- Präsenz des Spanischen in den modernen Technologien, insbesondere seine Rolle in der Telekommunikation und im Internet
- Zahl der Menschen, die Spanisch als (erste, zweite, dritte …) Fremdsprache lernen
- Bedeutung des Spanischen als Wissenschaftssprache
- Intensität der Übersetzungtätigkeit sowohl ins Spanische als auch aus dem Spanischen
- Kulturelles Prestige der spanischsprachigen Literatur usw.

Natürlich führt bei allen Berechnungen, unabhängig von der Gewichtung der Kriterien, das Englische die Tabellen an. Berücksichtigt man nur das ökonomische Gewicht, folgen seit 1970 Japanisch und Deutsch. Auf den nächsten Positionen stehen die drei romanischen Sprachen Französisch, Spanisch und Italienisch. In neueren Aufstellungen rücken Chinesisch und Portugiesisch immer weiter auf.

2.3.9   Literatur

Frank/Hartmann (1997), Haarmann (2001), Otero (1995), Rossillon (1983)

2.3.10 Aufgaben

1. Die genaue Zahl der romanischen Sprachen ist angesichts der Probleme bei der Definition von *Sprache* und *Dialekt* nicht endgültig feststellbar. Eine Sprache, die sich erst in jüngster Zeit ausgegliedert hat, ist das Korsische. Lesen Sie Hans Goebl: „Korsisch, Italienisch und Französisch auf Korsika." In: *LRL* IV (829–835) und beantworten Sie folgende Fragen: (a) Seit wann kann Korsika als romanisiert gelten? (b) Welcher italienische Dialekt prägte das Korsische am stärksten? Warum? (c) Wann ging die Herrschaft über Korsika auf Frankreich über? (d) Was versteht man unter *francorsu*? Warum entstand es? (e) Seit wann wird Korsisch geschrieben? Von wem? (f) Welche Rolle hatte die Zeitschrift *U Muntese* für das Korsische? (g) Seit wann ist Korsisch Schulfach? (h) Charakterisieren Sie die typische Form der Zweisprachigkeit der heutigen Korsen. (i) In welchen Domänen wird vorwiegend Französisch gesprochen/geschrieben, in welchen Korsisch?

2. Lesen Sie Lüdtke (1964) und beantworten Sie folgende Fragen: (a) Wann wird Latein nach Ansicht Lüdtkes eine „tote Sprache"? (b) Welcher Zusammenhang besteht zwischen der Informationsübermittlung und den Anfängen der geschriebenen Volkssprachen? (c) Worin besteht die „Karolingische Reform"? (d) Die Reichenauer Glossen zählen zu den wichtigsten Quellen des Vulgärlateins. Können Sie in den Beispielen, die der Autor zitiert, Charakteristika des Vulgärlateins erkennen? (e) Was sind „halbgelehrte" Wörter und wie entstehen sie?

3. Lesen Sie Klaus J. Mattheier (1997): „Über Destandardisierung, Umstandardisierung und Standardisierung in modernen europäischen Standardsprachen". In: Mattheier, Klaus/Radtke, Edgar (Hg.): *Standardisierung und Destandardisierung europäischer Nationalsprachen*. Frankfurt/Main: Lang, 1–9 und beantworten Sie folgende Fragen: (a) Was ist unter *Destandardisierung* zu verstehen? (b) Was sind *subsistente Normen*? (c) Fassen Sie stichwortartig die vier Phasen von Standardisierungsprozessen zusammen; (d) Was sind die kommunikativen Funktionen einer Standardsprache? (e) Wie können Sprachgemeinschaften auf Destandardisierungsprozesse reagieren?

4. Sprachen können auch aussterben (**Sprachtod**). Eine romanische Sprache, deren Verschwinden im 19. Jh. beobachtet (und zum Teil wissenschaftlich dokumentiert) werden konnte, ist das **Dalmat(in)ische**. Lesen Sie W. Theodor Elwert: „Wo, wann, warum, wie Sprachen ‚sterben‘". In: *Balkan-Archiv* (Neue Folge) 10 (1985), 119–167 und beantworten Sie folgende Fragen: (a) Warum setzt Elwert das Verbum zwischen Anführungszeichen? (b) Welche zwei Arten von Sprachtod unterscheidet Elwert? (c) Warum werden Sprachen aufgegeben? (d) Warum zieht sich Sprachwechsel im Allgemeinen über mehrere Generationen hin? (e) Welche Faktoren können Sprachwechsel fördern? (f) Führt Sprachmischung notgedrungen zu Sprachtod? (g) Ist Latein eine tote Sprache? (h) Warum ist das Griechische von Cargese ausgestorben? (i) In welcher Weise können untergegangene Sprachen fortleben? (j) Wie erklären sich folgende Formen des deutschen Dialekts von Bonaduz: *henas* ‚Hennen‘, *der jor* ‚das Jahr‘, *krank kommen* ‚krank werden‘? Wie nennt man solche Erscheinungen? (k) Wie beurteilt Elwert den Normverlust als Anlass zur Aufgabe einer Sprache? (l) Was versteht man unter *relexification*? Wozu dient sie? Welche Einstellung zur eigenen Sprache kann sie beim Sprecher bewirken? (m) Welche Einstellung vertritt Elwert gegenüber „sterbenden" Sprachen? Teilen Sie seine Auffassung?

5. Im *Index translationum* (http://www.unesco.org/xtrans) findet man relativ verlässliche Zahlen zur Übersetzungstätigkeit. Eruieren Sie die Stellung des Englischen im Vergleich zu den großen romanischen Sprachen und zum Deutschen als Ausgangssprache (cf. Link *Top 50 Original Languages*) und als Zielsprache (Link *Top 50 Target Languages*) und kommentieren Sie die Zahlen.

3. Dritte Unterrichtseinheit

3.1 Typen wissenschaftlicher Publikationen

Im (geistes-)wissenschaftlichen Informationsaustausch spielt das Gedruckte auch im Zeitalter von audiovisuellen Medien und Internet weiterhin eine zentrale Rolle. Die wichtigsten Typen wissenschaftlicher Publikationen sind hier zusammengestellt. Unsere Kategorisierung beruht auf formalen, inhaltlichen und medialen Spezifika.

3.1.1 Die Monographie

Die geläufigste, aber nicht die unbedingt häufigste Form der Verbreitung wissenschaftlicher Erkenntnisse ist in den Geisteswissenschaften weiterhin die **Monographie**, d.h. die selbstständige Publikation eines Autors oder Autorenteams zu einem im Buchtitel angegebenen Thema. Bsp.:

BLANK, Andreas (1997): *Prinzipien des lexikalischen Bedeutungswandels am Beispiel der romanischen Sprachen*. Tübingen: Niemeyer.
CUENCA, Maria Josep/HILFERTY, Joseph (1999): *Introducción a la lingüística cognitiva*. Barcelona: Ariel.

Anm.: Dissertationen (Doktorarbeiten) müssen nicht in allen Ländern von einem Verlag herausgebracht werden. Es liegt aber in jedem Fall an der Universitätsbibliothek des Entstehungsortes (meist auch an der Nationalbibliothek des betreffenden Landes) ein Exemplar auf, das über die in jeder Universität eingerichtete Fernleihstelle wie jede andere Publikation kostenpflichtig bestellt werden kann.

3.1.2 Der Sammelband

Kleinere Arbeiten, die unter einem bestimmten Aspekt zusammengehören, können in einem **Sammelband** vereint werden. Von diesem Typ gibt es mehrere, zum Teil mit eigenen Namen versehene Unterarten. Verbreitet sind Sammelbände mit vorher meist separat publizierten Arbeiten eines Forschers und Sammelbände zu speziellen Themen.
Festschriften werden zu bestimmten Anlässen wie runden Geburtstagen verdienter Gelehrter herausgegeben und enthalten gewöhnlich Beiträge von Kollegen und Schülern des Jubilars, hauptsächlich zu Themen, die zu dessen bevorzugten Forschungsgebieten gehören. Oft beinhaltet eine Festschrift auch eine Würdigung und ein Verzeichnis der Veröffentlichungen der/s Geehrten. Bsp.:

PÖLL, Bernhard/RAINER, Franz (Hg.) (2002): *Vocabula et vocabularia. Études de lexicologie et de (méta-)lexicographie romanes en l'honneur du 60e anniversaire de Dieter Messner.* Frankfurt/M. etc.: Lang.

Kongressakten oder **-berichte** enthalten bei einer wissenschaftlichen Tagung vorgetragene Referate (mit oder ohne Dokumentation der Diskussion). Bsp.:

CORDIN, Patrizia (Hg.) (1998): *Parallela 6: italiano e tedesco in contatto e a confronto. Atti del VII Incontro Italo-Austriaco dei Linguisti.* Trento: Dipartimento di Scienze Filologiche e Storiche.

3.1.3 Zeitschriften

Zeitschriften stehen der wissenschaftlichen Auseinandersetzung in besonderer Weise offen. Sie erscheinen meist periodisch, wobei der Erscheinungsrhythmus allerdings sehr stark variieren kann. Manche Zeitschriften haben nur eine Nummer pro Jahr, andere erscheinen vierteljährlich, halbjährlich usw. Meist ist aus dem Namen der Zeitschrift der Fachbereich klar ersichtlich.

Zeitschriften enthalten **Aufsätze**. So heißen wissenschaftliche Arbeiten geringeren Umfangs, die neue Forschungsergebnisse zur Diskussion stellen. Bsp.:

LÜDTKE, Helmut (1964): „Die Entstehung romanischer Schriftsprachen". In: *Vox Romanica* 23/1, 3–21.

Besonders kurze Texte dieser Art nennt man auch **Miszellen**. Ihnen wird in manchen Zeitschriften ein eigener Platz reserviert. Neu erschienene Bücher, manchmal auch einzelne Zeitschriftennummern, werden in **Rezensionen (Besprechungen)** von Fachkollegen kritisch auf ihren wissenschaftlichen Wert hin geprüft. Verschiedene Rezensenten können dabei natürlich zu durchaus unterschiedlichen Bewertungen gelangen. Aus gegebenem Anlass können Zeitschriften auch **Nachrufe** auf bedeutende Vertreter bzw. Vertreterinnen des Faches enthalten.

Manche Zeitschriften richten darüber hinaus noch spezielle Serviceabteilungen ein, die Ankündigungen von Tagungen/Kongressen, Mitteilungen an Mitglieder wissenschaftlicher Gesellschaften, Publikationsverzeichnisse, Adressen u.ä. enthalten.

3.1.4 Forschungsberichte

Forschungsberichte können sowohl als Monographie als auch in Form eines Aufsatzes oder einer Sammelrezension erscheinen. Sie geben einen Überblick über die Forschungen zu einem bestimmten Gegenstand innerhalb eines bestimmten Zeitraums, informieren über neue Erkenntnisse sowie im Besonderen über aktuelle Diskussionsschwerpunkte und Bereiche mit Forschungsdefiziten (sog. **Desiderata**, Sg. *Desideratum*). Bsp.:

HOLTUS, Günter/KRAMER, Johannes (1998): „Neue Forschungen zum Bündnerromanischen, Dolomitenladinischen und Friaulischen (1993–1995)". In: Iliescu, Maria et al. (Hg.): *Ladinia et Romania. Festschrift für Guntram A. Plangg zum 65. Geburtstag*. Vich: Istitut Cultural Ladin ,majon di fascegn', 515–553.

3.1.5 Texteditionen

Verlässliche Ausgaben, insbesondere von älteren literarischen Texten oder Arbeiten über sprachliche Fragen sind eine wesentliche Arbeitsgrundlage der Sprachwissenschaft. **Texteditionen** basieren oft auf unterschiedlichen Ausgaben oder Manuskripten ein und desselben Textes, sind häufig mit philologischen Kommentaren und gegebenenfalls mit Übersetzungen versehen. Bsp.:

Dante Alighieri (1303/04): *Über das Dichten in der Muttersprache*. Aus dem Lateinischen übersetzt und erläutert von Franz Dornseiff und Joseph Balogh. Darmstadt: Wissenschaftliche Buchgesellschaft, 1966.
HILKA, Alfons (Hg.) (1997): *Das altfranzösische Rolandslied nach der Oxforder Handschrift*. 8., verbesserte Auflage besorgt von Max Pfister. Tübingen: Niemeyer.

Anm.: Hochgestellte Ziffern vor (oder nach) dem Erscheinungsjahr zeigen die (unveränderte) Auflage an.

3.1.6 Exkurs: Publikationen im Internet

Die im Internet verbreiteten Publikationen sind hauptsächlich Aufsätze und Rezensionen, gelegentlich auch Forschungsberichte.

Auf einen der wesentlichsten Nachteile des Mediums Internet kann hier nicht deutlich genug hingewiesen werden: Es handelt sich um die nur in seltenen Fällen vorhandene institutionalisierte Qualitätskontrolle. Wer einen Aufsatz oder eine Monographie in den traditionellen Medien (Fachzeitschrift, Buch) publizieren möchte, muss damit rechnen, dass der Text von Kollegen, Verlagslektoren bzw. Herausgebern vor der Drucklegung kritisch unter die Lupe genommen wird. Im Internet ist ein solcher Filter die Ausnahme, sieht man einmal von Internet-Fachzeitschriften ab. Da dieses Medium prinzipiell jedem (und damit auch Dilettanten!) als Publikationsort oder Forum offensteht, sollte man Funden im WWW mit größtem Misstrauen begegnen, insbesondere wenn über den Urheber nichts bekannt ist oder die Texte auf privaten Seiten stehen.

Aufgrund der Kurzlebigkeit vieler Dokumente und Internet-Seiten ist es ratsam, immer das Datum der (letzten) Konsultation anzugeben, wenn man einen Text aus dem WWW zitiert (vgl. dazu auch unseren Hinweis auf S. IV).

3.1.7 Aufgaben

1. Vergleichen Sie die drei Rezensionen zu Stein, Achim: *Einführung in die französische Sprachwissenschaft*. Stuttgart/Weimar: Metzler, 1998 in *Moderne Sprachen* 43/1 (1999), 118–122 (B. Pöll), *Zeitschrift für französische Sprache und Literatur* 111 (2001) 1, 95–97 (B. Frank-Job) und *Zeitschrift für romanische Philologie* 117 (2001) 2, 314–317 (W. Pöckl) unter folgenden Gesichtspunkten: (a) Beurteilung der Eignung für die in Aussicht genommene Zielgruppe, ev. diesbezügliche Einschränkungen; (b) Kritik am Aufbau des Buches, Einschätzung der Vollständigkeit; (c) Verhältnis von Allgemein- und Detailkritik; (d) Zusammenfassendes Gesamturteil und ev. Verbesserungsvorschläge.

2. Charakterisieren Sie zwei allgemein romanistische und zwei auf Ihre romanische Sprache spezialisierte Zeitschriften unter folgenden Gesichtspunkten: (a) abgedecktes Fachgebiet; (b) eventuell: besondere Zielgruppe (z.B. Sprachlehrer); (c) Publikationssprachen; (d) Erscheinungsrhythmus; (e) Publikationstypen; (f) eventuell: Serviceabteilung.

3. Bestimmen Sie den Publikationstyp der 26 in *Vocabula et vocabularia ...*, 338–339 (vgl. 3.1.2) angegebenen Publikationen. Nummerieren Sie sie von 1 bis 26.

4. Namen von Fachzeitschriften werden in der Regel abgekürzt; versuchen Sie die folgenden Kürzel aufzulösen: *VR, ZrP, RF, RPh, RLiR, FM, RFE, RJb, MSp, DNS, ISt*.

3.2 Etymologie und Wortgeschichte

> *Aedificia, Gebäude. Da fällt mir eben wieder die Sprachverwandtschaft dieser beiden Worte auf: das Wort Gebäude stammt offenbar aus dem Lateinischen, aedificium, gaedibicium, gedibicium, gedibäudium, Gedibeidi, Gebäude. So leiten sich unsere meisten Worte von den Römern ab.*
>
> J. Nestroy

3.2.1 Vorwissenschaftliche Etymologie

Das Suchen nach dem Ursprung der Wörter reicht bis in die Anfänge der europäischen Geistesgeschichte zurück, doch blieb es bis in die erste Hälfte des 19. Jahrhunderts eine bisweilen geistreiche, aber letztlich ziemlich intuitive Beschäftigung. So postulierte die christlich inspirierte Etymologie einen Zusammenhang zwischen *homo* und *humus*, weil laut Schöpfungsbericht der Mensch aus Erde geschaffen worden ist. Dass *Roma* dieselben Buchstaben enthält wie *amor* ‚Liebe‘, wurde so interpretiert, dass Rom die Stadt der (göttlichen) Liebe sei. Diese Art von „Buchstabenmystik" verlor zwar an der Schwelle zur Neuzeit ihre Faszinationskraft, doch blieben auch weiterhin räumliche und zeitliche Faktoren unbeachtet. Frz. *chef* (literarisch ‚Kopf‘, von lat. CAPUT ‚id.‘) etwa wurde wegen einer vagen lautlichen Ähnlichkeit auf gr. *kephalos* ‚Kopf‘ zurückgeführt, ohne dass die Frage nach dem möglichen Entlehnungsweg auch nur gestellt worden wäre. Auch bei der Annahme von nicht belegten Zwischenstufen war man großzügig: frz. *rat* ‚Ratte', ein Wort ungeklärter Herkunft, wurde mit lat. *mus* ‚Maus' über ein frei erfundenes *mu<u>ratu</u>s* verknüpft. Daher verwundert es nicht, dass noch Voltaire die Etymologie eine Wissenschaft nannte, „in der die Vokale nichts und die Konsonanten recht wenig gelten".

3.2.2 Wissenschaftliche Etymologie

Moderne Etymologen verstehen ihre Tätigkeit als Versuch, mit wissenschaftlichen Methoden das **Etymon** (Pl. *Etyma*), d.h. eine der chronologischen Vorstufen eines Wortes, sowie deren weitere Entwicklung, die **Wortgeschichte**, zu erschließen. Das Wissenschaftliche besteht darin, dass jede vorgeschlagene Ableitungsstufe mit unserem Wissen über Sprachwandel im Allgemeinen, über die geschichtliche Entwicklung der betroffenen Sprachen sowie über relevante außersprachliche Umstände im Einklang stehen muss.

Erstens sollten Ableitungen mit der **externen Sprachgeschichte** verträglich sein, d.h. mit allem, was wir über die Verwendungsbedingungen der beteiligten Sprachen wissen. Bei der Annahme einer Entlehnung etwa sollte sichergestellt oder zumindest möglich sein, dass die beiden Sprachen zum entsprechenden Zeitpunkt in Kontakt waren und das Wort in der Gebersprache schon existierte, bevor es in der Nehmersprache erscheint. In diesem Zusammenhang können die **Erstbelege**, d.h. die ältesten dokumentierten Beispiele, von Wörtern wichtige Indizien liefern.

Was die Lautung betrifft, sollten sich die einzelnen Ableitungsstufen den bekannten Lautgesetzen fügen. Die Einhaltung dieses Prinzips war für den entscheidenden Durchbruch in der etymologischen Forschung Anfang des 19. Jahrhunderts verantwortlich.

Wenn als Vorstufen nicht-belegte abgeleitete oder zusammengesetzte Wörter angenommen werden, sollten diese den zum Zeitpunkt ihrer Bildung geltenden Wortbildungsregeln entsprechen. Diese Bedingung ist z.B. bei der Zwischenstufe *muratus*, die von *mus* zu *rat* geführt haben soll, nicht erfüllt. Hingegen kann man mit gutem Grund frz. *soleil* ‚Sonne' auf ein vlt. *SOLIC(U)LU,[3] wörtlich ‚Sönnchen' (zu SOL ‚Sonne') zurückführen, da uns -IC(U)LU aus anderen vlt. Quellen als lebendige **Diminutiv-**, d.h. Verkleinerungsendung, bekannt und die Lautentwicklung vlt. -IC(U)LU > frz. -*eil* auch in anderen Wörtern belegt ist (vgl. vlt. ARTIC(U)LU (zu ARTUS ‚Gelenk, Glied') > frz. *orteil* ‚(große) Zehe', SOMNIC(U)LU (zu SOMNUS ‚Schlaf') > frz. *sommeil* ‚Schlaf' usw.).

Neben der externen Sprachgeschichte, den Lautgesetzen und den Wortbildungsregeln muss eine einwandfreie Etymologie auch die Bedeutung gebührend berücksichtigen. Blieb diese nicht ohnehin stabil, so sollte der eingetretene Bedeutungswandel motiviert werden können. Obwohl Bedeutungswandel bisweilen sehr unvermutete Wege gehen kann, lassen sich doch einige besonders häufige Entwicklungspfade feststellen (zur Volksetymologie vgl.

---

[3] Lateinische Etyma schreibt man meist mit Kapitälchen. Nicht belegte, nur rekonstruierte Formen erhalten in der historischen Sprachwissenschaft einen **Asterisk**, d.h. ein Sternchen. Achtung: In der synchronen Sprachwissenschaft hingegen dient dieses Symbol zur Kennzeichnung von ungrammatischen Wörtern und Sätzen!

3.2.3). Bei der **Metapher** wird der Name eines Objekts (bzw. einer Handlung o.ä.) auf ein anderes übertragen, das diesem in irgendeiner Hinsicht ähnlich ist bzw. vom Sprecher so gesehen wird: so wurde z.B. im Vulgärlatein TESTA ‚Tontopf‘ als expressive Bezeichnung für den menschlichen Kopf verwendet (vgl. it. *testa*, frz. *tête*). Ebenfalls auf einer Ähnlichkeitsbeziehung beruhen die sogenannte **Bedeutungserweiterung** und **Bedeutungsverengung**. Ein Beispiel für ersteren Typ von Bedeutungswandel wäre vlt. PANARIU ‚Brotkorb‘ (zu PANIS ‚Brot) > frz. *panier* ‚Korb‘, für letzteren lat. PONERE ‚legen‘ > frz. *pondre* ‚Ei legen‘. Wie man sieht, herrscht hier weiters zwischen Ausgangspunkt und Resultat ein Verhältnis von Oberbegriff zu Unterbegriff (bzw. umgekehrt). Bei der **Metonymie** besteht zwischen dem alten und dem neuen Objekt eine Beziehung der Kontiguität, die recht unterschiedlicher Natur sein kann: Material > Produkt (Bsp.: *einen Nerz tragen*), Behälter > Inhalt (Bsp.: *ein Glas trinken*), Institution > Gebäude (Bsp.: *die Universität betreten*), Handlung > Handelnder (Bsp.: *die Bedienung rufen*) usw. Bei der **Ellipse** wird von einem Wort die Bedeutung eines ausgelassenen Wortes absorbiert (vgl. lat. VIA STRATA ‚Straße; wörtl. gepflasterter Weg‘ > STRATA > it. *strada*, dt. *Straße*; *Weizenbier* > *Weizen* usw.). Ob eine bestimmte Verwendung durch Metonymie oder Ellipse zustandegekommen ist, ist mangels genauer Dokumentation oft nicht endgültig zu bestimmen: frz. *un bourgogne* ‚ein Burgunder(wein)‘ z.B. könnte sowohl durch die Metonymie Herkunftsort > Produkt als auch durch eine Ellipse vom Typ *un vin de Bourgogne* > *un bourgogne* zustande gekommen sein.

Manche Bedeutungsentwicklungen sind nur begreifbar, wenn man die Wörter mit den bezeichneten Realien in Verbindung bringt. Wie konnte frz. *grève* ‚Strand‘ zu ‚Streik‘ werden? Der Grund dafür ist, dass sich im Paris des 19. Jahrhunderts die Streikenden auf der Place de grève an der Seine versammelten. Ohne diese Sachinformation müsste die Etymologie von *grève* ‚Streik‘ wohl ewig im Dunkeln bleiben. Auf die Wichtigkeit des Studiums der Sachkultur für die Etymologie hat Anfang des 20. Jahrhunderts die Bewegung **Wörter und Sachen** besonders hingewiesen.

3.2.3   Volksetymologie

Zwischen der Bedeutung und der Lautgestalt eines Wortes besteht in den meisten Fällen keine notwendige Beziehung: dass der Hund *Hund* heißt, ist keine Notwendigkeit, wie frz. *chien*, it. *cane*, sp. *perro*, engl. *dog* u.a. belegen. Die Beziehung zwischen Bedeutung und Lautung in natürlichen Sprachen ist also von Sprache zu Sprache durch Konvention, d.h. stillschweigende Übereinkunft, festgelegt. Die Eigenschaft der **Konventionalität** trifft auf alle sprachlichen Zeichen zu, diese unterscheiden sich jedoch hinsichtlich der **Motiviertheit**. Während viele Wörter des Grundwortschatzes wie die oben erwähnten unmotiviert sind, sind zwei Gruppen von Wörtern motiviert: **Onomatopoetika** (d.h. lautmalende Wörter), durch das Bezeichnete, meist ein Geräusch, zu dem sie in einem mehr oder weniger getreuen Abbildverhältnis stehen (*ticktack*, *wauwau*, *Kuckuck*, *zischen*, *gurgeln* usw.), und Wortbildungen durch die Wörter und Vor- und Nachsilben, aus denen sie bestehen (*Wand-*

uhr z.B. ist durch *Wand* und *Uhr* motiviert, *lernbar* durch *lern(en)* und *-bar* usw.). Dass selbst Onomatopoetika letztlich durch das Bezeichnete nur teilweise determiniert sind, sieht man an deren oft einzelsprachlich unterschiedlichen Realisierungen: dt. *kikeriki* vs. frz. *cocorico* usw.

Sprecher haben offensichtlich das Bedürfnis, den Wortschatz ihrer Sprache so weit wie möglich zu motivieren, d.h. einzelne Wörter miteinander in Beziehung zu setzen. Führt dieses Motivationsbedürfnis zu etymologisch falschen Resultaten, so spricht man von **Volksetymologie**. Dabei kann einerseits die formale Seite an die semantische angepasst werden: nachdem das erste Glied von *Sintflut* – es bedeutete ursprünglich ‚immerwährend, groß' – nicht mehr verstanden wurde und die Sintflut nach biblischer Überlieferung eine Strafe Gottes gewesen sein soll, wurde das Wort volksetymologisch zur *Sündflut* umgestaltet. Andererseits wird oft auch die Bedeutung der Form angepasst: der heilige Blasius z.B. hat es nur seinem Lautkörper zu verdanken, dass er in manchen Regionen der Patron der Blasinstrumentalisten und in anderen jener der Blasenleidenen geworden ist.

3.2.4 Entlehnung

Der Wortschatz ist, wie schon erwähnt, der durchlässigste und wandelbarste Teil der Sprache. Das Etymon vieler Wörter ist daher in fremden Sprachen zu suchen, seien dies nun Substrat-, Superstrat- oder Adstratsprachen. Dabei ist es keineswegs immer so, dass einfach ein Wort von einer Sprache in eine andere transferiert wird. Wie komplex Lehnbeziehungen sein können, veranschaulicht Schema 5.

Schema 5: Typen der Entlehnung nach W. Betz (vgl. Bußmann 2008, 165)

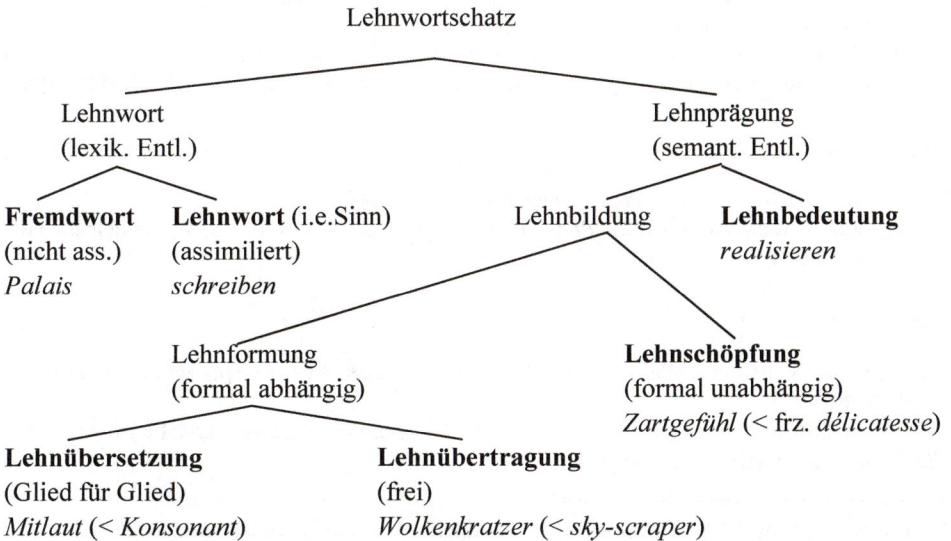

Entlehnungen aus dem Lateinischen in eine romanische Sprache können auf Etyma zurückgehen, die in derselben Sprache auch erbwörtlich fortgesetzt worden sind. Solche Wortpaare nennt man **D(o)ubletten**. Bsp.: lat. FRIGIDUS ‚kalt' > frz. *froid/frigide*.

3.2.5   Etymologische Wörterbücher

Nach der Entwicklung der historisch-vergleichenden Methode waren die Romanisten lange
vornehmlich damit beschäftigt, den Wortschatz der romanischen Sprachen zu etymologisie-
ren. Im Zentrum der Aufmerksamkeit standen dabei jene 5–10.000 Wörter des Kernwort-
schatzes, die synchron nicht motiviert sind.[4] Die Früchte dieser Arbeit sind in den **etymologischen** bzw. **historischen Wörterbüchern** – leider nicht immer ganz verlässlich – zusammengefasst. Die Romanistik ist mit diesem Buchtyp besonders reich gesegnet.

Von ihrem Aufbau her zerfallen sie in zwei Gruppen: während die einen vom heutigen
Wort ausgehend dessen Ursprung (und Geschichte) skizzieren, sind die anderen nach den
Etyma gegliedert, von denen aus die verschiedenen Entwicklungen nachgezeichnet werden.
Für den Benutzer ergibt sich bei der Anordnung nach dem Etymon die Notwendigkeit,
zuerst über ein anderes Wörterbuch, eventuell vorhandene Verweise oder einen Index das
Etymon ausfindig zu machen.

In der Folge führen wir nur die allerwichtigsten etymologischen Wörterbücher des
Deutschen und der drei romanischen Hauptsprachen auf. Weitere Wörterbücher sind ohne
Mühe an den entsprechenden Standorten der Bibliothek oder in den Bibliographien der
angegebenen Literatur zu finden.

Deutsch:

Duden – Das Herkunftswörterbuch (2006). *Etymologie der deutschen Sprache*. Mannheim: Biblio-
    graphisches Institut. 4. Neu bearbeitete Auflage.
KLUGE, Friedrich (2011, [1]1883): *Etymologisches Wörterbuch der deutschen Sprache*. 25., durch-
    gesehene und erweiterte Auflage bearbeitet von Elmar Seebold. Berlin/New York: de Gruyter.

Gesamtromanisch:

DÉRom – *Dictionnaire étymologique roman* (http://stella.atilf.fr/)
MEYER-LÜBKE, Wilhelm ([5]1972): *Romanisches Etymologisches Wörterbuch*. Heidelberg: Winter.
    [abgek.: *REW*]

Französisch:

BLOCH, Oscar/WARTBURG, Walther von ([5]1968): *Dictionnaire étymologique de la langue française*.
    Paris: PUF.
REY, Alain (2012, [1]1992): *Dictionnaire historique de la langue française*. Paris: Le Robert.
TLFÉtym (http://www.atilf.fr/tlf-etym/)

---

[4]   Die wortgeschichtliche Beschreibung von Ableitungen und Zusammensetzungen sowie von ge-
    lehrten Entlehnungen ist hingegen zu einem guten Teil bis heute unzureichend.

WARTBURG, Walther von (1922–): *Französisches Etymologisches Wörterbuch*. Wechselnde Verlagsorte und Verlage. [abgek.: *FEW*]

Italienisch:

CORTELAZZO, Manlio/ZOLLI, Paolo (1999): *DELI–Dizionario Etimologico della Lingua Italiana*. Seconda edizione in volume unico a cura di Manlio Cortelazzo e Michele A. Cortelazzo. Bologna: Zanichelli. [abgek.: *DELI*]
PFISTER, Max (1979–): *Lessico etimologico italiano*. Wiesbaden: Reichert. [abgek.: *LEI*]

Spanisch:

COROMINAS, Joan/PASCUAL, José A. (1991): *Diccionario crítico etimológico castellano e hispánico*. Madrid: Gredos. [abgek.: *DCECH*]
COROMINAS, Joan (³1973): *Breve diccionario etimológico de la lengua castellana*. Madrid: Gredos.

3.2.6   Literatur

Blank (1997), Jänicke (1991), Malkiel (1993), Pfister (1980), Schmitt (2001)

3.2.7   Aufgaben

1. Von den in 3.2.2 beschriebenen Mechanismen des Bedeutungswandels sind die Motive des Bedeutungswandels zu unterscheiden: **Euphemismus, Ökonomie, Expressivität** o.ä. (schlagen Sie die Bedeutung dieser Fachausdrücke nach, falls sie Ihnen nicht geläufig sind). Welche Mechanismen und – sofern ersichtlich – welche Motive des lexikalischen Wandels liegen vor in: (a) frz. *choucroute* ‚Sauerkraut‘; (b) frz. Argot *cafetière* ‚Kaffeekanne‘ > ‚Kopf‘; (c) it. *casino* ‚Bordell‘ > ‚Lärm‘; (d) frz. *chef* ‚Kopf‘ > ‚Chef‘; (e) frz. *disparaître* ‚verschwinden‘ > ‚sterben‘; (f) frz. *baiser* ‚küssen‘ > ‚den Liebesakt vollziehen‘; (g) mfrz. *grue* ‚Kranich‘ > ‚Prostituierte‘; (h) vlt. PELLIS ‚Tierhaut‘ > ‚Menschenhaut‘; (i) frz. *gauche* ‚links‘ > ‚ungeschickt‘; (j) vlt. HIBERNU ‚winterlich‘ > ‚Winter‘; (k) frz. *jour ouvrable* ‚Werktag‘ > ‚Tag, an dem die Geschäfte offen haben‘; (l) frz. *blé* ‚Korn‘ > ‚Weizen‘; (m) frz. *pain* ‚Brot‘ > ‚Nahrung‘.

2. Die in 3.2.2 beschriebenen Mechanismen des Bedeutungswandels sind natürlich auch heute noch aktiv. Suchen Sie für die einzelnen Mechanismen rezente Beispiele.

3. In der Literatur werden Fälle von Bedeutungswandel wie die folgenden oft als **Bedeutungsverschlechterung** bzw. **-verbesserung** bezeichnet: (a) lat. TRIPALIUM (ein Foltergerät) > frz. *travail* ‚Arbeit‘; (b) spätlat. CANCELLARIUS ‚Türsteher‘ > frz. *chancelier* ‚Kanzler‘, dt. *Kanzler*; (c) lat. CAPTIVUS ‚gefangen‘ > frz. *chétif* ‚kränklich, armselig‘, (d) *fille de mauvaise vie* > *fille* ‚Prostituierte‘ (eigentl. ‚Mädchen‘). Blank (1997, 333–339) meint, Bedeutungsverschlechterung und -verbesserung seien keine eigenen Mechanismen des Bedeutungswandels, sondern ließen sich auf die 3.2.2 erwähnten Typen zurückführen. Welche sind es in den Beispielen (a)–(d)?

4. Folgende französische Wortpaare gehen auf das gleiche lateinische Substantiv zurück. Suchen Sie nach der Ursache der unterschiedlichen Entwicklung: *copain/compagnon*, *pâtre/pasteur*, *on/homme*, *maire/majeur*.

5. Aus welchen der folgenden lateinischen Wörter haben sich in Ihrer romanischen Sprache Dubletten entwickelt?: *causa, integru, blasphemare, radius, cubare, directus, articulus.*

6. Lesen Sie in Jänicke (1991, 76–79) die Zusammenfassung der Kontroverse um die Etymologie von frz. *aune* ‚Erle‘. Wie lautete J. Juds ingeniöse Hypothese und warum ist sie letztlich nicht haltbar?

7. Fassen Sie Lüdtke (1968, I, 38ff.) zur Bedeutungsentwicklung konkret > abstrakt im Bereich der Verben des Denkens zusammen.

8. Charakterisieren Sie nach Betz folgende Wörter: (a) *Wochenende, Halbinsel, Hochschule, Loggia, fesch, Sünde, Seele, Pfalz*; (b) *Computer, Rechner* ‚Computer‘, frz. *logiciel* ‚Software‘, sp. *escáner* ‚Scanner‘, sp. *ratón* ‚Computer-Maus‘, sp. *copiar* ‚kopieren‘ (als Computer-Terminus), it. *interfaccia* ‚Schnittstelle‘, dt. *Schnittstelle.*

3.3   Sprachskizze 1: Latein

3.3.1   Klassisches vs. Vulgärlatein

Wenn wir sagen, dass die romanischen Sprachen vom Latein abstammen, gilt es im Auge zu behalten, dass damit nicht die einem äußerst elitären Kunstideal verpflichtete Sprache unserer lateinischen Schulautoren gemeint ist. Auch das Latein war vor zweitausend Jahren eine lebende Sprache mit verschiedenen geographischen und sozialen Ausprägungen; der lukanische Bauer sprach anders als der Stadtrömer, die Sklavin anders als die Aristokratin. Selbst Cicero verwendete in seinen privaten Briefen eine viel weniger normgerechte Sprache als in seinen geschliffenen Reden. All jene Formen des Lateins, die nicht dem literarischen Idealtyp entsprechen, fasst man unter dem Begriff **Vulgärlatein** (zu lat. *vulgus* ‚Volk‘) zusammen, und dieses Vulgärlatein ist es hauptsächlich, das als Grundlage für die Ausbildung der romanischen Sprachen anzusehen ist. Dies ist nicht weiter verwunderlich, wenn man bedenkt, dass mit dem Zusammenbruch des Weströmischen Reiches das Bildungswesen und damit die Pflege der kultivierten Literatursprache weitgehend zum Erliegen kamen. Im Zuge der Völkerwanderung übernahmen Kulturen die Herrschaft, die ganz oder überwiegend auf Mündlichkeit beruhten und nicht auf geschriebenen Texten.

Über das Vulgärlatein sind wir relativ gut unterrichtet. Grammatiker tadeln „falsche“ Formen – und belegen damit für uns deren Existenz. Theaterdichter, Satiriker, allen voran aber der Romanautor Petronius, setzen das Mittel der direkten Personencharakteristik ein und lassen ihre Figuren „authentisch“ sprechen. Viele „Fehler“ von Fachschriftstellern sind auf eine fehlende oder mangelhafte grammatisch-rhetorische Ausbildung zurückzuführen; der große Baumeister Vitruv etwa schreibt entschuldigend: *Non potest esse architectus grammaticus* ‚Ein Architekt kann kein Grammatiker sein‘. Als wahre Fundgrube volkstümlichen Sprachgebrauchs erweisen sich schließlich Grabinschriften, Fluchtafeln (d.h. an die Adresse von Rachegottheiten gerichtete Verwünschungen von Feinden oder Konkurrenten) oder Graffiti (Wandinschriften bzw. -kritzeleien), speziell die von Pompei. Nicht zu vergessen sind auch die „christlichen" Texte, da ihre Verfasser meist den unteren Volks-schichten entstammten und oft nicht Latein als Muttersprache hatten.

Die in solchen Quellen überlieferten, vom klassischen Latein abweichenden Formen dürfen natürlich nicht immer für bare Münze genommen werden, sondern bedürfen der philologischen Interpretation. Häufig etwa begegnet man **Hyperkorrektismen**, d.h. un-korrekten Formen, die einer verunglückten Anpassung an eine nicht voll beherrschte hoch-sprachliche Norm entspringen. Der Verfasser der folgenden Inschrift wusste offensichtlich, dass in der Umgangssprache oft ein *n* vor *s* ausgelassen wurde (vgl. lat. MENSA ‚Tisch' > vlt. MESA, so heute auch spanisch/portugiesisch), daher tendiert er dazu, beim Schreiben ein *n* auch dort einzusetzen, wo keines hingehört, wie in *formonsus*: *Omnia formonsis cupio donare puellis* ‚Alles will ich den schönen Mädchen geben'.

3.3.2   Der Turmbau zu Babel: Lateinisch

Der folgende lateinische Text, die Episode vom Turmbau zu Babel aus dem Alten Testa-ment (Genesis 11, 1-9), stammt aus der um 400 entstandenen Bibelübersetzung des heiligen Hieronymus, der sogenannten *Vulgata*. Der Schutzpatron der Übersetzer verfügte über eine profunde grammatisch-rhetorische Ausbildung und schrieb ein korrektes, aber nicht kunst-voll-stilisiertes Latein. Der lateinische Text wird von einer deutschen Interlinearversion und einer regulären Übersetzung (Zürich: Verlag der Zürcher Bibel, 1971) begleitet. Die Fälle der Substantive und Adjektive werden durch ihre Anfangsbuchstaben angezeigt (vgl. 3.3.4).

Erat   autem   terra   labii   unius,   et   sermonum   eorundem.
Es-war   aber   Erde-N Lippe-G eine-G   und Redeweisen-G gleiche-G
Cumque   proficiscerentur de oriente,   invenerunt campum in terra
Als-und   sie-brachen-auf   von Orient-Abl   sie fanden Feld-Ak in Land-Abl
Sennaar, et   habitaverunt in eo. Dixitque   alter   ad proximum   suum:
Sinear   und sie-wohnten in ihm. Sagte-und einer-N   zu nächster-Ak sein-Ak
Venite, faciamus   lateres,   et   coquamus   eos   igni.
Kommt machen-wir Ziegel-Ak   und   brennen-wir   sie   Feuer-Abl
Habueruntque   lateres   pro saxis,   et   bitumen   pro   caemento.
Sie-hatten-und Ziegel-Ak   statt Steine-Abl und Teer-Ak   statt Mörtel-Abl
Et dixerunt: Venite, faciamus   nobis civitatem et   turrim   cuius culmen
Und sie-sagten: Kommt machen-wir uns   Stadt-Ak   und Turm-Ak dessen Spitze-N
pertingat   ad   caelum: et   celebremus nomen   nostrum   antequam
reiche   zu   Himmel-Ak   und feiern-wir   Name-Ak unser-Ak   bevor
dividamur   in   universas   terras.
wir-werden-zerstreut über   alle-Ak   Länder-Ak.
Descendit   autem   Dominus   ut   videret   civitatem et   turrim,
Stieg-herab aber   Herr-N   damit er-sähe Stadt-Ak und   Turm-Ak
quam aedificabant filii   Adam,   et dixit: Ecce, unus est populus

den sie-bauten Söhne-N Adam-G und er-sagte: Seht, eins ist Volk-N
et unum labium omnibus: coeperuntque hoc facere, nec
und eine-N Lippe-N allen sie-haben-begonnen-und das machen und-nicht
desistent a cogitationibus suis, donec eas opere compleant.
sie-werden-aufhören mit Vorhaben-Abl ihre-Ab bis diese Werk-Ab sie-vollenden (Konj.)
Venite igitur, descendamus, et confundamus ibi linguam eorum,
Kommt also steigen-wir-hinab und verwirren-wir dort Sprache-Ak ihre
Ut non audiat unusquisque vocem proximi sui. Atque ita divisit
Damit nicht höre irgendeiner Stimme-Ak Nächster-G sein-G Und so verteilte
eos Dominus ex illo loco in universas terras, et cessaverunt
sie Herr-N von jener-Abl Ort-Abl über alle-Ak Länder-Ak und sie-hörten-auf
aedificare civitatem. Et idcirco vocatum est nomen eius Babel,
bauen Stadt-Ak Und daher genannt-N wurde Name-N sein Babel
quia ibi confusum est labium universae terrae: et inde dispersit eos
da dort verwirrt wurde Lippe-N ganze-G Erde-G und von-dort zerstreute sie
Dominus super faciem cunctarum regionum.
Herr-N über Oberfläche-Ak alle-G Gegenden-G

Es hatte aber alle Welt einerlei Sprache und einerlei Worte. Als sie nun im Osten auf-brachen, fanden sie eine Ebene im Lande Sinear, und sie ließen sich dort nieder. Und sie sprachen untereinander: Wohlan, lasst uns Ziegel streichen und hart brennen! Und es diente ihnen der Ziegel als Stein, und der Asphalt diente ihnen als Mörtel. Und sie sprachen: Wohlan, lasst uns eine Stadt bauen und einen Turm, dessen Spitze bis in den Himmel reicht: so wollen wir uns ein Denkmal schaffen, damit wir uns nicht über die ganze Erde zer-streuen. Da fuhr der Herr hernieder, um die Stadt zu besehen und den Turm, den die Menschenkinder gebaut hatten. Und der Herr sprach: Siehe, sie sind ein Volk und haben alle eine Sprache. Und dies ist erst der Anfang ihres Tuns; nunmehr wird ihnen nichts mehr unmöglich sein, was immer sie sich vornehmen. Wohlan, lasst uns hinabfahren und daselbst ihre Sprache verwirren, dass keiner mehr des andern Sprache verstehe. Also zerstreute sie der Herr von dort über die ganze Erde, und sie ließen ab, die Stadt zu bauen. Daher heißt ihr Name Babel, weil der Herr daselbst die Sprache aller Welt verwirrt und sie von dort über die ganze Erde zerstreut hat.

3.3.3 Zur Aussprache des Lateins

Das Latein ist uns nur in schriftlichen Dokumenten überliefert. In den einzelnen Sprach-gemeinschaften mit lateinischem Bildungshintergrund haben sich unterschiedliche Aus-sprachetraditionen herausgebildet, die alle von der tatsächlichen Aussprache des Lateins im Altertum mehr oder weniger weit entfernt sind. Lat. *unus* etwa, das annähernd so ausge-sprochen wurde wie in der heutigen deutschen Aussprache, lautet in Frankreich [ynys] und in England gar [junəs].

Es ist der Sprachforschung jedoch gelungen, die tatsächliche Aussprache des Lateins weitgehend zu rekonstruieren. Der bedeutendste Unterschied zwischen der deutschen und der authentischen Aussprache des Lateins betrifft die Länge der Vokale, die **Vokalquantität**. Den fünf lateinischen Buchstaben *a, e, i, o, u* entsprechen nämlich zehn verschiedene Laute, da jeder Vokal lang oder kurz sein kann. So heißt *malus* mit kurzem *a* (wie in *hat*) ‚böse‘, *malus* mit langem *a* (wie in *Tag*) hingegen ‚Apfelbaum‘. In sprachwissenschaftlichen Texten wird Länge oft durch einen Balken (*ā* usw.) gekennzeichnet, Kürze durch einen Halbkreis (*ă* usw.) oder gar nicht. Die Berücksichtigung der Vokalquantität, auf die im Lateinunterricht gewöhnlich und zu Unrecht nicht viel Wert gelegt wird, ist für das Studium der lateinischen Sprache, und zwar sowohl der Grammatik, der Metrik als auch der Sprachgeschichte, von größter Bedeutung.

Im Vulgärlatein wurde dieses Vokalsystem radikal umgestaltet (man spricht auch von **Quantitätenkollaps**). Aus den fünf langen und fünf kurzen Vokalen des klassischen Lateins wurde in weiten Gebieten des Römischen Reiches ein System von sieben Vokalen, die sich nicht mehr durch die Länge, sondern nur mehr durch den Öffnungsgrad unterschieden:

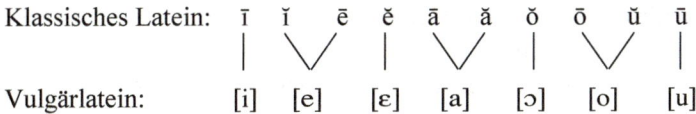

Klassisches Latein:	ī	ĭ	ē	ĕ	ā	ă	ŏ	ō	ŭ	ū
Vulgärlatein:	[i]		[e]		[ɛ]		[a]		[ɔ]		[o]		[u]

Die Vokalverbindungen *au* und *ae* sind im klassischen Latein als Diphthonge zu lesen. *Au* wurde im Vulgärlatein weiter Gebiete zum Monophthong (‚ein Laut‘) [ɔ], *ae* zu [ɛ]: klt. AURUM ‚Gold‘ > vlt. [ɔru], klt. CAELUM ‚Himmel‘ > vlt. [kɛlu].

Konsonanten können im Lateinischen ebenfalls lang oder kurz sein. Dabei wird Quantität durch Doppelschreibung gekennzeichnet. Während im Deutschen die Doppelschreibung von Konsonanten nur zur Anzeige der Kürze des vorhergehenden Vokals dient (das *l* von *Wall* ist nicht länger als das von *Wal*!), sind lateinische Doppelkonsonanten tatsächlich „doppelt" (d.h. lang): lat. *bellum* z.B. ist zu sprechen wie italienisch *bello*.

Der Buchstabe <c>[5] steht immer für [k]: Cicero hieß *Kikero,* nicht *Tsitsero.* Dies zeigt sich noch z.B. in dt. *Keller,* das eine sehr frühe Entlehnung von lat. *cellarium* ist, oder im Wort *Kichererbse,* aus lat. *cicer* (mit dem späteren erklärenden Zusatz *Erbse*).

Auslautendes *-m* wurde auch in der Hochsprache nicht gesprochen, wie wir u.a. aus der Metrik wissen, wo auf *-m* endende Wörter behandelt werden wie solche, die auf Vokal ausgehen. Ein *s* ist immer stimmlos, das *r* ist apikal.

Der Wortakzent fällt im Lateinischen in mehrsilbigen Wörtern auf die vorletzte Silbe, wenn diese „schwer" ist, hingegen auf die drittletzte, wenn die vorletzte „leicht" ist. Leicht ist eine Silbe, wenn sie auf kurzen Vokal endet (z.B. *pu* in *popŭlus*), schwer, wenn sie auf Langvokal oder Konsonant endet (z.B. *tu* in *bitūmen* oder *men* in *caementum*). Auf der drittletzten Silbe betonte Wörter verloren im Vulgärlatein häufig den Vokal der vorletzten

---

[5]   Buchstaben schreibt man üblicherweise in Spitzklammern, wenn man hervorheben will, dass es auf die Schreibung ankommt.

Silbe: *cálidus* ‚warm' etwa wurde zu *caldus*. Eine Vokaltilgung dieses Typs heißt **Synkope** (Betonung auf der ersten Silbe, im Gegensatz zum musikalischen Fachausdruck).

3.3.4 Zur Grammatik des Lateins

Zu den Charakteristika des Lateins, besonders im Vergleich zu den heutigen romanischen Sprachen (mit Ausnahme des Rumänischen), gehört, dass Substantive und Adjektive in Abhängigkeit von ihrer Rolle im Satz verschiedene Endungen erhalten müssen. In unserem Text etwa erscheint das Wort für ‚Erde' in den drei Formen *terra*, *terrae* und *terras*. Die lateinischen Substantiv- und Adjektivendungen drücken zugleich die grammatikalischen Kategorien **Numerus** (d.h. Zahl), **Kasus** (Fall; Pl. *Kasus*) und **Genus** (Geschlecht; Pl. *Genera*) aus. Die Kategorie Numerus zerfällt im Lateinischen in **Singular** und **Plural**, bei der Kategorie Kasus werden traditionell sechs Fälle unterschieden: **Nominativ**, **Genitiv** (seltener: **Genetiv**), **Dativ** und **Akkusativ** spielen im Wesentlichen dieselben Rollen wie im Deutschen der erste, zweite, dritte und vierte Fall. Der **Vokativ** ist der Kasus der Anrede (z.B. *domine!* ‚Herr!', Nominativ *dominus*). Der **Ablativ** schließlich hat meist die Funktion, die im Deutschen die Präpositionen *mit* und *durch* erfüllen (z.B. *igni* ‚mit bzw. durch Feuer', Nominativ *ignis*). *Terra* und *dominus* haben folgende zwölf Numerus/Kasus-Formen:

	Singular	Plural		Singular	Plural
N	terra	terrae		dominus	dominī
G	terrae	terrārum		dominī	dominōrum
D	terrae	terrīs		dominō	dominīs
Ak	terram	terrās		dominum	dominōs
V	terra	terrae		domine	dominī
Abl	terrā	terrīs		dominō	dominīs

Die Gesamtheit der Numerus/Kasus-Formen eines Wortes nennt man **Deklination**.

3.3.5 Literatur

Allen (1965), Herman (1967), Janson (2006), Marouzeau (1969), Müller-Lancé (2012)

3.3.6 Aufgaben

1. Fassen Sie die Kapitel (a) „Geschichte des Lateins" und (b) „Das Leben des Lateins" [nur für Lateinkundige] in Marouzeau (1969) zusammen.

2. Ermitteln Sie mit Hilfe eines guten lateinischen Wörterbuchs die Quantität der hervorgehobenen Vokale folgender Wörter unseres Textes: *proximus, bitumen, populus, facere, igitur, dominus*. Bestimmen Sie dann nach der in 3.3.3 angegebenen Regel den Akzent der folgenden Wörter des Textes (die Silbentrennung funktioniert wie im Deutschen): *eorundem, proficiscerentur, proximum, bitumen, caemento, universas, populus, facere, desistent, igitur, dominus*.

3. In der sogenannten *Appendix Probi* aus dem 3./4. Jh. n. Chr. stellt ein anonymer Grammatiker korrekte aus seiner Sicht tadelnswerten Formen gegenüber. Geben Sie an, um welche vulgär-lateinischen Entwicklungen es sich in den folgenden Beispielen handelt: (a) *speculum non speclum* ‚Spiegel‘; (b) *olim non oli* ‚einst‘; (c) *auris non oricla* ‚Ohr‘ (*-icla* ist eine Diminutiv-endung); (d) *occasio non occansio* ‚Gelegenheit‘.

4. Die *Appendix Probi* (vgl. Aufgabe 3) enthält u.a. folgende Vorschriften, in denen synkopierte vulgärlateinische Formen getadelt werden: *speculum non speclum* ‚Spiegel‘; *vetulus non veclus* ‚alt‘; *oculus non oclus* ‚Auge‘; *viridis non virdis* ‚grün‘. Schlagen Sie in einem deutsch-italienischen Wörterbuch die entsprechenden italienischen Wörter nach und entscheiden Sie, ob diese die klassischen oder die vulgärlateinischen Formen fortsetzen.

5. Bestimmte Präpositionen **regieren** (d.h. verlangen; Substantiv: **Rektion**) im Lateinischen be-stimmte Kasus. Ermitteln Sie an Hand unseres Textes, welche Kasus lat. *in* regiert. Hängt die Wahl des Kasus mit der Bedeutung zusammen? Gibt es eine Parallele zur deutschen Präposition *in*?

6. Das Lateinische kennt keinen Artikel. Bestimmtheit und Unbestimmtheit sind daher nur unter Berücksichtigung des Kontexts feststellbar. In unserem Text z.B. ist *civitatem* einmal bestimmt und einmal unbestimmt. Wie sind nach Lausberg (1962, § 743) die Artikel der romanischen Sprachen entstanden?

7. Schlagen Sie in einem sprachwissenschaftlichen Lexikon nach, was man unter **analytischem** und **synthetischem** Sprachbau versteht und suchen Sie in der Übersetzung des Turmbau-Textes in Ihre romanische Sprache Beispiele, die den Wandel von der synthetischen zur analytischen Konstruktion belegen.

8. Informieren Sie sich in Lausberg (1962) darüber, wie sich Futur und **Komparation** (d.h. Steigerung) vom Lateinischen zum Romanischen entwickelt haben und charakterisieren Sie deren Entwicklung mit den Begriffen *synthetisch* und *analytisch*.

9. Stellen Sie mit Hilfe einer Grammatik fest, welche synthetischen Komparative in Ihrer romani-schen Sprache überlebt haben. Warum gerade diese?

4. Vierte Unterrichtseinheit

4.1 Literatursuche I: konventionell

4.1.1 Erste Schritte

Wer sich über die wichtigste Literatur zu einem bestimmten Thema seines Fachgebietes informieren will, tut gut daran, zu einem der grundlegenden Handbücher für die jeweilige Disziplin zu greifen. Für die Romanistik liegt in Form des *Lexikons der romanistischen Linguistik* (1988-2005, 8 Bde.) ein Nachschlagewerk vor, das zu den zentralen Gebieten der romanischen Sprachwissenschaft bzw. zu den romanischen Einzelsprachen grundlegende sachliche und bibliographische Informationen liefert.[6] Das unsystematische Bibliographieren, also das Auswerten der Literaturverzeichnisse bereits als wichtig erkannter Fachliteratur, birgt allerdings die Gefahr, dass neuere und wichtige Aufsätze oder Monographien übersehen werden. Der zweite Schritt muss also auf jeden Fall darin bestehen, die einschlägigen **Bibliographien**, d.h. Publikationsverzeichnisse, zu konsultieren. Der sachkundige Umgang mit diesen Informationsmitteln muss vom ersten Semester an gelernt und trainiert werden. Durch die routinierte Benützung von Bibliographien kann man im Laufe des Studiums viel Zeit sparen.

Bibliographien können nach den verschiedensten Bedürfnissen und Gesichtspunkten erstellt sein. Die wesentlichsten dieser Gesichtspunkte sind:

(a) die thematische Breite: Allgemeinbibliographien erfassen das ganze Schrifttum eines bestimmten Zeitraums, während Fachbibliographien sich, wie der Name schon sagt, auf ein Fach beschränken, und Teil- und Sonderbibliographien nur Teilbereiche eines Fachs erfassen;

(b) die berücksichtigten Publikationstypen, Sprachräume etc.: umfassende Bibliographien machen hier keine Einschränkungen, während Auswahlbibliographien z.B. nur Dissertationen, nur Schweizer Publikationen usw. erfassen können;

(c) die Erscheinungsweise: periodische Bibliographien erscheinen in regelmäßigen Abständen, während retrospektive oder abgeschlossene Bibliographien das innerhalb eines bestimmten Zeitraums erschienene Schrifttum auflisten. Die wichtigsten periodischen Bibliographien für die romanische Sprachwissenschaft werden in Hillen/Rheinbach (1989) und (1995) vorgestellt;

---

[6] Zum Teil spiegeln die Artikel, auch in den zuletzt erschienenen Bänden, leider den Forschungsstand von Mitte der 1980er Jahre wider.

(d) die Publikationsform: selbstständige Bibliographien erscheinen als Bücher oder Hefte, während unselbstständige Bibliographien nur Teile von Publikationen bilden;

(e) der Aufbau: Bibliographien können nach Sachgebieten, chronologisch oder alphabetisch nach Autorennamen geordnet sein. Auch eine Kombination dieser Kriterien ist möglich;

(f) die Zusatzinformationen: während die meisten Bibliographien nur bibliographische Angaben bieten, enthalten räsonierende oder kommentierte Bibliographien kurze inhaltliche Charakterisierungen der aufgeführten Titel. Für das Italienische sei besonders auf die drei folgenden kommentierten Bibliographien hingewiesen: Gambarara, Daniele/ Ramat, Paolo (Hg.) (1977): *Dieci anni di linguistica italiana (1965–1975)*. Rom: Bulzoni; Cortelazzo, Michele/Mioni, Alberto (Hg.) (1992): *La linguistica italiana degli anni 1976–1986*. Rom: Bulzoni; Lavinio, Cristina (2002): *La linguistica italiana alle soglie del 2000 (1987–1997 e oltre)*. Roma: Bulzoni. Neuere spanische Fachliteratur erfasst Báez San José, Valerio et al. (1995-99): *Bibliografía de lingüística general y española (1964–1990)*. 5 Bde. Alcalá de Henares: Universidad.

Aus Gründen der Platzersparnis wird in Bibliographien sehr viel abgekürzt und mit Siglen gearbeitet. Daher ist es wichtig, sich einen Überblick über die verwendeten Kürzel, die internen Querverweise, die verschiedenen Register (z.B. Verfasser-, Rezensenten- oder Stichwortverzeichnis) und gegebenenfalls den Systemschlüssel zu verschaffen. Die Form der bibliographischen Angaben ist nicht in allen Bibliographien identisch, doch das Grundmuster deckt sich mit jener der Angaben in Abschnitt 3.1.

4.1.2   Bibliothekseinrichtungen

Der Weg von der bibliographischen Angabe zur Literatur selbst führt gewöhnlich über Kataloge. Der *Nominalkatalog* verzeichnet die Namen von Verfassern und Herausgebern der in der betreffenden Bibliothek vorhandenen Bücher. Autoren unselbstständiger Literatur sind normalerweise nicht oder nicht systematisch aufgenommen. Über vorhandene Zeitschriften unterrichtet meist ein separates Verzeichnis. Da Bibliographien erfahrungsgemäß keineswegs vollständig sind, kann man über den in vielen wissenschaftlichen Bibliotheken geführten *Sachkatalog* weitere selbstständige Literatur ausfindig machen, in dem man sich, je nach dessen Anlage, unter einem bestimmten Schlagwort oder unter dem betreffenden Sachgebiet informiert. Zur Auffindung des gesuchten Titels benötigt man die sog. *Signatur*, die entweder auf der Karteikarte steht oder über ein Terminal eruiert werden kann, wenn es ein *elektronischer Katalog* (vgl. 5.1) ist. In *Freihandbibliotheken* hat der Leser unmittelbaren Zugang zu den Beständen und muss daher das den Signaturen zugrundeliegende Ordnungsprinzip kennen. In Bibliotheken ohne direkten Zugriff des Benützers werden Bücher durch Ausfüllen eines Leihscheins oder durch Eingabe der Signatur über das Terminal entlehnt.

Für Proseminar- und Seminararbeiten wird man in der Regel mit der am Ort vorhandenen Literatur das Auslangen finden können. Für umfangreichere Arbeiten sollte man jedoch, wenn nötig, die *Fernleihe* in Anspruch nehmen.

4.1.3   Aufgaben

1. Fertigen Sie einen Plan Ihrer Instituts-/Fachbibliothek an und markieren Sie die für Sie besonders wichtigen Standorte.

2. Welches sind nach Hillen/Rheinbach (1995) bzw. (1989) die wichtigsten periodischen Bibliographien für Ihre romanische Sprache? Welche sind in Ihrer Instituts-/Fachbibliothek vorhanden? Welche in der Universitätsbibliothek?

3. Welche Bereiche der Sprach- und Literaturwissenschaft deckt die *Romanische Bibliographie* ab? Welcher umfassende Teilbereich ist ausgespart? Warum?

4. Charakterisieren Sie die folgenden Bibliographien nach den in 4.1.1 angeführten Gesichtspunkten: (a) *The Year's Work in Modern Language Studies* 48 (1986); (b) Dietrich, Wolf (1980): *Bibliografia da Língua Portuguesa no Brasil*. Tübingen: Narr; (c) *A Tentative Autobibliography. Yakov Malkiel*. In: *Romance Philology*, Special Issue, 1988–89; (d) Lengert, Joachim (1999): *Romanische Phraseologie und Parömiologie: eine teilkommentierte Bibliographie*. 2 Bde. Tübingen: Narr; (e) Società di linguistica italiana (1981): *Catalogo dell'editoria linguistica italiana*. A cura di Lorenzo Còveri. Rom: Bulzoni; (f) Schmidt-Radefeldt, Jürgen (1996): „Bilingualer Spracherwerb". In: *Rostocker Beiträge zur Sprachwissenschaft* 2, 177–192; (g) Kramer, Johannes (1983): „Rumänische Zeitschriftenschau". In: *Zeitschrift für romanische Philologie* 99, 99–153; (h) Ligia Romontscha (Hg.): *Bibliografia dal rumantsch grischun*. Cuira 1997.

5. Lesen Sie in Hillen/Rheinbach (1995) bzw. (1989) den Abschnitt 2.2 „Modellbeispiele für die Literaturrecherche." Welche bibliographischen Hilfsmittel empfehlen die Autoren in welcher Reihenfolge anzuwenden?

6. Bibliographieren Sie nach der in Hillen/Rheinbach (vgl. Aufgabe 5) dargelegten Vorgangsweise das folgende Thema: [vom/von der Lehrveranstaltungsleiter/in anzugeben]

7. Bekämpfen Sie die Schwellenangst und leihen Sie sich aus der Universitätsbibliothek ein beliebiges Buch aus.

4.2   Sprachgeographie

4.2.1   Die Herausbildung der Sprachgeographie

Unter *Sprachgeographie* versteht man die Erforschung der Verteilung sprachlicher Formen im Raum. Ihre geistigen Wurzeln liegen in der Romantik, die sich für die vermeintlich natürlich gewachsene, die „unverbildete" Sprache des „Volks" interessierte. Aus Freude an der sprachlichen Vielfalt oder auch aus Sorge um die Erfassung sprachlicher Erscheinungen vor ihrem zu befürchtenden Verschwinden wurde im 19. Jahrhundert von Amateuren viel dialektales Material gesammelt. Ein solides wissenschaftliches Fundament erhielt die Sprachgeographie aber erst um die Wende zum 20. Jahrhundert durch den Schweizer Jules Gilliéron, dessen *Atlas linguistique de la France* (*ALF*) zu einem hervorragenden Forschungsinstrument und zum Vorbild für viele spätere Sprachatlanten geworden ist.

4.2.2 Wie ein Sprachatlas entsteht

Die Anlage von Sprachatlanten richtet sich danach, was sie dokumentieren sollen. Grundsätzlich gilt, dass – im Gegensatz zum herkömmlichen Atlas – immer dasselbe Gebiet abgebildet wird und pro Karte nur eine – meist phonetische oder lexikalische – Erscheinung erfasst ist. Die Genauigkeit einer Karte steht aus praktischen Gründen in Relation zur Größe des dargestellten Gebietes. Ein Wortatlas wie Gerhard Rohlfs' *Panorama delle lingue neolatine* etwa deckt die gesamte europäische Romania ab, beschränkt sich aber auf die hochsprachlichen Formen bzw. den lexikalischen Typus eines Gebietes, d.h. er lässt rein phonetische Unterschiede außer Betracht. Kleinräumigere Karten hingegen setzen notgedrungen eine breit angelegte **Feldforschung** voraus, d.h. die Daten müssen in systematischen Befragungen durch **Enquêteure** erhoben werden. Vor Beginn der eigentlichen Arbeit „im Feld" müssen jedoch eine Reihe von Vorarbeiten geleistet und Vorentscheidungen getroffen werden.

Zunächst wird das Gebiet, in dem die **Enquête** (Befragung) durchgeführt wird, abgesteckt. Dann sind die Aufnahmeorte festzulegen. Wenn begründete Vermutungen hinsichtlich „brisanter" bzw. „ergiebiger" Zonen vorliegen, wird man eventuell das Punktenetz dort verdichten. Monographien über Ortsmundarten können hier wichtige Entscheidungshilfen darstellen.

Damit die Daten vergleichbar sind, müssen überall die gleichen Fragen in gleicher Weise gestellt werden. Diese sind in einem vorher ausgearbeiteten **Fragebuch** zusammengestellt. Nicht selten kommt es vor, dass sich Fragen dennoch als ungeeignet erweisen, weil z.B. im betreffenden Dialekt Unterscheidungen gemacht werden, die der Standardsprache fremd sind. So können in einer südfranzösischen Region auf das Stichwort ‚Tochter' zwei Antworten kommen, je nachdem ob der Befragte an die eigene ([drolo]) oder an eine „fremde" Tochter ([filjo]) denkt.

Schließlich müssen die Enquêteure in den notwendigen Aufnahmetechniken unterwiesen werden. Die Auswahl der **Informanten** (Gewährspersonen) wird normalerweise nicht dem Zufall überlassen. Längere Abwesenheit aus der Gegend, sprachlich inhomogene Familienverhältnisse, beruflich erforderlicher Gebrauch der Standardsprache u.ä. sind keine günstigen Voraussetzungen für eine sichere Beherrschung der lokalen Mundart.

Der Grad der Authentizität der Daten hängt auch von der Art und Weise ab, wie diese dem Informanten „entlockt" werden. Am günstigsten wäre natürlich die **teilnehmende Beobachtung**, bei der man wartet, bis die gesuchte Form vom Informanten in einer natürlichen Sprechsituation von selbst geäußert wird. Dieses Verfahren verbietet sich allerdings aus ökonomischen Gründen. Bei einem konkreten Ding kann man dieses tatsächlich oder in Form einer Abbildung vorzeigen und fragen, wie „das" im Dialekt heiße. Vom Enquêteur wird dabei ein solides Wissen um die regionale Sachkultur erwartet. Deren Einbeziehung erfolgte erstmals konsequent im *Sprach- und Sachatlas Italiens und der Südschweiz* (*AIS*) von Karl Jaberg und Jakob Jud. Vergleichsweise fehlerfördernd ist dagegen die von Edmont, dem Enquêteur des *ALF*, verwendete Übersetzungsmethode, bei der ein standardsprachliches Wort vom Informanten in die Ortsmundart übersetzt werden soll. Denn Erhebungen für später entstandene Regionalatlanten haben gezeigt, dass das hochsprachliche Wort verschiedentlich nur an die dialektale Phonetik angepasst worden war: auf *alouette* ‚Lerche' etwa reagierten gaskognische Sprecher mit [alueto], während das bodenständige Wort [lauzeto] ist.

In Bezug auf das Transkriptionssystem hat der Dialektologe gewöhnlich einen hohen Bedarf an lautlicher Differenzierung, wofür das API-System im Allgemeinen nicht ausreicht. In der romanischen Sprachgeographie gibt es daher verschiedene Systeme, über die sich der Benutzer vor der Konsultierung der Atlanten informieren sollte.

4.2.3 Was Karten aussagen

Die lohnendste Tätigkeit für den Sprachgeographen besteht in der Interpretation der fertigen Karten, wobei traditionell zwei Erkenntnisziele im Vordergrund stehen, nämlich die Frage nach den Dialektgrenzen und die Interpretation der räumlichen Verteilung als Ergebnis der (Sprach- und Kultur-)Geschichte.

Die ursprüngliche Erwartung, dass sich aus den Sprachatlanten Dialektgrenzen praktisch von selbst abzeichnen würden, hat sich als Illusion herausgestellt. Kaum zwei lexikalische Typen haben genau dieselbe Verteilung, und selbst hinsichtlich eines bestimmten lautlichen Unterschieds verläuft die **Isoglosse**, d.h. Grenze bzw. Trennlinie, meist von Wort zu Wort verschieden. Die deutsche Isoglosse [k] vs. [ç/x] etwa hat bei *ich* einen anderen Verlauf als bei *sich* oder *machen* (vgl. König 2001, 92, 140, 155). Wenn man jedoch eine große Anzahl von Isoglossen berücksichtigt, kann man an bestimmten Stellen Bündelungen beobachten, die dem intuitiven Begriff der Dialektgrenze entsprechen. Für das Zugehörigkeitsgefühl der Sprecher spielen neben objektiven sprachlichen Unterschieden freilich auch kulturelle und politische Faktoren eine bedeutende Rolle.

Die Tatsache, dass die Isoglossen ein und desselben Lautwandels von Wort zu Wort eine verschiedene Verteilung haben, ist oft als Widerlegung der These von der **Ausnahmslosigkeit der Lautgesetze** angesehen worden. Dieser These zufolge sollte ein Lautgesetz ja innerhalb einer bestimmten Zone auf alle einschlägigen Wörter gleichermaßen zutreffen. Der Einwand ist jedoch dann nicht gerechtfertigt, wenn gezeigt werden kann, dass die Verteilung der Wörter das Ergebnis von Entlehnung ist. In der Tat ist es ein gängiges Phänomen, dass die Form des politischen, administrativen, kulturellen oder religiösen Zentrums sich (vorwiegend wegen seines höheren Prestiges) auf das umliegende Gebiet

ausbreitet. Auch kann man an Sprachkarten oft ablesen, wie etwa Verkehrswege die Ausbreitung begünstigen, während Flüsse oder Gebirgszüge manchmal Hemmnisse darstellen.

Die Möglichkeiten der geschichtlichen Erklärung der räumlichen Verteilung von
Sprachformen sollen hier nur an drei klassischen Beispielen demonstriert werden.

Die Karte zum Begriff ‚Stute‘ (vgl. Rohlfs 1971, 271 bzw. Wolf 1975, 66) zeigt in der
Galloromania einen doppelten Verdrängungsprozess. Die älteste Form, nämlich *equa*, ist
nur mehr in Relikten vorhanden, und zwar am Rand des Sprachgebiets bzw. in Rückzugs-
gebieten. Im Norden trat im frühen Mittelalter *iumentum* als erfolgreicher Konkurrent auf,
von Süden her drang *caballa* vor.

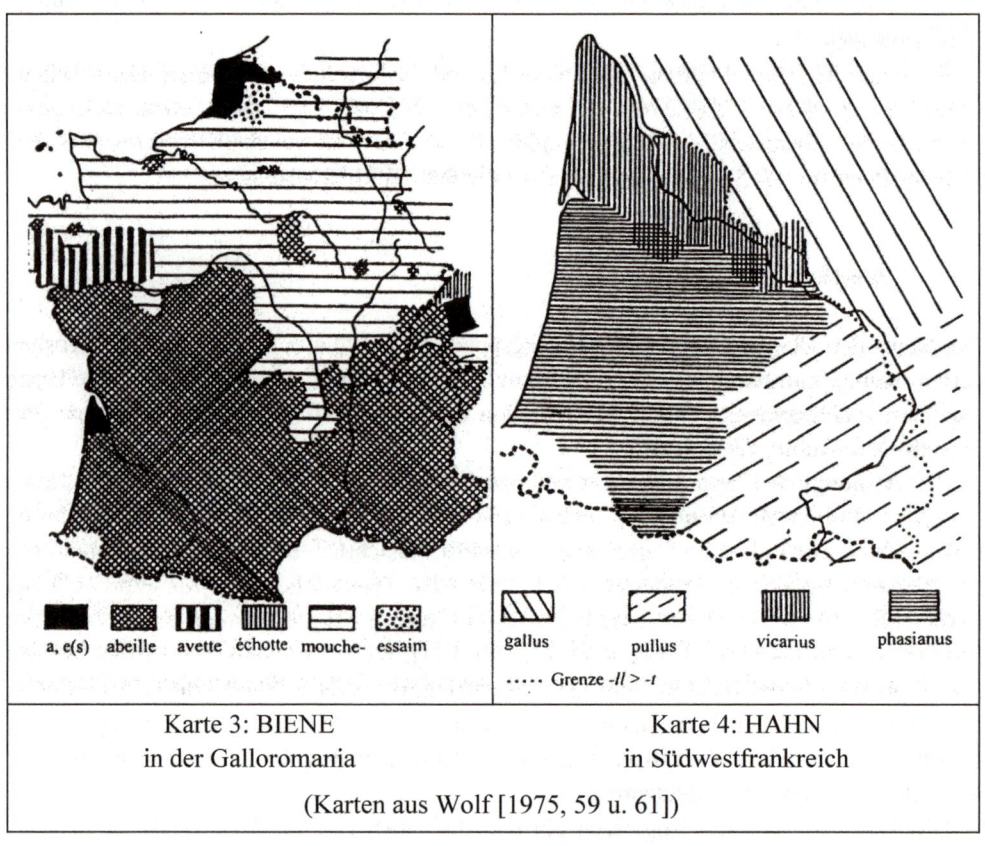

Karte 3: BIENE	Karte 4: HAHN
in der Galloromania	in Südwestfrankreich

(Karten aus Wolf [1975, 59 u. 61])

Karte 3 zeigt die Verteilung der Wörter für ‚Biene‘ in der Galloromania. Der Grund dafür,
warum die Nachfolger von vlt. *ape* nur mehr eine Randexistenz führen, wird im Allgemeinen darin gesehen, dass diese zu [a] bzw. [e] reduziert worden waren und somit phonetisch „zu schwach“ gewesen seien. Diese phonetische Schwäche sei auf eine der vier folgenden Arten „repariert“ worden: (a) durch die Verstärkung des Wortkörpers mittels eines
Suffixes: *ape > apitta > avette*; (b) durch Entlehnung eines „kräftigeren“ Wortes: frz.
abeille aus okz. *abelha*, das seinerseits auf die lateinische Diminutivbildung *apicula* zurück-

geht; (c) durch die Einführung einer neuen Bezeichnung: *mouche à miel* ‚Honigfliege‘; (d) durch die Übertragung des Wortes *essaim* ‚Schwarm‘ auf die einzelne Biene.

In der Gascogne entwickelte sich *-ll* zu *-t*. Auf diese Weise fielen die Ergebnisse von *cattus* ‚Katze‘ und *gallus* ‚Hahn‘ zu einer Form [gat] zusammen. Diese störende **Homophonie** (Gleichklang, auch *homophonie gênante* oder *homophonie fâcheuse* genannt) wurde beseitigt, indem man für den Hahn neue Bezeichnungen einführte: *pout* ‚Kücken‘, *hazâ* ‚Fasan‘ und *biguè* ‚Vikar‘ (vgl. Karte 4). Ähnlich ersetzte man in jenen spanischsprachigen Gebieten, in denen [θ] und [s] zusammenfielen, d.h. in Andalusien und Lateinamerika, das Verb *cocer* ‚kochen‘ (europäische Normaussprache [koθeɾ]) durch *cocinar*, da es dort mit *coser* ‚nähen‘ homophon geworden war.

4.2.4 Was beim Interpretieren sprachgeographischer Daten zu bedenken ist

Schon zur Zeit der ersten systematischen Enquêtes war klar, dass es die einsprachig-dialektale Kommunikationsgemeinschaft auch in den abgelegensten Gebirgstälern nicht mehr gab und vermutlich nie wirklich gegeben hat. Noch vor dem Erscheinen des ALF hatte der französische Dialektologe Pierre Rousselot beobachtet, dass selbst bei Erhebungen innerhalb einer Familie beachtliche Divergenzen zutage treten und dass das Sprachverhalten von der Generation und vom Geschlecht der Sprecher, vom Thema, vom Kommunikationspartner etc. abhängig ist. Die Väter des *AIS*, Karl Jaberg und Jakob Jud, waren sich der Tatsache wohl bewusst, dass ein Sprachatlas keine Ideal- oder Durchschnittsformen, sondern Momentaufnahmen abbildet, die unter anderen Bedingungen auch etwas anders hätten ausfallen können.

Der Ansatz von Rousselot, der die innere Heterogenität von Ortsmundarten anvisierte, setzte sich in der seit den sechziger Jahren des 20. Jahrhunderts verbreiteten Untersuchung von Stadtmundarten fort, bei welcher mehr die soziale als die räumliche Differenzierung im Vordergrund steht. Man spricht hier auch von **vertikaler Dialektologie**. Bei neueren Sprachatlasprojekten – v.a. in der Neuen Romania – wird ebenfalls versucht, nicht nur der Variation im Raum Rechnung zu tragen, sondern auch soziale und situationsspezifische Faktoren zu berücksichtigen.

Die geolinguistische oder **horizontale Dialektologie** tendiert heute dazu, nicht einzelne Phänomene zu privilegieren und zu Kriterien für Dialektgrenzen zu erheben, sondern größere Datenmengen zusammenzufassen und auf der Grundlage aggregierter Daten Abstände zwischen Messpunkten zu ermitteln. Die Ergebnisse werden graphisch meist nicht mehr wie in früheren Zeiten als oft schwer interpretierbares Isoglossengewirr präsentiert. Die **Dialektometrie** (= Dialektgeographie + numerische Taxonomie) etwa arbeitet mit differenziert eingefärbten Karten, wobei die Farbtöne der Messpunkt-Felder (vgl. Karte 5b in 6.3.2) sprachliche Nähe/Entfernung signalisieren. Auf diese Weise bilden sich Ähnlichkeit und Distanz farblich ab. Statt starrer Dialektgrenzen kann man nun – was wesentlich realitätsnäher ist – weichere oder schroffere Übergänge erkennen.

4.2.5 Literatur

Coseriu (1979), Rohlfs (1971), Wolf (1975)

4.2.6 Aufgaben

1. Überprüfen Sie anhand der Übersicht in Wolf (1975, 51ff.), welche Sprachatlanten für Ihren Sprachbereich an Ihrem Institut greifbar sind. Notieren Sie sich Titel und Signatur.

2. Lesen Sie in Wolf (1975) das Kapitel über die „Raumnormen" der sog. Neolinguistik und wenden Sie das Gelesene auf den Fall ‚Stute' an.

3. Welche Kritikpunkte an der raumlinguistischen Lehre führt Wolf an? Warum kann man die Normen nicht „mechanisch" anwenden?

4. Lesen Sie Coseriu (1979, Abschn. 8). Welche bedeutsamen Erkenntnisse verdankt man der Sprachgeographie laut Coseriu?

5. Lesen Sie in Winkelmann/Lausberg (2002) den Abschnitt 3.1.8.2 und beantworten Sie die folgenden Fragen: (a) In welchem Zeitraum wurden die Arbeiten am *ALD I* realisiert? (b) Wann wurde die Enquête durchgeführt? (c) Welche sprachlichen Ebenen deckt dieser Sprachatlas ab? (d) Was waren die Kriterien für die Auswahl der Informantengruppen? (d) Was ist ein „Sprechender Sprachatlas"?

6. Störende Homophonien werden oft „repariert". Warum wurden die in 4.2.3 erwähnten Beispiele als störend empfunden, während sich z.B. französische Sprecher nicht an der Homophonie von *conte* ‚Erzählung', *compte* ‚Rechnung' und *comte* ‚Graf' und spanische nicht an der von *vaca* ‚Kuh' und *baca* ‚Gepäcksträger' stoßen?

4.3 Sprachskizze 2: Rumänisch

4.3.1 Externe Sprachgeschichte

Vom Rumänischen gibt es, wie wir in 2.3.4 gesehen haben, erst sehr spät, nämlich seit dem 16. Jahrhundert, schriftliche Zeugnisse. Die lange Zeit zwischen dem Rückzug der Römer aus der Provinz Dakien unter Aurelian (271 n. Chr.) und diesen ersten Zeugnissen wird nur durch sehr sporadische Hinweise auf eine romanische Bevölkerung im Balkanraum überbrückt. Spätantike Geschichtsschreiber, **Toponyme** (Ortsnamen), **Anthroponyme** (Personennamen) und Einzelwörter in anderssprachigen Urkunden geben nur sehr unverlässlich Auskunft über die Gestalt der osteuropäischen Romanität im Mittelalter.

Diesem Mangel an Dokumenten ist auch der bis heute andauernde Streit um die Urheimat der Rumänen bzw. Walachen, wie sie bis ins 19. Jahrhundert hießen, zuzuschreiben. Starke nationalistische Interessen behindern Forschung und wissenschaftliche Diskussion hier besonders nachhaltig. Die von staatlicher Seite favorisierte Version ist unter dem Namen **Kontinuitätsthese** bekannt und besagt, dass sich die Romanität in der Hauptzone ihrer heutigen Verbreitung, d.h. nördlich der unteren Donau, seit der römischen Eroberung (106/7 n. Chr.) bruchlos entwickelt habe. Der 1938 erschienene rumänische Sprachatlas stützt diese Annahme durch Wortkarten, die alte, sonst verloren gegangene Wörter im Raum Siebenbürgen als erhalten ausweisen.

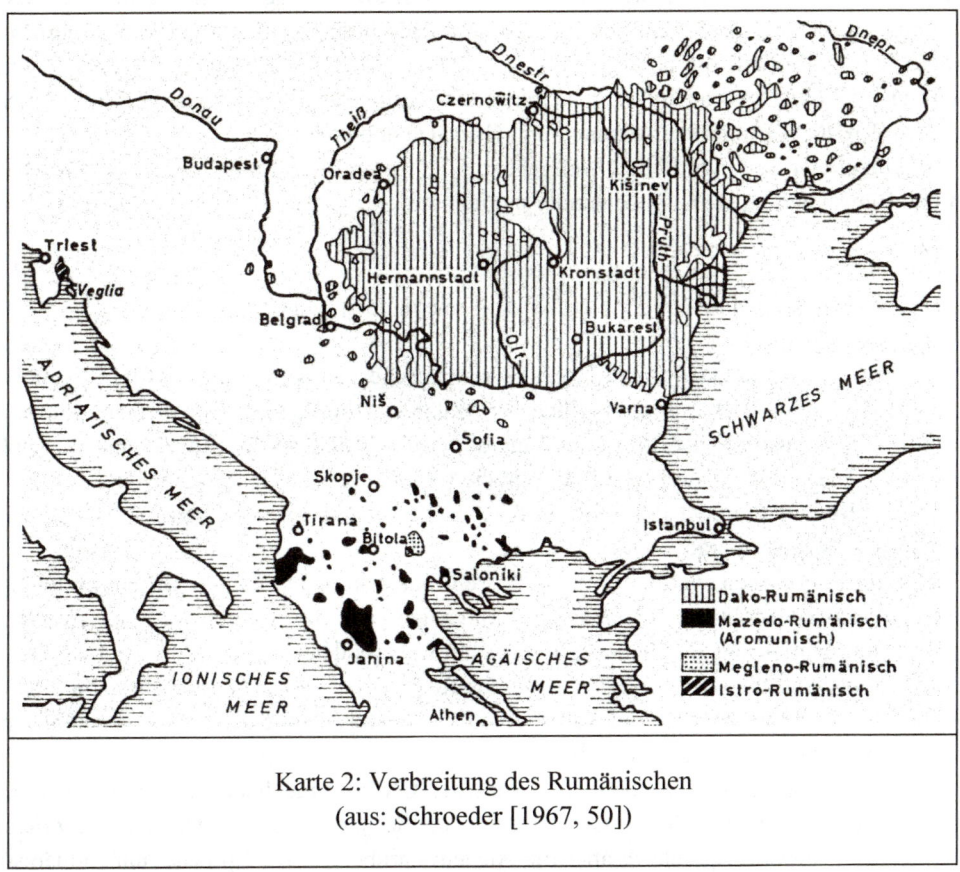

Karte 2: Verbreitung des Rumänischen
(aus: Schroeder [1967, 50])

Die entgegengesetzte Annahme geht von einer vollständigen Räumung Dakiens im 3. Jahrhundert und einer später vom Süden her erfolgten Wiederbesiedlung aus. Für diese Auffassung sprechen andere Überlegungen: (a) das Fehlen alter romanischer Ortsnamen nördlich der Donau; (b) die relativ große dialektale Einheitlichkeit des **Dakorumänischen**, des Hauptdialekts des Rumänischen (vgl. Karte 2). Aus sprachgeographischer Sicht kann man auf einen regelmäßig auftretenden Zusammenhang von großer Ortsfestigkeit und starker dialektaler Zerklüftung bzw. umgekehrt von großflächiger Einwanderung und relativer dialektaler Homogenität verweisen (vgl. die Verhältnisse auf der Iberischen Halbinsel und in Lateinamerika). Entschärft werden kann dieses Argument durch den Hinweis auf die nomadische Lebensweise der Romanen, die in einem alten griechischen Text „*Wanderwalachen*" und in einer serbischen Urkunde *kjelatori* (von rum. *călători* ‚Wanderer') genannt werden. Durch die Transhumanz werden lokale Eigenheiten leicht ausgeglichen oder überhaupt am Entstehen gehindert; (c) eine Reihe von Eigentümlichkeiten in der grammatischen Struktur und im Wortschatz, die mit hoher Wahrscheinlichkeit intensivem und sich über eine längere Zeitspanne erstreckendem Sprachkontakt mit dem Bulgarischen und Albanischen, das nie die Donau überschritt, zuzuschreiben sind. Diese Merkmale sprachlichen Austauschs treten so konzentriert auf, dass man aus Anlass ihrer Beschreibung den Begriff **Sprachbund** prägte (vgl. 4.3.3); (d) die heutige Verteilung rumänischer Dialekte, die seit dem 10.–12. Jahrhundert vom Dakorumänischen getrennt sind und jetzt Sprachinseln in Mazedonien, Serbien, Kroatien, Bulgarien, Albanien und Griechenland bilden.

Von neutraler Seite wird heute weitgehend eine Kompromissformel vertreten: Kontinuität und Einwanderung schließen einander ja nicht aus.

4.3.2   Moldauisch (*limba moldovenească*) – eine neue Sprache?

Die politisch erzwungene Rücksichtnahme rumänischer Sprachwissenschaftler gegenüber sowjetischen Animositäten ging bis Ende der achtziger Jahre des vergangenen Jahrhunderts so weit, dass auf Karten, die die Verbreitung des (Dako-)Rumänischen abbildeten, der Pruth nicht nur als Staats-, sondern auch als Sprachgrenze ausgewiesen war, obwohl etwa zwei Drittel der Bevölkerung der Republik Moldau (früher: Bessarabien, heute auch Moldawien) Rumänisch als Muttersprache haben (vgl. Karte 2).

Die vom russischen Parteichef und späteren Staatsoberhaupt Mihail Gorbatschow eingeleitete Tauwetterpolitik ermöglichte in Moldawien eine Debatte über die kulturelle und sprachliche Identität der Bewohner, die dazu führte, dass der Oberste Sowjet der Moldauischen Unionsrepublik am 31. August 1989 das Rumänische zur Landessprache erhob. Dieses Gesetz führte zu sehr komplexen ideologischen Auseinandersetzungen und zog eine Reihe praktischer Probleme nach sich.

Umstritten ist schon der Name der Sprache: **Glottonyme** haben meist einen hohen Symbolwert. Diplomatisch feiert man den Jahrestag des Gesetzesbeschlusses als *ziua limbii noastre* (‚Tag unserer Sprache'), aber die Ansicht darüber, ob die Sprache nun Rumänisch oder Moldauisch heißen soll, spaltet die Sprecher. Im Konflikt um die Schrift – Moldauisch wurde in den anderthalb Jahrhunderten unter ostslawischer Dominanz abwechselnd kyrillisch und lateinisch geschrieben – scheinen sich mittlerweile die Befürworter des lateinischen Alphabets endgültig durchgesetzt zu haben, wenngleich im Alltag dieser Regelung noch nicht generell Rechnung getragen wird.

Etwas vereinfacht lassen sich drei Parteien unterscheiden. Eine Gruppe propagiert die konsequente sprachlich-kulturelle Orientierung an Rumänien (mit dem Ziel eines Anschlusses an den Karpatenstaat), eine zweite plädiert für einen unabhängigen Kurs. Die um ihre privilegierte Lage gebrachten Russischsprecher wiederum argumentieren, dass nur Russisch das einigende sprachliche Band aller Ethnien (neben Russen leben in der kleinen Republik vor allem Ukrainer und Gagausen) sein könne. Die Abwertung des Russischen war auch

Anlass für ein politisches Abenteuer, das in der Abspaltung Transnistriens (Nistru = Dnjestr) gipfelte. Der völkerrechtliche Status der „Republik Dnjestr" (Hauptstadt Tiraspol) ist derzeit mangels internationaler Anerkennung ungeklärt.

Wie bei vielen Minderheitensprachen, die durch einen punktuellen politischen Akt mit neuen Funktionen ausgestattet werden, zeigt sich auch am Moldauischen, dass dieser Schritt nur schwer gelingt, wenn die Faktoren **Status** und **Prestige** nicht symmetrisch entwickelt sind. Maßnahmen wie die Erklärung zur Staatssprache bedeuten eine beachtliche Erhöhung des Status (**Statusplanung**), die aber nur dann die erhofften Konsequenzen hat, wenn die Sprache auch tatsächlich so weit ausgebaut ist/wird (**Korpusplanung**), dass sie in die wichtigen Domänen einrücken kann, d.h. wenn repräsentative Textsorten (wie Schulbücher, Formulare für den Amtsverkehr, einsprachige Tageszeitungen) existieren. Außerdem müssen die Sprecher ein positives Verhältnis zu ihrer Sprache haben bzw. aufbauen. Indes misst man das Moldauische häufig (besonders unter dem Gesichtspunkt „Reinheit") am Rumänischen und tendiert dazu, die russischen Einflüsse als Anzeichen von Sprachverfall und Minderwertigkeit zu kritisieren. Dass das Prestige einer als defizitär erlebten Sprache naturgemäß nicht besonders hoch sein kann, versteht sich von selbst.

4.3.3   Rumänisch als Mitglied des Balkansprachbundes

Albanisch, Bulgarisch und Rumänisch bilden den „harten Kern" eines Verbandes von Sprachen mit einer auffallend hohen Anzahl an gemeinsamen Struktureigenschaften, deren Ausbildung einen längeren Sprachkontakt voraussetzt. Bedingung für die sinnvolle Verwendung des Begriffs *Sprachbund* ist dabei, dass die betreffenden Eigenschaften nicht ohnedies aus der „Erbmasse" aller beteiligten Sprachen ableitbar sind.

Zu den bekanntesten Erscheinungen, die die genannten Sprachen verbinden, gehören:

- die Existenz von zentralen Vokalen (auch in betonter Stellung; geschrieben ă; î, â)
- im Vokalsystem spielen Unterschiede lang/kurz, geschlossen/offen, oral/nasal keine Rolle
- der bestimmte Artikel wird nachgestellt und an das Substantiv (oder Adjektiv) agglutiniert („angeklebt") (z.B. *domn* ,Herr' → *domnul* ,der Herr'; *presentul dicţionar* ,das vorliegende Wörterbuch')
- Genitiv und Dativ haben eine gemeinsame Form
- es gibt einen formal vom Nominativ unterschiedenen Vokativ (z.B. *domnule* zu *domn*)
- der Infinitivgebrauch ist extrem stark eingeschränkt (für diese Erscheinung wird allgemein das Neugriechische verantwortlich gemacht; z.B. ,ich will singen' = ,ich will, dass ich singe': *vreau să cînt*)
- die Bildung der Zahlwörter von 11 bis 19 nach dem (slawischen) Muster *unsprezece*, wörtlich: ,eins (*un*) auf (*spre*) zehn (*zece*)'.

4.3.4 Der Wortschatz des Rumänischen

Dass das Rumänische eine romanische Sprache ist, galt weder seit jeher als unbestritten, noch wurde dies von offizieller Seite immer gern gehört. Nach dem Zweiten Weltkrieg wurde zwei Jahrzehnte lang die Annäherung an die slawischen Sprachen programmatisch unterstützt. Erst nach einem Regimewechsel wurde die Betonung der Romanität wieder gesellschaftsfähig. Den rumänischen Sprachhistorikern wurde durch solche bisweilen recht abrupten Kurswechsel großes Anpassungsvermögen abverlangt.

Wenn wir bei der Feststellung der genetischen Verwandtschaft die grammatikalischen Formen zugrunde legen, so muss das Rumänische ohne Diskussion den romanischen Sprachen zugeordnet werden. Weniger klar wäre die Situation jedoch, wenn wir uns dabei auf den Wortschatz stützen wollten. Hier würde das Ergebnis sehr davon abhängen, *was* wir zählen. Da der rumänische Wortschatz im 18. Jahrhundert stark latinisiert und seit dem 19. Jahrhundert um zahlreiche Lehnwörter aus dem Französischen bereichert worden ist, würde die Auszählung eines modernen Zeitungstextes andere Ergebnisse liefern als die eines Volksbuchs aus dem 17. Jahrhundert. Genauso würde das Ergebnis verschieden ausfallen, je nachdem ob wir **types** oder **tokens** zählen. Unter *token* versteht man in der Sprachwissenschaft jedes einzelne Vorkommen eines Elements, unter *type* das Element als abstrakte Einheit. So enthält der vorangegangene Satz das Wort *unter* einmal, wenn man *types* zählt, jedoch zweimal, wenn man *tokens* zählt. In Bezug auf das Rumänische würde der romanische Anteil stark ansteigen, wenn man nach *tokens* zählte, da gerade die häufigen „kleinen" Wörter wie Artikel und Pronomina romanisch sind.

Eine Auswertung der Substantive, Verben und Interjektionen des Turmbau-Textes nach der *type*-Zählweise vermittelt einen guten Eindruck vom Mischcharakter des rumänischen Wortschatzes:

Ursprung der Wörter des Turmbau-Texts

lat.	*cer, cetate, domn, faimă, faţă, foc, fiu, limbă, loc, om* (Pl. *oameni), pămînt, piatră, răsărit, şes, ţară; ajunge, amesteca, apuca, arde, descăleca, face, înceta, înţelege, numi, purcede, vedea, zice*
slaw.	*grai, smoală, var, vîrf, vreme; găsi, împrăştia, opri, pogorî, zidi* (Ableitung von *zid*)
ungar.	*gînd, neam, oraş*
griech.	*cărămidă; folosi* (Ableitung von *folos*)
dt.	*turn*
türk.	*haide(m)*
?	*iată*

4.3.5   Der Turmbau zu Babel: Rumänisch

În vremea aceea era în tot   pămîntul   o   singură limbă   şi   un   singur
In Zeit-die jene war auf ganz Erde-die   eine einzige Sprache und eine einzige
grai   la toţi.   Purcezînd   de la   răsărit, oamenii   au   găsit
Redeweise bei allen. Aufbrechend von   Osten   Menschen-die haben gefunden
în ţara Senaar un şes   şi au   descălecat   acolo. Apoi au zis
im Land Senaar eine Ebene und haben sich niedergelassen dort.   Dann hat gesagt
unul către altul: „Haidem să   facem   cărămizi şi să   le   ardem
ein-der zu ander-der: Auf   dass wir-machen Ziegel und dass sie wir-brennen
cu foc !“ Şi   au   folosit   cărămida în loc de piatră, iar smoala
mit Feuer! Und sie-haben verwendet Ziegel-den an-statt von Stein und Pech-das
în loc de var. Şi   au   zis   iarăşi: Haidem să ne facem   un
an-statt von Kalk Und sie-haben gesagt wiederum Auf   dass uns wir-machen eine
oraş şi   un turn   al cărui vîrf să   ajungă la cer,   şi   să   ne
Stadt und einen Turm dessen Spitze dass anstoße an Himmel und dass uns
facem   faimă înainte de a ne împrăştia pe faţa   a   tot   pămîntul!“
wir-machen Ruhm bevor   uns zerstreuen über Antlitz-das von ganze Erde-die.
Atunci s-a pogorît   Domnul să vadă   cetatea şi   turnul
Da   ist herabgestiegen Herr-der dass er-sehe Burg-die und Turm-der
pe care-l zideau fiii   oamenilor.   Şi   a   zis   Domnul: „Iată, toţi
welchen bauten Kinder Menschen-der-G Und hat gesagt Herr-der   Sieh alle
sînt de un neam, şi o   limbă   au   şi   iată ce s-au   apu-
sind von ein Volk und eine Sprache sie-haben und sieh was sie-haben be-
cat   să   facă, şi nu se vor   opri   de la ceea ce şi-au
gonnen dass sie-tun und nicht sie-werden ablassen von dem   was sich-sie-haben
pus în gînd   să   facă. Haidem dar să ne pogorîm   şi   să
gesetzt in Gedanke dass sie-tun. Auf   aber dass wir-steigen-hinab und dass
amestecăm   limbile   lor, ca să nu se mai înţeleagă unul cu altul.“
wir-verwirren Sprachen-die ihre damit nicht sich mehr verstehe ein-der mit ander-der.
Şi   i-a   împrăştiat Domnul de acolo în tot   pămîntul şi   au
Und sie-hat zerstreut Herr-der von dort in ganze Erde-die und sie-haben
încetat de a mai zidi cetatea şi   turnul.   De aceea s-a   numit
aufgehört mit weiter bauen Burg-die und Turm-den. Deshalb   sich-hat genannt
cetatea aceea Babilon, pentru că acolo a   amestecat Domnul limbile   a
Burg-die jene Babel   weil   dort hat verwirrt Herr-der Sprachen-die von
tot   pămîntul şi de acolo i-a   împrăştiat Domnul pe   toată
ganze Erde-die und von dort sie-hat zerstreut Herr-der über ganzes
faţa   pămîntului.
Antlitz-das Erde-der-G.

Biblia sau Sfînta Scriptură. Bukarest: Societate Biblică, o.J.

[ɨn vremea atʃeea jera ɨn tot pəmɨntul o singurə limbə ʃi un singur graj la totsⁱ purtʃezɨnd de la rəsərit wameni ao gəsit ɨn tsara Senaar un ʃes ʃi ao deskələkat akolo apoj ao zis unul kətre altul hajde sə fatʃem kərəmizⁱ ʃi sə le ardem ku fok ʃi ao folosit kərəmida ɨn lok de pjatrə jar smwala ɨn lok de var ʃi ao zis jarəʃⁱ hajde sə ne fatʃem un oraʃ ʃi un turn al kəruj virf sə aʒungə la tʃer ʃi sə ne fatʃem fajmə ɨnajnte de a ne ɨmprəʃtja pe fatsa a tot pəmɨntul atuntʃⁱ sa pogorit domnul sə vadə tʃetatea ʃi turnul pe karel zideao fii wamenilor ʃi a zis domnul jatə totsⁱ sɨnt de un neam ʃi o limbə ao ʃi jatə tʃe sao apukat sə fakə ʃi nu se vor opri de la tʃeea tʃe ʃi ao pus ɨn gɨnd sə fakə hajdem dar sə ne pogorɨm ʃi sə amestekəm limbile lor ka sə nu sə maj ɨntseleagə unul ku altul]

4.3.6 Literatur

LRL III, Schaller (1975), Schroeder (1967)

4.3.7 Aufgaben

1. Der Turmbau-Text enthält alle einfachen Vokale des Rumänischen. Stellen Sie sie zusammen und zeichnen Sie das Vokaldreieck des Rumänischen (ohne Halbvokale und Diphthonge).

2. Suchen Sie im Text ein Beispiel für den im Vergleich zu anderen romanischen Sprachen und zum Deutschen reduzierten Infinitivgebrauch des Rumänischen.

3. (a) Ein rumänisches Lautgesetz besagt, dass intervokalisches [l] zu [r] wird: vlt. SINGULU > rum. *singur*, COELU > *cer* usw. Nicht davon ergriffen wurden slawische Lehnwörter: *boală* ,Krankheit' (< *boli*), *smoală* ,Pech' (< *smola*) usw. Was lässt sich aus dieser Beobachtung für die zeitliche Erstreckung des Lautgesetzes schließen? (b) In welcher Reihenfolge müssen dieser sog. **Rhotazismus** und die Apokope aufgetreten sein? Warum? (Rückschlüsse dieser Art nennt man in der historischen Sprachwissenschaft **relative Lautchronologie**.)

4. Ein anderes Lautgesetz besagt, dass mit *e* beginnende lateinische Wörter im Rumänischen einen halbvokalischen [j]-Vorschlag bekommen: lat. EXIRE ,hinausgehen' > rum. *ieşi*, EQUA ,Stute' > *iapă*, HERBA ,Gras' > *iarbă*, HERI ,gestern' > *ieri* usw. (bei einigen Wörtern wird dieser Vorschlag nicht geschrieben). Dennoch enthält ein modernes rumänisches Wörterbuch zahlreiche Wörter, die mit *e* anfangen: *echipaj, eclatant, ecran, epuiza, etanş, exploata, epocă, etern* usw. Worauf ist dieser Sachverhalt zurückzuführen?

5. Lesen Sie Schaller (1975, 49–58) und arbeiten Sie heraus: (a) wie Trubetzkoy *Sprachfamilie* und *Sprachbund* unterscheidet, (b) wie man diesen Begriffen die Begriffe *genetisch* und *typologisch* zuordnen kann und (c) wie sich die Definitionen von *Sprachbund* in Schaller und Bußmann voneinander unterscheiden.

6. Lesen Sie Dumbrava (1998) und beantworten Sie folgende Fragen: (a) Welche äußeren Zeichen einer Annäherung an Rumänien wurden in Moldawien ab 1989 gesetzt? (b) Welche Einstellungen haben sich bezüglich Sprache und Identität herausgebildet? (c) Mit welchen „Mythen" stütz(t)en die Konfliktparteien ihre jeweiligen Positionen?

7. Versuchen Sie, im Internet Erkundigungen über den aktuellen Stand der Sprachpolitik in der Republik Moldau (einschließlich Transnistrien) einzuziehen. Vergleichen Sie sie mit jenen, die Sie in Wochele (2012) finden.

8. Nicht nur die Verwendung einer bestimmten Schrift kann ideologischer Konfliktstoff sein, auch für Rechtschreibregeln kann dies zutreffen. Lesen Sie in Schlösser (2001) das Kapitel zur rumänischen Orthographie (110–112) und zeichnen Sie das wechselvolle Schicksal von $â$ und $î$ nach.

5.   Fünfte Unterrichtseinheit

5.1   Literatursuche II: elektronisch

5.1.1   Überblick

Während die Literatursuche bis vor wenigen Jahren fast ausschließlich Papier-gestützt war, sind mit der rasanten Entwicklung der Informationstechnologien weitere Möglichkeiten entstanden. Es handelt sich dabei wohlgemerkt um *zusätzliche* Angebote, die mittelfristig die in 4.1 beschriebenen Bibliographien nicht ersetzen werden. Wir können grob drei unterschiedliche Suchmedien unterscheiden:

(a) Elektronische Kataloge: fast alle Kataloge wissenschaftlicher Bibliotheken sind heute zumindest teilweise digitalisiert, d.h. die Suche erfolgt nicht (nur) im Karteikasten sondern (auch) am Terminal. Universitätsbibliotheken sind untereinander vielfach vernetzt, sodass man auch Zugang zu Katalogen anderer Bibliotheken erhalten kann; einen nützlichen Ausgangspunkt für die Suche in verschiedenen, auch ausländischen Bibliothekskatalogen bildet der Karlsruher Virtuelle Katalog (http://www.ubka.uni-karlsruhe. de/kvk.html): Von da aus kann man z.B. in den wichtigsten wissenschaftlichen Bibliotheken im deutschsprachigen Raum, in verschiedenen Nationalbibliotheken (auch romanischer Länder), in der Zeitschriftendatenbank (ZDB, i.e. Standortverzeichnis aller Fachzeitschriften in Deutschland) oder in Buchhandelsverzeichnissen (z.B. http://www. buchhandel.de) recherchieren. Der Umgang mit elektronischen Katalogen ist um vieles bequemer als die Suche im Karteikasten, erfordert aber einiges an Erfahrung, um gezielt suchen zu können.

(b) Elektronische Datenträger mit bibliographischen Ressourcen (vor allem CD-ROM): Von den für die romanische Sprachwissenschaft relevanten Bibliographien sind bislang die Bibliographie der MLA und die Romanische Bibliographie auf CD-ROM erhältlich. Zugang zu bibliographischen CD-ROMs bieten in der Regel die Universitätsbibliotheken, entweder vor Ort oder sogar vom PC zu Hause. Informieren Sie sich gleich zu Beginn Ihres Studiums über die Angebote an Ihrem Universitätsstandort. Empfehlenswert sind auch Einführungskurse in die Bibliotheksbenützung, die an vielen Universitäten angeboten werden.

(c) Internet: Da es illusorisch ist, für diesen Bereich auch nur eine annähernd vollständige Auflistung der nützlichen Anbieter bibliographischer Ressourcen zu geben, beschränken wir uns auf einige bewährte Adressen, die als Ausgangspunkt für eigene Erkundungen im WWW dienen können.

Eine besonders wichtige Einstiegsseite ist http://www.romanistik.de (Deutschsprachige Romanistik im Internet). Dort findet man nicht nur Internet-Adressen von Bibliotheken, sondern auch Links zur WWW Virtual Library (http://vlib.org) bzw. zu The Linguist's List (http://linguistlist.org/sp/GetWRListings.cfm?WRAbbrev=Bibs), von wo aus man zahlreiche sprachwissenschaftliche Spezialbibliographien ansteuern kann. Das Portal CRLN Electronic Bibliographies (http://www.csdl.tamu.edu/~crln/) der Texas University bietet nach den verschiedenen romanischen Sprachen geordnete Auswahlbibliographien (Zeiträume: 1951–65 und 1986–2009). Nützlich ist auch die Homepage der Düsseldorfer Universitäts- und Landesbibliothek, u.a. mit einem Verzeichnis von Fachzeitschriften im Internet (http://www.ulb.hhu.de/recherchieren/elektronische-zeitschriften.html), sowie http://www.uni-kiel.de/ub/fach/faecher/geist/sprach_lit/Romanistik/index.html (UB Kiel, Orientierungshilfen Romanistik). JSTOR (*Journal STORage*, http://www.jstor.org), ein digitales Zeitschriftenarchiv, ermöglicht das Herunterladen einer Vielzahl von (älteren) Zeitschriftenartikeln. Eine wahre Fundgrube für bibliographische Links zu verschiedensten Themenbereichen der allgemeinen (und auch romanischen) Sprachwissenschaft bietet das Institut für Deutsche Sprache in Mannheim (http://www.ids-mannheim.de/quellen/biblio.html). Eine nützliche und sehr umfangreiche Spezialbibliographie ist die GöDISS-Datenbank (Göttinger Dokumentations- und Informationssystem zu Spracherwerb und Sprachvermittlung, Schwerpunkt romanische Sprachen; http://www.goediss. de.vu/).

5.1.2 Literatur

Gabriel et al. (2000), Lustig/Tiedemann (2000)

5.1.3 Aufgaben

1. Komplettieren Sie die aufgrund der Aufgabe 6 (Kap. 5.1) erstellte Bibliographie durch eine Suche im Internet.

2. Suchen Sie in Ihrer Instituts-/Fachbibliothek je fünf spanische, italienische und französische Monographien mit linguistischer Thematik, die seit 2000 erschienen sind und überprüfen Sie, ob sie in der *Bibliographie der MLA* erfasst wurden. Worauf müssen Sie achten, wenn Sie Datensätze aus dieser Bibliographie direkt am Computer übernehmen?

3. Konsultieren Sie ein Buchhandelsverzeichnis (z.B. http://www.buchkatalog.de) und finden Sie heraus, (a) ob es ein aktuelles Überblickswerk zur spanischen Sprachgeschichte gibt, (b) ob eine neuere Einführung in die italienische Phonetik und Phonologie erschienen ist, (c) welche aktuelleren Einführungen in die französische Sprachgeschichte auf dem Markt sind, (d) welche Grammatiken des Portugiesischen im Handel erhältlich sind. Was kosten die von Ihnen gefundenen Bücher?

5.2   Semiotik

Seit der antiken Philosophie werden Wörter als Sprachzeichen verstanden. Daneben gibt es jedoch noch eine Reihe von nicht-sprachlichen Zeichen. Den geröteten Hals interpretiert der Arzt als Zeichen von Angina, den BMW kauft sich jemand vielleicht als Zeichen seines Wohlstands, Nicken gilt bei uns als Zeichen der Zustimmung usw. Die Wissenschaft, die sich mit den Zeichen allgemein beschäftigt, heißt **Semiotik**.

5.2.1   Die Natur des Zeichens

Seit der Scholastik wird die Natur des Zeichens gern mit dem Satz *aliquid stat pro aliquo* ‚etwas steht für etwas (anderes)‘ charakterisiert, allerdings konnte man sich bis heute, speziell was das sprachliche Zeichen betrifft, nicht wirklich darauf einigen, was das *aliquid* und das *aliquo* sind und wie die metaphorische Redeweise *stat pro* zu interpretieren ist…

Für manche steht ein Zeichen für einen Gegenstand, für andere ein Ausdruck für einen Begriff, für wieder andere ein Ausdruck für einen Gegenstand vermittels eines Begriffs, um nur einige Antworten zu nennen. Letztere Auffassung ist besonders verbreitet und wird oft in Form des sog. **semiotischen Dreiecks** dargestellt (vgl. 1a). Dabei bezeichnet das *signans* (die Lautvorstellung; bei Saussure **signifiant**) vermittels des *signatum* (der **Bedeutung**; bei Saussure **signifié**) das *denotatum* (das, was bezeichnet wird; meist **Denotat** oder **Referent** genannt). Manchmal wird (vgl. 1b) das Dreieck zu einem Fünfeck ausgebaut, indem einerseits zur rein mentalen Lautvorstellung noch die tatsächlich geäußerte Lautfolge (*nomen*) hinzugefügt und andererseits „im Kopf“ noch zwischen der im engeren Sinne einzelsprachlichen Bedeutung (*signatum*) und einer sprachunabhängigen (Ding-)Vorstellung (*designatum*) unterschieden wird. Das *designatum* von *Vogel* wäre demnach die Vogelvorstellung, die in mir z.B. beim Schließen der Augen entsteht, das *signatum* von *Vogel* hingegen eine abstraktere Bedeutung, eine Art Minimaldefinition der Art ‚zweibeiniges, gefiedertes Tier‘. Die meisten semantischen Theorien unterscheiden in der einen oder anderen Weise zwischen *signatum* und *designatum*, wobei letzteres auch häufig als **Begriff**, **Konzept** (nach engl. *concept*), **Dingvorstellung**, **Weltwissen** oder **enzyklopädisches Wissen** bezeichnet wird.

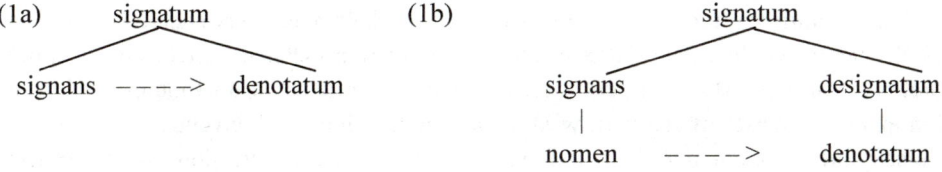

Dieses Dreieck bzw. Fünfeck stellt schematisch den Prozess des Bezeichnens, die sog. **Semiose**, dar, während das eigentliche Zeichen nur aus *signans* und *signatum* besteht, beides mentale Entitäten. Die strichlierte Linie soll andeuten, dass zwischen *signans* bzw.

nomen und *denotatum* keine direkte, sondern nur eine durch *signatum* (und *designatum*) vermittelte Relation besteht.

Manche Semiotiker halten diese Auffassungen sprachlicher Zeichen als fester Verbindung von Laut- und Bedeutungsvorstellung allerdings für grundsätzlich verfehlt und definieren die Bedeutung eines sprachlichen Zeichens statt dessen mit Wittgenstein als dessen Gebrauch in der Sprache, d.h. als jene **Konvention**,[7] die die Verwendung des Zeichens in einer bestimmten Sprachgemeinschaft regelt. Diese Theorie fragt nicht in erster Linie nach dem Verhältnis der Wörter zur Welt oder zu kognitiven Einheiten wie dem *signatum* oder dem *designatum*, sondern danach, wie sie Kommunikation ermöglichen. Und dies tun sie nicht, indem sie „für etwas stehen", sondern indem sie dem Interpreten erlauben, Schlüsse zu ziehen aufgrund des gemeinsamen Wissens um die Verwendung der Wörter. Die Verwendung von *aber* in *Du bist aber großzügig!* erlaubt mir z.B. zu schließen, dass für meinen Gesprächspartner meine Großzügigkeit irgendwie überraschend ist, da ich die Gebrauchsregel von *aber* kenne, die eben besagt, dass dieses in einem Kontext wie dem erwähnten die Funktion hat, Überraschung zu signalisieren, und nicht etwa, weil das Wort eine bestimmte Vorstellung in mir hervorruft. Gebrauchstheoretiker leugnen aber natürlich nicht, dass bei manchen Wörtern, etwa *Urlaub* oder *Stierkampf*, auch bildliche Vorstellungen evoziert werden, doch werden diese nicht mit der Bedeutung der Wörter gleichgesetzt.

5.2.2   Typen von Zeichen

So unterschiedlich auch die Zeichenauffassungen sein mögen, über die Tatsache, dass es drei verschiedene Typen von Zeichen gibt, scheint ein relativ breiter Konsens zu herrschen, wenngleich die Definitionen der drei Typen auch nicht immer identisch sind. Diese drei Zeichentypen werden *Symptom* (auch *Index*, nach Peirce), *Ikon* und *Symbol* genannt. Ein **Symptom** weist auf etwas kausal mit ihm Verbundenes hin, etwa Eiterpunkte auf den Mandeln auf Angina, Rauch auf Feuer, Gähnen auf Sauerstoffmangel. Im Gegensatz zu einem Symptom ist ein **Ikon** ein bewusst eingesetztes Zeichen, das aufgrund irgendeiner Ähnlichkeit, oder allgemeiner gesagt, einer naheliegenden Assoziation zwischen dem Zeichen und dem intendierten Ding oder Sachverhalt die gewünschte Interpretation auslöst. Als z.B. ein Mensch erstmals auf die Idee verfiel, Gähnen bewusst und als bewusstes Gähnen erkennbar zu imitieren, um damit seine Langeweile zu bekunden, verwendete er ein ikonisches Zeichen (zwischen dem Gähnen und dem imitierten Gähnen besteht eine Ähnlichkeitsrelation). In dem Maße, in dem dieses Verhalten von anderen übernommen wird und sich in einer Gemeinschaft etabliert, wird daraus ein **Symbol**, ein konventionelles Zeichen, zu dessen Interpretation nur mehr auf das Wissen um die Konvention zurückgegriffen werden muss und nicht mehr, wie beim ersten Auftreten, auf komplexe **Inferenzen**, d.h.

---

[7]   *Konvention* heißt hier nicht explizite Übereinkunft, sondern bezieht sich lediglich auf geteiltes Wissen über die Verwendung von Zeichen.

Schlüsse. Allerdings bleibt dieses konventionelle Zeichen **motiviert**, sein Ursprung ist weiterhin nachvollziehbar, im Gegensatz etwa zum Nicken, das heute ein **unmotiviertes** Zeichen ist.

Auch in der Sprache gibt es alle drei Typen von Zeichen. Der Akzent einer Person verrät meist ungewollt die regionale oder soziale Herkunft (Symptom), kreative Metaphern sind typische Ikone, zu deren Interpretation auf Inferenzen auf der Basis unseres Weltwissens zurückgegriffen werden muss, die meisten sprachlichen Zeichen sind jedoch Symbole, d.h. ihre Verwendung ist durch Konvention geregelt. Selbst ursprünglich ikonische und somit motivierte Zeichen tendieren dazu, zu Symbolen zu werden. *Kuckuck* etwa war ursprünglich ein Ikon, eine Imitation des Lauts des bezeichneten Vogels zur Bezeichnung des Vogels selbst, ist heute aber ein Symbol, d.h. ein konventioneller Ausdruck. Dies zeigt auch ein Vergleich mit anderen Sprachen, in denen der Ausdruck zwar ebenfalls noch klar durch den charakteristischen Laut des Vogels motiviert ist, aber jeweils eine leicht andere lautliche Gestalt hat: frz. *coucou*, it. *cuculo*, sp. *cuclillo* usw. Da nach der Konventionalisierung bei der Interpretation nur mehr auf die Gebrauchsregel zurückgegriffen werden muss, kommt es als Folge häufig zu einer **Demotivierung**, wie dies z.B. bei dt. *Gauch*, dem alten Wort für ‚Kuckuck‘, geschehen ist, das wohl ursprünglich ebenfalls lautmalerisch war, aber in der Form *Gauch* nicht mehr an den Schrei des Kuckucks erinnert.

5.2.3   Nonverbale Kommunikation

Von den mannigfaltigen Formen **nonverbaler Kommunikation** wollen wir nur kurz zwei Zeichensysteme herausgreifen, die eng mit dem eigentlichen sprachlichen Zeichensystem zusammenwirken.

Da wäre zum Einen die Distanz zwischen den Kommunikationsteilnehmern, welche von der sog. **Proxemik** studiert wird. Die Platzierung der Gesprächsteilnehmer hat in vielen Fällen einen klar erkennbaren Zeichencharakter, etwa die Sitzordnung bei einer Konferenz oder auch bei Tisch. Weniger bewusst ist uns die Zeichenhaftigkeit des Abstands zum Gesprächspartner in der alltäglichen Kommunikation. Wie aus dem folgenden Zitat hervorgeht, sind diese Distanzregeln durchaus kulturspezifisch:

In Latin America the interaction distance is much less than it is in the United States. Indeed, people cannot talk comfortably with one another unless they are very close to the distance that evokes either sexual or hostile feelings in the North American. The result is that when they move close, we withdraw and back away. As a consequence, they think we are distant or cold, withdrawn and unfriendly. We, on the other hand, are constantly accusing them of breathing down our necks, crowding us, and spraying our faces.

Americans who have spent some time in Latin America without learning these space considerations make other adaptions, like barricading themselves behind their desks, using chairs and typewriter tables to keep the Latin American at what is to us a comfortable distance. The result is that the Latin American may even climb over the obstacles until he has achieved a distance at which he can comfortably talk. (Hall 1973, 185)

Weiters übermitteln auch Körperhaltung und -kontakt, Gestik, Mimik, Blicke, Tonfall und andere nicht-sprachliche Lautäußerungen wie Lachen oder Räuspern wichtige Informationen. Auch diese Zeichensysteme sind zumindest teilweise kulturspezifisch. Schema 6 zeigt z.B. eine Geste, nämlich das Auf- und Abbewegen der sich mit den Spitzen berührenden Finger, die nach dem Gestenatlas von Morris (1979) auf das italienische Staatsgebiet beschränkt ist. Das Zurückwerfen des Kopfes wiederum, das der Mitteleuropäer am ehesten als eine **affirmative**, d.h. bejahende Geste interpretieren würde, steht bekanntlich in Griechenland und in der Türkei für die **Negation** (Verneinung). Nach Morris ist diese Geste auch in Süditalien heimisch (vgl. Karte 6), was er als Erbe der Magna Graecia erklärt.

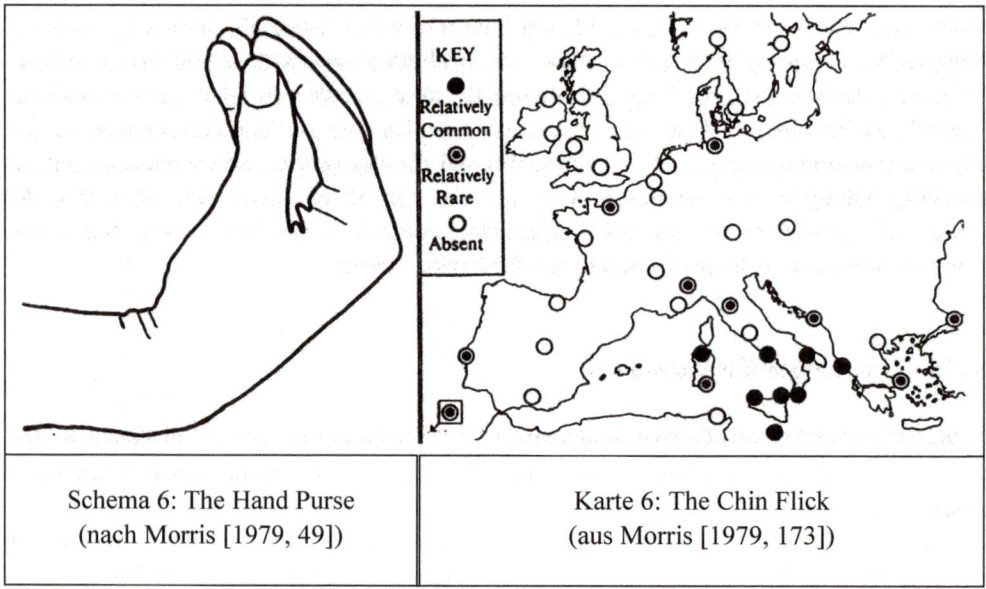

| Schema 6: The Hand Purse (nach Morris [1979, 49]) | Karte 6: The Chin Flick (aus Morris [1979, 173]) |

5.2.4   Literatur

Hall (1973), Keller (1995), Morris (1979), Volli (2002)

5.2.5   Aufgaben

1. Häufig werden im Anschluss an Saussure unmotivierte Zeichen **arbiträr** genannt. Nach Keller (1995, 146–159) ist die Gleichsetzung von Unmotiviertheit und Arbitrarität jedoch eine Äquivokation. Wie expliziert Keller das Verhältnis der Ausdrücke *konventionell*, *arbiträr* und *(un-) motiviert*?

2. Die Bedeutung vieler Wörter lernt das Kind, indem man ihm das entsprechende Denotat zeigt. (a) Wie lernt es das Wort *Hexe*? (b) Nennen Sie fünf weitere sprachliche Zeichen ohne Denotat.

3. Geben Sie folgenden Figuren einen treffenden Namen in einer Phantasiesprache. [Das Ergebnis wird in der Lehrveranstaltung besprochen.]

4. Schreiben Sie möglichst spontan alle Assoziationen auf, die Ihnen zu den Wörtern *Urlaub* und *Ferien* einfallen. Versuchen Sie in einem zweiten Schritt zu entscheiden, welche dieser Assoziationen dem *signatum* (Minimaldefinition) und welche dem *designatum* (Weltwissen, enzyklopädische Information) zuzurechnen sind. Wie sehen die entsprechenden Verhältnisse in Ihrer romanischen Sprache aus? [Die Resultate werden in der Lehrveranstaltung besprochen.]

5. Lesen Sie Peter Bichsels Geschichte „Ein Tisch ist ein Tisch" (in: *Kindergeschichten*. Neuwied/Berlin: Luchterhand 1969). Warum endet die Geschichte „traurig"?

6. Lesen Sie den Anfang des Kapitels PRIMA (Pferdeepisode) von Umberto Ecos Roman *Der Name der Rose*. (a) Dank welcher Zeichen erschließt William die Richtung, in der das Pferd entwichen ist? Warum weiß er, dass es ein wertvolles Pferd ist? Wie kommt William auf die Idee, das Pferd habe einen schmalen Kopf, große Augen und den Namen *Brunello*? (b) Welchen der drei Typen sind die Zeichen zuzuordnen?

7. Gesellschaftliche Regeln wie die in 5.2.3 angesprochenen Distanzregeln werden einem meistens erst bewusst, wenn sie übertreten (und sanktioniert) werden. Beschreiben Sie drei für unseren Kulturkreis gültige Distanzregeln und geben Sie jeweils eine Situation an, in der sie übertreten (und sanktioniert) werden.

8. Beschreiben Sie drei untereinander möglichst verschiedene Situationen, in denen jemand auf nicht-sprachliche Weise beleidigt wird und erläutern Sie, welche Höflichkeitsregel dabei übertreten wird.

9. Welche nicht-sprachlichen Zeichen (vom Küssen auf den Mund bis zum beiläufigen Heben der Hand) werden bei uns in welcher Situation als Gruß verwendet? Stellen Sie die Ergebnisse in Form einer Kreuzklassifikation zwischen den einzelnen Zeichen und den relevanten situationellen Faktoren dar. Haben manche dieser Zeichen in einem anderen Kulturkreis andere Anwendungsbedingungen?

10. (a) „Feine Leute kommen zu spät", sagt der Konsul in den *Buddenbrooks*. Geben Sie drei Pünktlichkeitsregeln unseres Kulturkreises an und illustrieren Sie sie anhand von konkreten Situationen, in denen deren Nicht-Einhaltung zu Reaktionen führt. (b) Welche Bedeutung erhält ein Telefonanruf allein durch die Tatsache, dass er um 0^h, 3^h, 6^h, … 21^h getätigt wird? Ist die Bedeutung nur von der Tageszeit oder auch von anderen Faktoren abhängig?

5.3 Sprachskizze 3: Italienisch

5.3.1 Standardsprache und Dialekte

In kaum einem anderen Gebiet der Romania hat sich das Vulgärlatein in so viele und so stark voneinander verschiedene Dialekte aufgespalten wie auf der Apenninenhalbinsel, was

gewiss auch auf die späte politische Einigung des heutigen italienischen Staatsgebietes zurückzuführen ist. In der italienischen Dialektologie pflegt man drei Hauptdialektgebiete zu
unterscheiden, von denen jedes in sich allerdings wieder stark zersplittert ist: das nord-, das
mittel- und das süditalienische. Die Grenze zwischen den nord- und den mittelitalienischen
Dialekten verläuft ungefähr entlang des Apenninenkammes (Linie La Spezia-Rimini; vgl.
1.3.5.) und ist sehr ausgeprägt. Die Grenze zwischen den mittel- und den süditalienischen
Dialekten verläuft grob entlang einer Linie, die von Rom nach Ancona (etwas südlich von
Rimini gelegen) führt. Korsika, das seit 1768 politisch zu Frankreich gehört, ist aus dialektologischer Sicht dem mittelitalienischen Gebiet zuzurechnen.

Die italienische Schriftsprache basiert im Wesentlichen auf dem Dialekt von Florenz,
was letztlich dem enormen Prestige der drei aus der Toskana stammenden Dichter Dante,
Petrarca und Boccaccio zuzuschreiben ist. Im Gegensatz zum Französischen war die Wahl
des toskanischen Dialekts zur Standardsprache also nicht politisch, sondern wesentlich kulturell bedingt. Die Vorherrschaft des Toskanischen ist nicht sofort allseits akzeptiert worden, sondern musste in einem langen Ringen (bekannt als **questione della lingua**) erworben
und verteidigt werden. Heute ist die italienische Standardsprache zwar noch immer von
allen Dialekten dem Florentinischen am nächsten, doch ist sie im Laufe der Zeit auch mit Elementen aus anderen italienischen Dialekten und fremden Sprachen angereichert worden.

5.3.2   Zur Aussprache der italienischen Standardsprache

In diesem Abschnitt wollen wir uns damit begnügen, einige Eigenheiten der italienischen
Aussprache und Schrift darzulegen, die auch für den Nicht-Italianisten von Interesse sein
können. Erwähnt sei noch, dass von seiten auch gebildeter Nicht-Toskaner wenig Neigung
besteht, sich der hier präsentierten hochitalienischen Norm zu befleißigen.

Im Bereich des Konsonantismus sind besonders die vielen, in der Normaussprache –
nicht allerdings in Norditalien – deutlich lang artikulierten **Doppelkonsonanten** bzw. **Ge-
minaten** (Sg. **Geminata**) hervorzuheben. Nach bestimmten Wörtern wie z.B. der Präposition a ‚in, nach‘ (< lat. AD) werden auch einfache Anfangskonsonanten doppelt gesprochen.
Der Grund dafür ist historisch gesehen ein Assimilationsprozess: so wie aus vlt. ADRIPARE
‚ans Ufer gelangen‘ (zu RIPA ‚Ufer‘) it. *arrivare* ‚ankommen‘ wurde, so wurde aus vlt. AD
ROMA ‚in, nach Rom‘ tosk. [a rroma] (geschrieben *a Roma*).

Bezüglich der Schreibung der Konsonanten sind folgende Besonderheiten hervorhebens-
wert: <gn> steht für [ɲ] (Bsp.: *gnocchi*), <gl(i)> für [ʎ] (Bsp.: *aglio* [aʎʎo] ‚Knoblauch‘; [ʎ]
zwischen Vokalen ist immer lang, ebenso [ɲ] und [ʃ]); die leicht verwirrenden Schreibungen
von [k], [tʃ], [g], [dʒ] und [ʃ] sind etwas vereinfacht in Tabelle 5 dargestellt, wo man sehen
kann, dass <h> immer und <i> manchmal nur **diakritische Funktion** haben (vgl. 7.2.1).
Damit ist gemeint, dass sie keinen eigenen Lautwert haben, sondern nur zur Bestimmung
des genauen Lautwerts eines anderen Buchstaben dienen. Spalte 1 zeigt die Schreibungen
vor <a>, <o> und <u>, Spalte II jene vor <e> und <i>.

Tabelle 5

	I	Bsp.:		II	Bsp.:
[k]	<c>[8]	*capo* ‚Kopf‘		<ch>	*chi* ‚wer‘
[tʃ]	<ci>	*ciao* ‚tschau‘		<c>[9]	*città* ‚Stadt‘
[g]	<g>	*gallo* ‚Hahn‘		<gh>	*ghetto* ‚Getto‘
[dʒ]	<gi>	*giallo* ‚gelb‘		<g>	*giro* ‚Drehung u.ä.‘
[ʃ]	<sci>	*scialle* ‚Schal‘		<sc>	*sci* ‚Ski‘
[sk]	<sc>	*scandalo* ‚Skandal‘		<sch>	*scherzo* ‚Scherz‘

Die Vokalquantität ist im Deutschen und im Italienischen verschieden geregelt. Italienische Vokale sind nur in betonten, offenen, nicht am Wortende befindlichen Silben lang zu sprechen: das erste <a> von *casa* ist folglich lang zu sprechen, die von *cassa* und *città* hingegen sind kurz.

Hinsichtlich der Vokalqualität sei hervorgehoben, dass betontes <e> und <o> eine offene und eine geschlossene Aussprache haben können. Ihre Verteilung ist regional sehr unterschiedlich: so spricht man in Florenz *bene* ‚gut‘ offen, in Mailand geschlossen. Deutsche Muttersprachler müssen darauf achten, dass der Öffnungsgrad dieser beiden Vokale nicht phonotaktisch gesteuert ist, wie dies im Deutschen teilweise der Fall ist: während z.B. im Deutschen <o> vor [r] + Konsonant immer offen gesprochen wird (Bsp.: *Dorn, Korb, Hort* usw.), kann es im Italienischen in derselben Umgebung entweder offen (Bsp.: *corno* [kɔrno] ‚Horn‘) oder geschlossen (Bsp.: *giorno* [dʒorno] ‚Tag‘) sein.

5.3.3 Der Turmbau zu Babel: Italienisch

Or tutta la terra fu un labbro solo e gesta uguali. E avvenne, nel loro vagare dalla parte d'Oriente, che gli uomini trovarono una pianura, nel paese di Sin'ar e vi si stabilirono. E si dissero l'un l'altro: „Orsù! Facciamoci dei mattoni, e poi cuociamoli al fuoco". Il mattone servì loro invece della pietra, e il bitume invece della malta. Poi essi dissero: „Orsù! Costruiamo a nostro vantaggio una città con una torre, la cui cima sia nei cieli, e facciamoci un nome, per non esser dispersi sulla superficie di tutta la terra."

Ma Jahweh discese per vedere la città con la torre che stavan costruendo i figli dell'uomo. E Jahweh disse: „Ecco ch'essi sono un sol popolo e un labbro solo è per tutti loro; questo è il loro iniziare nelle intraprese: ormai tutto ciò che hanno meditato di fare non sarà loro impossibile. Orsù! Discendiamo e confondiamo laggiù il loro labbro, di guisa che essi non comprendano più il labbro l'uno dell'altro."

---

[8] In Verbindung mit dem Halbvokal [w] erscheint [k] als <q>: *questo* ‚dieser‘ usw.
[9] Seltener auch <ci>: *cielo* [tʃɛlo].

E Jahweh di là li disperse sulla superficie di tutta la terra ed essi cessarono di costruire la città. Per questo il suo nome fu detto Babele, perchè colà Jahweh mescolò il labbro di tutta la terra e di là Jahweh li disperse sulla superficie di tutta la terra.

La sacra Bibbia. Turin/Rom: Marietti, 1969.

[ɔr tutta la tɛra fu un labbro solo e ddʒɛsta ugwali. e avvɛnne, nel loro vagare dalla parte d orjɛnte, ke ʎʎi wɔmini trovarono una pjanura, nel paeze de sinar e vvi si stabilirono. e ssi dissero l un l altro ɔrsu fattʃamotʃi dei mattoni, e ppɔi kwɔtʃamoli al fwɔko. il mattone servi lloro iɱvetʃe della pjɛtra, e il bitume iɱvetʃe della malta pɔi essi dissero ɔrsu kostrujamo a nnɔstro vantaddʒo una tʃitta kkon una tore, la kui tʃima sia nei tʃeli, e ffattʃamotʃi un nome, per non ɛsser dispɛrsi sulla superfitʃe di tutta la tɛra. ma jawɛ ddiʃʃese per vedere la tʃitta kkon la tore ke stavan kostrwɛndo i fiʎʎi dell wɔmo. e jawɛ ddisse ɛkko k essi sono um pɔpolo e un labbro solo ɛ pper tutti loro kwesto ɛ il loro initsjare nelle intraprese ormai tutto tʃɔ kke anno meditato di fare non sara lloro impossibile ɔrsu diʃʃendjamo e kkoɱfondjamo laddʒu il loro labbro, di gwiza ke essi non komprɛndano pju il labbro l uno dell altro]

5.3.4 Literatur

Lepschy/Lepschy (1986), *LRL* IV, Michel (1997), Reutner/Schwarze (2011)

5.3.5 Aufgaben

1. Die deutsche musikalische Terminologie ist voller Italianismen. Transkribieren Sie die folgenden Ausdrücke (als Hilfe werden offenes *e* und *o* entgegen der Orthographie durch einen Gravis (`) und geschlossenes durch einen Akut (´) gekennzeichnet; schreiben Sie unbetonte Vokale geschlossen): *accelerando, Adagio, agitato, Arpéggio, a tèmpo, Capriccio, chiaraménte, crescèndo, con fuòco, tèmpo giusto, Imbròglio, Larghétto, legg(i)èro, Pasticcio, piangèndo, Schèrzo, sciòlto, staccato, Stagióne, vivace.*

2. (a) Zeichnen Sie auf einer Italienkarte den Apennin, die Städte Florenz, La Spezia, Rimini und Ancona sowie die Linien La Spezia-Rimini und Rom-Ancona ein. (b) Welche sprachlichen Minderheiten gibt es nach Wandruszka (1979, 58: „Die abgeschnittenen Zungen“) in Italien? Zeichnen Sie diese auf einer Italienkarte ein und geben Sie ungefähre Sprecherzahlen an.

3. Lesen Sie den Turmbau-Text nach der Transkription. Schlagen Sie im Zweifelsfall die Betonung in einem Wörterbuch nach. Achten Sie auf die Vokalquantität.

4. Schlagen Sie die italienischen Wörter des Turmbau-Textes, die Sie nicht verstehen, in einem italienisch-deutschen Wörterbuch nach.

5. (a) Wann erfolgte die politische Einigung Italiens? (b) Wann lebten Dante, Petrarca und Boccaccio? Welches sind ihre Hauptwerke?

6. Auch eine italienische Speise- oder Eiskarte bietet Gelegenheit, das erlernte phonetische Wissen

umzusetzen. Transkribieren Sie (vgl. die Erläuterungen unter 1.): *stracciatèlla, nocciòla, vaniglia, cioccolata, funghi, quattro stagióni, prosciutto, formaggio, pane e copèrto* (nach *e* [< lat. ET] wird verdoppelt!), *paglia e fièno, mozzarella, acciughe, cipólla, carciòfi, pizza, carpaccio.*

7. Weitere, fast unbegrenzte Übungsmöglichkeiten bieten italienische Orts-, Marken-, Vor- und Familiennamen. Transkribieren Sie (vgl. die Erläuterungen unter 1.): *Alghéro, Cagliari, Venèzia, Perugia, Gènova, Sicilia, Puglia, Le Marche, Alto Adige, San Gimignano, Lignano, Chicco, Sciròcco, Lamborghini, Lancia, Boccaccio, Palazzo Chigi, Gianfranco, Gramsci, Agnelli, Sciascia.*

6.   Sechste Unterrichtseinheit

6.1   Abfassen einer Arbeit

6.1.1   Abstecken des Themas

Wenn Sie in einer Lehrveranstaltung ein präzise ausformuliertes Thema gestellt bekommen, können Sie nach bewährtem Muster an die Arbeit gehen. Je nach Vertrautheit mit dem Gegenstand werden Sie zuerst mit Hilfe von Wikipedia, Enzyklopädien, Sachwörterbüchern, Handbüchern u.ä. einen Überblick über die Problemlage gewinnen oder, bei ausreichendem Vorwissen, gleich mit der planmäßigen Literatursuche beginnen. Wenn Sie aber ein umfangreicheres Vorhaben, etwa eine Diplom-/Masterarbeit oder eine Dissertation in Angriff nehmen, sollten Sie bereits vor der Themenabsprache mit dem Betreuer zuverlässige Vorstellungen von Umfang, Zugänglichkeit, Aktualität usw. der vorhandenen Literatur sowie von offenen Fragen auf dem Gebiet und nicht zuletzt von eigenen Forschungsmöglichkeiten (z.B. Auslandsstipendium) besitzen, um späteren Enttäuschungen vorzubeugen und um Ihr Forschungsziel von Anfang an relativ scharf eingrenzen zu können.

Haben Sie Literaturangaben gesammelt, gehen Sie nicht wahllos an die Lektüre. Gibt es einen Forschungsbericht, so werden Sie günstigerweise mit diesem beginnen. Aus Gründen der Arbeitsersparnis empfiehlt es sich meistens, neuerer Literatur in der Reihung den Vorzug zu geben, weil sie eventuell schon eine Übersicht über die Geschichte der Ansichten zu Ihrem Thema enthält. Jede wissenschaftliche Publikation sollte im Prinzip ja offenlegen, was man zum betreffenden Problem weiß bzw. zu wissen glaubt, worüber man diskutiert und was das Neue an der eigenen Ansicht ist.

6.1.2   Exzerpieren

Die Art und Weise, auf welche man Gelesenes für sich festhält, wird von Absicht, Dauer und Umfang der Arbeit abhängen. Ein Patentrezept gibt es nicht, doch können einige Hinweise von allgemeiner Gültigkeit gegeben werden.

Die sicherlich ungeeignetste Methode ist das Exzerpieren von Literatur z.B. direkt in ein Heft. Sie werden die Informationen nie mehr in dieser Reihenfolge benötigen, und sie sind bei diesem Verfahren auch schlecht mit Auskünften aus anderen Quellen kombinierbar. Als Illusion pflegt sich auch die Zuversicht herauszustellen, das Präparieren von Photokopien mit Leuchtstift enthebe einen der Mühen des Exzerpierens. Eine flexible Art des Konservierens von Information stellt der Zettelkasten dar. Die so aufgezeichneten Daten sind beweglich und leicht in neue Kontexte zu integrieren, sie sind bei Bedarf wiederverwertbar und ausbaufähig. Dieselbe Flexibilität ermöglicht auch ein Notebook, in welches Sie die Exzerpte direkt eingeben und hernach nach Belieben kombinieren können. Auch eine Kombination dieser verschiedenen Techniken kann zweckdienlich sein, etwa Photokopien für lange, zentrale Textstellen und Exzerpte – manuelle oder elektronische – für den Rest.

Notieren Sie sich zu den Exzerpten immer genau die Quellen! Die Sorgfalt beim Exzerpieren lohnt sich bei der Herstellung Ihrer schriftlichen Arbeit, weil Sie keine Zeit mehr mit dem Suchen von bibliographischen Angaben vergeuden müssen.

Wenn Sie ganze Formulierungen aus der Literatur wieder zu verwenden gedenken, achten Sie auf höchste Präzision. Wissenschaftliche Texte gelten als geistiges Eigentum und dürfen nicht nach eigenem Bedarf umgeformt oder aus der Erinnerung zitiert werden (vgl. dazu näher 7.1). Wenn Sie bei wörtlicher Wiedergabe etwas Entbehrliches weglassen, ist dies immer zu kennzeichnen – gewöhnlich durch drei Punkte zwischen eckigen Klammern: […].

6.1.3   Der Aufbau der Arbeit

Nach Abschluss der Literatursuche und des Exzerpierens muss der Aufbau der Arbeit konzipiert werden. Dieser soll auf jeden Fall widerspruchsfrei sein und sich einer inneren Logik fügen, sei es dass man vom Allgemeinen zum Besonderen, vom Früheren zum Späteren, von der These über die Antithese zur Synthese, von der Einleitung über den Hauptteil zum Schluss o.ä. fortschreitet. Als Ordnungsschema bietet sich in vielen Fällen die auch von uns verwendete **Dezimalklassifikation** an, bei der Abschnitte mit denselben Dezimalstellen denselben logischen Status im Gesamtaufbau innehaben müssen.

6.1.4   Äußere Form

Für die formale Gestaltung von wissenschaftlichen Texten gibt es keine überzeitlichen Normen, sondern allenfalls fach- oder institutsspezifische Traditionen, über die Sie sich vor Inangriffnahme Ihrer ersten Arbeit informieren sollten. Richtlinien können Sie den verschiedenen methodologischen Abschnitten dieser Einführung oder der angegebenen Literatur entnehmen. Haben Sie einen Text für eine Publikation auszurichten, so müssen Sie sich ohnedies genau den beim jeweiligen Verlag üblichen Vorschriften unterwerfen.

Grundregel muss sein, dass eine Arbeit fehlerlos abgegeben wird. Kontrollieren Sie die Rechtschreibung mit einem Korrekturprogramm und bitten Sie jemand, den Text vor der Abgabe auf Verständlichkeit und stilistische Adäquatheit zu prüfen. Das einmal gewählte Zitierverfahren ist im gesamten Text beizubehalten, wobei man von vornherein überlegen wird, ob Fußnoten oder das in der Linguistik üblichere sog. „amerikanische" System, d.h. in den Text integrierte Literaturangaben vom Typ *nach Meyer (1988, 36)* arbeitstechnisch günstiger sind. Auch im amerikanischen System können natürlich Fußnoten für inhaltliche Ergänzungen verwendet werden.

Neben der schon in 3.2.2 vermerkten Notationskonvention für Etymologien sei auf eine andere speziell die Linguistik betreffende graphische Regelung hingewiesen. Während sich die meisten Wissenschaften der Sprache bedienen, um über die außersprachliche Wirklichkeit zu sprechen, ist für die Sprachwissenschaftler die Sprache häufig zugleich Kommunikationsmittel *und* Objekt der Forschung. Technisch spricht man von **Metasprache** und **Objektsprache**. So kann ich in der Metasprache Deutsch eine Arbeit über die Objektsprache Französisch schreiben, es kann aber auch eine einzige Sprache in ein und derselben Arbeit beide Funktionen innehaben. Um Objekt- und Metasprache in wissenschaftlichen Publikationen sauber auseinanderzuhalten, hat sich die Konvention etabliert, erstere graphisch zu kennzeichnen, normalerweise durch Kursivdruck. Bsp.: Worte sind hier fehl am Platz vs. *Worte* ist hier fehl am Platz. Das kursive *Worte* des zweiten Satzes heißt soviel wie „das Wort *Worte*", was ja auch in der Form des Verbs seinen Niederschlag findet.

6.1.5 Literatur

Bünting/Bitterlich/Pospiech (1996), Gerstenberg (2009)

6.1.6 Aufgaben

1. Suchen Sie eine aufschlussreiche hierarchische Anordnung für die folgenden Begriffe und stellen Sie diese mittels Dezimalklassifikation dar: (a) Albanisch, Bretonisch, Dänisch, Deutsch, Englisch, Finnisch, Französisch, Germanisch, Griechisch, Indogermanisch, Italienisch, Italisch, Keltisch, Lateinisch, Oskisch, Portugiesisch, Sardisch, Ungarisch, Walisisch; (b) Asteroide, Erde, Himmelskörper, Kometen, Merkur, Meteore, Monde, Novae, Planeten, Schwarze Löcher, Sonnen, Sterne, Supernovae, Venus, Weiße Zwerge.

2. Worin besteht, sprachwissenschaftlich gesehen, die Pointe der folgenden Texte: (a) „Es gibt nur einen Ort auf der Welt", sagte der berühmte französische Lexikograph Pierre Larousse, „wo man völlig sicher sein kann, Liebe, Treue, Reichtum und Gesundheit zu finden: im Wörterbuch"; (b) Ruft der Kuckuck vor Pfingsten oder nach Pfingsten? – Weder noch: er ruft Kuckuck.

3. Erklären Sie die Akzeptabilitätsunterschiede zwischen folgenden beiden Satzpaaren und bringen Sie sie in eine sprachwissenschaftlichen Konventionen entsprechende Form: (a) *Pferd ist ein Substantiv*/**Pferd ist ein Huftier*; (b) **Das Pferd ist ein Substantiv*/*Das Pferd ist ein Huftier*.

4. Unterstreichen Sie in folgendem Text die objektsprachlichen Teile bzw. setzen Sie sie kursiv: Sprachlicher Totalitarismus, der über solchen Angeberjargon hinaus eine beträchtliche Wirkung bei der Erzeugung von Konformismus ausgeübt hat (und es noch heute tut), zeigt sich im wir- und unser-Stil, mit dem der Redner dem Hörer eine undiskutierte und undiskutable Gemeinsamkeit suggeriert. In Hitlers Garnisonskirchenrede entlarvt sich dieses Mittel selbst, indem offenbleibt, wen denn das unser in unser Glauben und unsere Kultur, unsere Ehre und unsere Freiheit, die es [nämlich das Volk] in seine treue Verwahrung nehmen solle, wirklich meint. Hier wie anderswo, wenn sprachliche Mythisierung eines Volksbegriffs, der sich mit dem (durchaus mit Volk identifizierten) Wir nicht mehr deckt, sondern ihm wie ein selbständiges Wesen gegenübergestellt wird (z.B. Wir glauben an die Kraft unserer eigenen Nation). (P. von Polenz)

5.	Wenn Sie unter Schreibblockaden leiden, lesen Sie zur Selbsttherapie den einschlägigen Exkurs von Gabriela Ruhmann in Bünting/Bitterlich/Pospiech (1996), Kap. 4.6.

## 6.2	Phonologie

### 6.2.1	Der Phonembegriff

In 2.1 wurde das phonetische System des Deutschen und mehrerer romanischer Sprachen als ein Inventar von „Lauten" dargestellt, denen jeweils ein API-Symbol zugeordnet wurde. Dies mag den Eindruck erweckt haben, es gebe eine begrenzte Menge von wohlunterschiedenen Lauten, aus der jede Sprache eine bestimmte Auswahl trifft. Dieser Eindruck trügt jedoch, denn in Wirklichkeit gleicht, wie man mithilfe akustischer Messinstrumente leicht nachweisen kann, kein Laut dem anderen: das [a] eines Mannes ist physikalisch anders als das einer Frau, das eines Erwachsenen anders als das eines Kindes, das eines Bayern anders als das eines Österreichers, ein schnell gesprochenes anders als ein langsam gesprochenes, das von *kam* anders als das von *kahl*, ja selbst das [a] von *kahl* in zwei verschiedenen Äußerungen ein und desselben Sprechers variiert. Meistens nehmen wir solche Unterschiede nicht wahr, sondern hören überall einfach [a], da es zu unserer biologischen Grundausstattung gehört, Ähnlichkeiten erkennen und so die unendliche Vielfalt auf überschaubare Einheiten reduzieren zu können.

Die **Phonetik** ist, grob gesprochen, jene Wissenschaft, die sich mit Sprachlauten aus akustischer und physiologischer Sicht befasst. Die Aufgabe der **Phonologie** hingegen besteht darin zu untersuchen, wie der Reduktionsprozess des unendlich Vielfältigen auf wenige Einheiten vonstatten geht und wie diese Einheiten aussehen. Der Fachausdruck für eine solche Einheit lautet **Phonem**. Phoneme sind abstrakte Einheiten, d.h. sie sind im Gegensatz zu den konkreten Lauten, die auch **Phone** genannt werden, nicht direkt beobachtbar, auch nicht aussprechbar. Die Annahme solcher abstrakter Einheiten ist insofern gerechtfertigt, als sie uns erlauben, das Funktionieren von Lautsystemen menschlicher Sprachen besser zu verstehen.

Nach welchen Kriterien werden nun Laute zu Phonemen zusammengefasst? Die gängigste Antwort auf diese Frage lautet, dass ein Laut, oder genauer, ein Bündel von Lauten ein Phonem darstellt, wenn er/es zu einem anderen in Kontrast stehen kann, d.h. wenn es in der betreffenden Sprache zumindest *ein* Wortpaar mit unterschiedlichen Bedeutungen gibt, das sich nur durch die Präsenz der in Frage stehenden Laute an einer bestimmten Stelle der Wörter unterscheidet. In Tabelle 4 von 1.2.3.2 haben wir schon eine Reihe solcher **Minimalpaare** kennengelernt: sie zeigen, dass die entsprechenden Konsonanten, die sich nur bezüglich des Merkmals der Stimmhaftigkeit unterscheiden, kontrastiv und somit Phoneme des Französischen bzw. Italienischen sind.

6.2.2   Der Allophonbegriff

Betrachtet man einen Laut nicht an sich, als Phon, sondern als eine der Realisierungsmöglichkeiten eines Phonems, spricht man von einem **Allophon** dieses Phonems. So sind z.B. alle eingangs angesprochenen Varianten von [a] Allophone des einen deutschen Phonems /a/ (Phoneme schreibt man zwischen Schrägstrichen). Für die Realisierung eines bestimmten Allophons können sehr unterschiedliche Gründe eine Rolle spielen, u.a. die Beschaffenheit des Sprechtrakts, die soziale oder regionale Herkunft des Sprechers, das Sprechtempo oder die benachbarten Laute.

Regional und sozial bedingte Allophone erlauben es meist besser als andere Indikatoren (wie etwa die Kleidung), Herkunft und sozialen Status einer Person zu bestimmen. Während z.B. im Deutschen die Realisierung des *r* als Zungenspitzen- bzw. Zäpfchen-*r* von Sprecher zu Sprecher zu variieren scheint, sind im Französischen und Italienischen diese beiden Realisierungsweisen klare Indikatoren. In Frankreich gilt das Zäpfchen-*r* als Norm, das Zungenspitzen-*r* hingegen verrät den Provinzler, wobei der abwertende Beigeschmack dieses Wortes nicht die Einstellung der Verfasser, sondern der Zäpfchen-*r*-Franzosen widerspiegelt. In Italien hingegen wird das *r* von fast der gesamten Bevölkerung gerollt, was als Normaussprache gilt, während das Zäpfchen-*r* (it. „erre moscia") als regional oder snobistisch einzustufen ist.

Keine vergleichbare Indikatorfunktion haben hingegen Allophone, die durch die benachbarten Laute bedingt sind, sofern diese Bedingungen für alle Sprecher gleich sind. Einige der in 1.2 aufgelisteten Laute sind Allophone dieses Typs. So kommt der labio-dentale Nasal [ɱ] nur vor [f] vor, der velare Nasal [ŋ] nur vor den velaren Verschlusslauten [k] und [g] (ausgenommen sind Fremd- und Lehnwörter). Und die stimmhaften Varianten von /θ/ und /s/ des Spanischen erscheinen nur vor stimmhaften Konsonanten.

6.2.3   Distinktive Merkmale

Die Art und Weise, wie die Laute in Tabelle 1 und 2 von 1.2 angeordnet wurden, lässt schon erkennen, dass manche mehr miteinander gemeinsam haben als andere. So unterscheidet sich eine Reihe von Lauten z.B. nur in einem Merkmal, nämlich der Stimmhaftigkeit. Solche Merkmale heißen technisch **distinktive Merkmale**. Die Notwendigkeit dieses Begriffs steht in der Phonologie außer Streit, diskutiert wird allerdings, welche distinktiven Merkmale man unterscheiden soll, wie man sie definieren soll (akustisch oder artikulatorisch?), ob ihre Zahl endlich ist usw. Hier sei nur darauf hingewiesen, dass das auf artikulatorischen Merkmalen aufgebaute System von Tabelle 2 in 1.2 nur eines von mehreren möglichen ist.

Wofür sind distinktive Merkmale nun eigentlich gut? Betrachten wir z.B. folgenden, uns schon bekannten Lautwandel: lat. /p/ wurde in intervokalischer Stellung in der Westromania zu /b/, /t/ zu /d/, /k/ zu /g/. Wenn unsere phonologische Sprache den Begriff des Phonems als kleinste Einheit hätte, so wären wir gezwungen, die drei Entwicklungen so darzustellen wie im obigen Satz, nämlich als drei völlig zusammenhanglose Erscheinungen. Offensichtlich haben aber alle drei etwas gemeinsam, und diese Gemeinsamkeit können wir mit Hilfe der distinktiven Merkmale einfach und elegant ausdrücken: stimmlose lateinische Verschlusslaute wurden intervokalisch stimmhaft (in Wirklichkeit ließe sich der Lautwandel noch allgemeiner formulieren). Dass uns der Begriff *distinktives Merkmal* bzw. ein konkretes System von distinktiven Merkmalen erlaubt, Verallgemeinerungen dieser Art aufzustellen und somit Einsicht in das Funktionieren menschlicher Sprache zu gewinnen, spricht für dessen wissenschaftliche Fruchtbarkeit. Aber nicht nur bei der Erklärung von Lautwandel, auch für das Verständnis des synchronen Funktionierens von Lautsystemen sind distinktive Merkmale unentbehrlich.

6.2.4   Phonologische Regeln

Wer das Lautsystem einer Sprache studiert, stellt bald fest, dass zwischen phonologischen Einheiten eines Wortes oder einer Wortgruppe Abhängigkeiten bestehen können, die nicht zufällig sind. Solche Abhängigkeiten erfasst man in der phonologischen Literatur häufig durch **phonologische Regeln**. Die genaue Natur solcher Regeln ist umstritten (vgl. auch 6.2.5), doch kann man vereinfachend sagen, dass sie folgende Form haben: $A > B / X \_ Y$. Diese Notation ist zu übersetzen als: die phonologische Einheit A wird zur phonologischen Einheit B im Kontext (/) $X \_ Y$. Nach diesem Verfahren kann man z.B. die deutsche Auslautverhärtung vergröbert mittels folgender Regel erfassen: [+stimmhaft] > [–stimmhaft] / _ $. Ins Deutsche übersetzt: das distinktive Merkmal [+stimmhaft] wird zu [–stimmhaft] am Silbenende ($ symbolisiert die Silbengrenze). Auch hier zeigt sich wieder die wissenschaftliche Fruchtbarkeit des distinktiven Merkmals [stimmhaft] und damit indirekt des Begriffs *distinktives Merkmal* selbst: ohne es könnte die deutsche Auslautverhärtung nicht als einheitlicher Prozess formuliert werden, sondern müsste in mehrere zusammenhanglose Prozesse aufgespalten werden (/b/ > /p/ / _ $, /d/ > /t/ / _ $ u.ä.).

Die deutsche Auslautverhärtung ist rein phonologisch bedingt („am Silbenende") und ausnahmslos gültig. Regeln dieses Typs werden von allen Phonologen als „psychologisch real" akzeptiert, d.h. man nimmt an, dass sie einen im Sprecher real ablaufenden Prozess wiedergeben. Es gibt jedoch auch weniger regelmäßige Lautkorrespondenzen, und über deren Status als Regeln mit psychologischer Realität herrscht keine Einigkeit. Es handelt sich dabei um Lautveränderungen, die nur in manchen Wörtern und/oder in Gegenwart von bestimmten Endungen zu beobachten sind. Ein typisches Beispiel wäre der Wechsel von *eu* /œ/ zu *o* /ɔ/ in den französischen Wörtern unter (b):

(a)	*vapeur* ‚Dunst'	(b)	*vaporeux* ‚dunstig'
	labeur ‚Arbeit'		*laborieux* ‚arbeitsam'
(c)	*chaleur* ‚Wärme'	(d)	*chaleureux* ‚warm'
	valeur ‚Mut'		*valeureux* ‚mutig'

Dieser Wechsel von *eu* zu *o* ist nicht phonologisch, sondern durch die Endung *-(i)eux* bedingt. An den Paaren von (c) und (d) sieht man außerdem, dass nicht alle auf *-eur* endenden und mit *-(i)eux* abgeleiteten Substantive diesen Wandel mitmachen. Lautkorrespondenzen dieser Art wurden (und werden) in der generativen Phonologie z.T. auch durch phonologische Regeln beschrieben, während sie nach anderen Phonologen in die Zuständigkeit der Morphologie (vgl. 8.2) oder einer Zwitterdisziplin namens **Morphonologie** fallen. Letztere ist dann für nicht-automatische Lautveränderungen zuständig, die in Zusammenhang mit morphologischen Operationen auftreten.

6.2.5 Neueste Entwicklungen

Die bisherigen Ausführungen zur Phonologie spiegelten im Wesentlichen die Sichtweise des Strukturalismus (Minimalpaarmethode) und des Generativismus (Begriff der phonologischen Regel) wider. Seit den 1990er Jahren hat unter dem Namen **Optimalitätstheorie** in der Phonologie eine neue Konzeption phonologischer Systeme großen Widerhall gefunden, in der von Regeln im Sinne von Operationen, die einen Input in einem bestimmten Kontext in einen Output umwandeln, ganz abgesehen wird. Vielmehr wird das phonologische System einer Sprache als eine sprachspezifische Anordnung (engl. *ranking*) von universellen Beschränkungen (engl. *constraints*) betrachtet. Sehen wir uns den Unterschied zu einer Beschreibung mittels Regeln kurz am Beispiel der in 6.2.4 beschriebenen deutsche Auslautverhärtung an. Aus optimalitätstheoretischer Sicht würde man sagen, im Deutschen dominiere die Beschränkung, die stimmlose Verschlusslaute am Silbenende fordert, jene allgemeine Beschränkung, die fordert, dass der Input nach Möglichkeit unverändert bleiben sollte, während die Anordnung bzw. das Dominanzverhältnis dieser beiden Beschränkungen in Sprachen wie dem Französischen oder Englischen umgekehrt sei. Durch die besagte Anordnung im Deutschen wird [gip] als optimale Form ausgewiesen, obwohl [gib$] mit [ge$bən] besser übereinstimmen würde. Diese am Output orientierte Beschreibungsweise ist inzwischen auch bereits auf andere Gebiete der Sprache wie die Morphologie oder die Syntax übertragen worden.

6.2.6 Literatur

Meisenburg/Selig (1998), Roca/Johnson (2000), Schmid (1999)

6.2.7 Aufgaben

1. Lesen Sie Wode (1988, 124–128) über „kategorielle Schallwahrnehmung" und beantworten Sie folgende Fragen: (a) Was versteht man unter „kategorieller Schallwahrnehmung"? (b) Wie kann man nachweisen, dass von Erwachsenen Laute kategoriell wahrgenommen werden? (c) Wie kann man nachweisen, dass von Embryonen Laute kategoriell wahrgenommen werden? (d) Warum

muss kategorielle Wahrnehmung genetisch vorgegeben sein? (e) Welche Schallunterschiede können Kinder bei Beginn des Spracherwerbs wahrnehmen? (f) Warum findet sich diese Aufgabe im Kapitel über Phonologie?

2.   Wie lassen sich die beiden Entwicklungen lat. /k/ > it. /tʃ/ (vgl. vlt. /kɛlu/ > it. *cielo*) und lat. /g/ > it. /dʒ/ (vgl. vlt. GELU ‚Frost' > it. *gelo*) mithilfe von distinktiven Merkmalen auf einen Nenner bringen?

3.   Geben Sie ein weiteres Argument für die wissenschaftliche Fruchtbarkeit des Merkmals [stimmhaft].

4.   Im Sardischen wird in bestimmten Kontexten auslautendes /s/ zu /ɾ/. Formulieren Sie aufgrund unseres Textes die entsprechenden phonologischen Regeln (die jeweilige „Ausgangsform" können Sie der Orthographie entnehmen).

5.   Die „psychologische Realität" der deutsche Auslautverhärtung zeigt sich u.a. auch daran, dass Entlehnungen aus anderen Sprachen, die in der Ursprungssprache einen stimmhaften Konsonanten im Auslaut haben, dieser unterworfen werden. Suchen Sie drei Entlehnungen aus dem Englischen, an denen man dies beobachten kann.

6.   Formulieren Sie das, was wir in 5.3.2 über die Realisierung von italienischen Vokalen gesagt haben, mit den in diesem Abschnitt eingeführten Begriffen.

6.3   Sprachskizze 4: Sardisch

6.3.1   Externe Sprachgeschichte

Spuren der vorlateinischen Sprachen Sardiniens finden sich im Wesentlichen nur in Toponymen, einem allgemein sehr konservativen Teil des Wortschatzes. Aufgrund der frühen Romanisierung und der relativen Isoliertheit vor allem des gebirgigen Zentrums der Insel hat das Sardische einige archaische Züge des Lateins bewahrt, die im Rest der Romania weitgehend untergegangen sind. Diese Nähe der konservativen sardischen Dialekte zum Latein, die schon von Dante hervorgehoben wurde, kommt z.B. im Sprichwort *domu minore core mannu* ‚Kleines Haus, großes Herz' zum Ausdruck.

Nach dem Zusammenbruch des Weströmischen Reiches wurde die Insel Opfer verschiedener fremder Mächte, nämlich nacheinander der Byzantiner, der Araber, der Genuesen, der Pisaner, der Aragonesen, der Spanier, der Österreicher und der Piemontesen. Seit 1861 ist Sardinien Teil des italienischen Staates. Von all diesen Fremdherrschaften hatte die katalanisch-aragonesische (14./15. Jahrhundert) die mit Abstand größten sprachlichen Auswirkungen. So hat man über 2.000 katalanische Lehnwörter im Sardischen gezählt. Übrigens gibt es heute noch in Alghero (kat. *L'Alguer* [lal'ɡe]) in Nordwestsardinien eine katalanische Sprachinsel mit ca. 20.000 Sprechern. Dem katalanischen Superstrateinfluss vergleichbar ist lediglich der in den letzten Jahrzehnten vom Hochitalienischen, der Sprache der Schule und der Medien, ausgehende Druck, der für den Weiterbestand des dialektal stark zersplitterten Sardischen bedrohlich werden kann. Während das Sardische auf dem Land und im familiären Bereich weiterhin stark verankert ist, nimmt in den Städten das Italienische zusehends überhand. Außer durch Schule und Medien wurde dieser Prozess in den letzten Jahrzehnten durch Industrialisierung und Landflucht stark gefördert. Eine solche ungleiche Verteilung zweier Sprachen, wobei eine in den öffentlichen Bereichen vorherrscht, während die andere auf den privaten Gebrauch beschränkt ist, nennt man in der Soziolinguistik **Diglossie**.[10]

6.3.2 Die dialektale Gliederung

Das Sardische ist dialektal stark zerklüftet, ein Umstand, der für die Schaffung einer gemeinsamen Schriftsprache sehr hinderlich war. Im Allgemeinen unterscheidet man drei Hauptdialektgebiete: den Norden, das Zentrum und den Süden (vgl. Karte 5a). Der zentrale Dialekt, das Logudoresische, ist lautlich konservativ und bewahrt auch eine Reihe lateinischer Wörter, die sich im Norden und Süden unter stärkerem toskanischen Einfluss nicht erhalten haben.

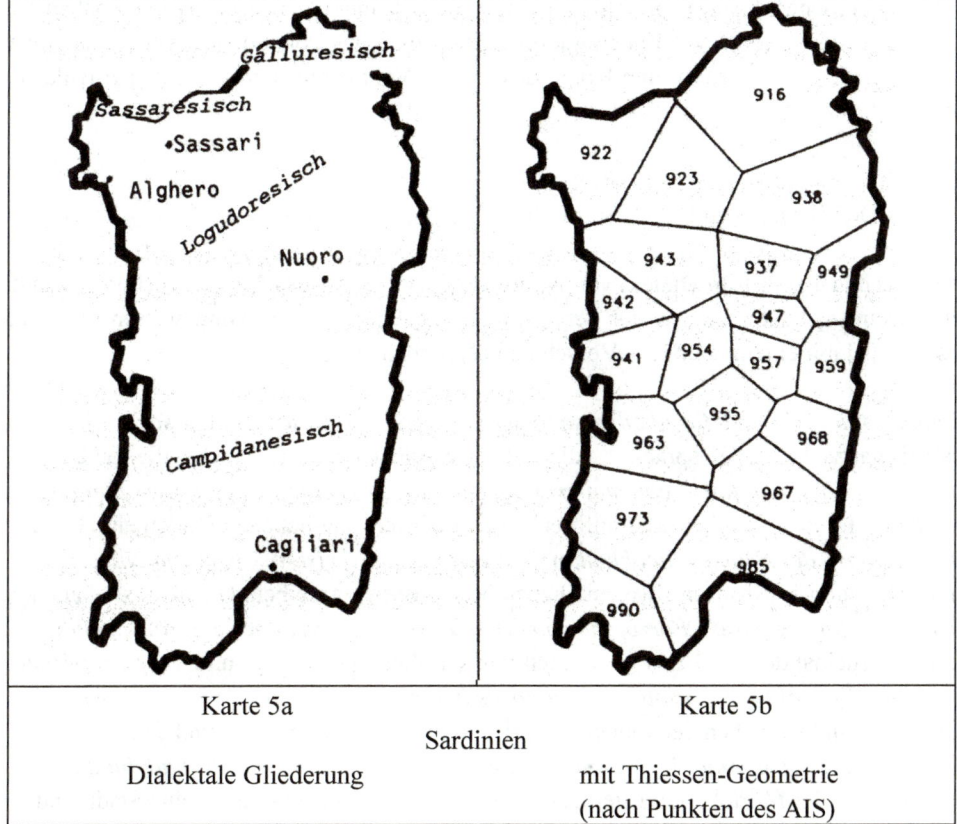

Karte 5a	Karte 5b
	Sardinien
Dialektale Gliederung	mit Thiessen-Geometrie
	(nach Punkten des AIS)

---

[10] Der Begriff *Diglossie* wird aber nicht nur in dieser Bedeutung verwendet.

Zu den archaischen Zügen des Dialekts von Nuoro, jenem zentralen Dialekt, der unserem Text zugrundeliegt, gehören z.B.: (a) die Erhaltung von lat. [k] vor *e* und *i*: *fachimmus*, Inf. *fachere* < lat. FACERE [fakere]; *cochimmulos*, Inf. *cochere* < lat. COQUERE; *chelu* < lat. CAELUM u.a.; (b) eine von jener Ausprägung des Quantitätenkollapses, wie sie auf S. 47 beschrieben wurde, unterschiedliche Entwicklung der Vokale; so unterscheidet das Nuoresische *turre* (< lat. TŬRRE(M)) und *solu* (< lat. SŌLU(M)), während *ŭ* und *ō* im Vulgärlatein weiter Gebiete der Romania zu [o] zusammenfielen; vgl. it. *torre, sole*; (c) die gute Erhaltung der Auslautkonsonanten; vgl. *numen* (< lat. NOMEN) vs. it. *nome* usw.

6.3.3 Retroflex, Metaphonie, Paragoge

Dem vorrömischen Substrat wird der aus lat. *ll* entwickelte **retroflexe** bzw. **kakuminale** Laut [d] zugerechnet (vgl. im Text *bidda* aus lat. VILLA(M)). Retroflexe Laute werden mit zurückgebogener (lat. *retroflexus*) Zungenspitze (lat. *cacumen*) gesprochen. Unter **Metaphonie** versteht man in Bezug auf das Sardische das Phänomen, dass *e* und *o* vor auslautenden geschlossenen Vokalen geschlossen, vor offenen hingegen offen ausgesprochen werden: [bonu] vs. [bɔna]. Mit **Paragoge** bezeichnet man das Phänomen, dass bei konsonantisch auslautenden Wörtern eine Kopie des letzten Vokals angehängt wird: [paraɣulaza] < lat. PARABOLAS.

6.3.4 Der Turmbau zu Babel: Sardisch

Der folgende Text ist im Dialekt von Nuoro abgefasst. Mit Ausnahme des schon erwähnten retroflexen [d] benötigen wir nur bereits bekannte API-Symbole. Hingewiesen sei darauf, dass das [θ] mit einem leichten *t*-Vorschlag gesprochen wird.

Tando, tottu sa terra faveddabat sa matessi limba e usabat sas matessis
Damals ganze die Erde sprach die selbe Sprache und gebrauchte die selben
paragulas. Fit capitau chi emigrande dae Oriente aian accattau unu pranu
Wörter. Es-ist geschehen dass aufbrechend von Osten sie-haben gefunden eine Ebene
in sos zassos de Sennaar in ube aian dezisu de istare. E s'aian
in die Gegend von Sennaar wo sie-haben beschlossen zu bleiben. Und sich-sie-haben
nau dae pare in pare: „Forza, fachimmus na roba 'e mattones e cochimmulos
gesagt zueinander: Los machen-wir ein Zeug aus Ziegel und brennen-wir-sie
a focu." E aian usau mattones in cambiu de sa preda e catramu
auf Feuer Und sie-haben verwendet Ziegel statt der Stein und Teer
in cambiu de sa carchina. E aian nau: „Corazzu, fravicammus una bidda e
statt der Mörtel Und sie-haben gesagt Los bauen-wir eine Stadt und
una turre chin sa punta finas a chelu. Fravicammunos goi unu sinzale chi nois
ein Turm mit die Spitze bis zu Himmel Bauen-wir-uns so ein Zeichen dass wir

semmus aunios ca   sinono ammus a   bennere irfaghinaos in   tottu sa terra."
sind   geeint denn sonst wir-werden werden zerstreut   über ganze die Erde
Ma   su Segnore, falande   a biere sa bidda e   sa turre chi sos fizos   de sos
Aber der Herr   herabsteigend zu sehen die Stadt und der Turm den die Söhne von die
omines   fin   fachende, aiat nau: „Bì, issos sun unu populo solu   e   faveddan
Menschen waren bauend   hat gesagt Sieh diese sind ein Volk   einziges und sprechen
tottus sa matessi limba: custu est su prinzipiu de su fachere issoro. Nudda los at
alle   die selbe   Sprache das   ist der Anfang von das Tun   ihr   Nichts sie hat
a istorrare dae fachere tottu su chi lis   at a arziare   a conca. E   tando,
zu abbringen von tun   alles das was ihnen wird kommen   in Kopf. Und also
falammus   e   propriu in cue che cuffundimmus sa limba   issoro a manera chi
steigen-wir-hinab und eben   dort   verwirren-wir die Sprache ihre   damit
non si   cumprendan prus s'unu   chin s' atteru." E   gai su Segnore, dae cue
nicht sich sie-verstehen mehr der eine mit der andere Und so der Herr   von dort
los aiat irfaghinaos in   tottu sa terra e   issos aian arrimau de fravicare cussa
sie hat zerstreut   über ganze die Erde und diese haben aufgehört zu bauen   diese
bidda, chi pro custu motivu aiat piccau   su numen de Babele, ca   inibe su Segnore
Stadt die aus dieser Grund hat bekommen der Name von Babel   denn dort der Herr
aiat cuffusu sa limba   de tottu sos omines   de sa terra e   dae cue che los aiat
hat verwirrt die Sprache von alle die Menschen von die Erde und von dort   sie hat
mandaos   irfaghinandelos iffattu de su mundu.
geschickt zerstreuend-sie in-herum die Welt

(Ins Sardische übersetzt von Cosimo Bitta)

[tando tottu sa tɛra vaßeḍḍaßas sa matessi limba e uzaßas saɾ matessis paɾaɣulaza fik
kapitau ki emigɾande ða oɾjɛnte ajan akkattau unu pɾanu is soɾ dzassoɾ ðe Zɛnnaɾ in uße
ajan deθizu ðe istaɾe es sajana nau ðae paɾ im paɾe fɔrθa fakimmuɾ na rɔba e mattɔnez ek
kokimmuloz af foku e ajan uzau mattɔneze iŋ kambju ðe sa pɾɛda ek katɾamu iŋ kambju ðe
sa gaɾkina. e ajana nau koɾaddzu, fɾavikammuz una ßiḍḍa e una tuɾe kis sa punta vinaz ak
kelu fɾavikammunuɾ goj unu zindzale ka noi zemmuz auniozo ka zinɔno ammuz a ßɛnneɾe
irfaginaoz in tottu za tɛra ma zu zeɲɔɾe faland a bie za ßiḍḍa es sa tuɾe ki zoɾ fidzoɾ ðe zoz
omineɾ fin fakɛnde ajan nau bi issos sun unu populu zolu ef faveḍḍana tottus sa matessi
limba kustu es su pɾinθipju ðe su vakeɾ issɔɾo nuḍḍa loz at a istoɾaɾe ðae vakes tottu su ki liz
at a aɾθjaɾe ak kɔŋka et tando falammuzu ep pɾopɾju iŋ kue ke kuffundimus sa limba issɔɾo
am manɛra ki nun kumpɾɛndan pɾuzu z unu kis s atteɾu]

6.3.5   Literatur

http://www.lingrom.fu-berlin.de/Sardisch.htm, *LRL* IV: Art. 287–292, Mensching (1994),
Wagner (2002)

6.3.6   Aufgaben

1. Lesen Sie den Artikel von E. Blasco Ferrer über das Sardische in Janich/Greule (2002) und be-
    antworten Sie folgende Fragen: (a) Welches ist der augenblickliche rechtliche Status des Sardi-
    schen? (b) Wie steht es um die Bemühungen um eine einheitliche Norm?

2. Lesen Sie den Turmbau-Text ausgehend von der phonetischen Transkription.

3. (a) Wie äußert sich Dante in *De vulgari eloquentia* I,11 über den archaischen Charakter des
    Sardischen? (b) Wo in der Romania gibt es laut *REW* erbwörtliche Nachfolger von lat. MAGNUS
    und DOMUS? (c) Übersetzen Sie das in 6.3.1 erwähnte sardische Sprichwort Wort für Wort ins
    Lateinische und in Ihre romanische Sprache.

4. Ermitteln Sie unter Einsatz der in 6.3.2 abgebildeten stummen Karten Sardiniens (mit einge-
    zeichneter Thiessen-Geometrie zu den auf Sardinien erhobenen 20 *AIS*-Punkten) die Areale der
    Erhaltung von lat. [k] vor *e* und *i* anhand der *AIS*-Karten 94, 286, 288, 301, 304, 790, 909, 945
    und 1266. Versuchen Sie, diese Areale zu einem „Gebirge" zusammenzuziehen, indem Sie die-
    jenigen, in denen lat. [k] öfter erhalten ist, dunkler schraffieren als jene, in denen es weniger oft
    erhalten ist. Wo in dieser Berglandschaft liegt Nuoro?

5. (a) Woher kommt der sardische Artikel *su*? Wo gibt es in der Romania noch einen Artikel mit
    demselben Etymon?

6. Systematisieren Sie die phonetischen Bedingungen für das Auftreten paragogischer Vokale im
    Sardischen anhand des Turmbau-Textes.

7. Systematisieren Sie die im Turmbau-Text zu beobachtenden Assimilationsprozesse. Welcher
    Laut wird in welcher Umgebung assimiliert? (Die Orthographie gibt Ihnen die „eigentlichen"
    Formen an).

8. Wie heißen die folgenden Arten von Lautwandel: (a) vlt. PLANU > sard. *pranu*, vlt. PLUS > sard.
    prus; (b) lat. STARE > sard. *istare*; (c) lat. PETRA > sard. *preda*, lat. FABRICARE > sard. *fravicare*?

9. Lesen Sie Mensching (1994, 10–12) und beantworten Sie folgende Fragen: (a) Mit welcher
    Fremdherrschaft hat die toskanische Beeinflussung der südlichen sardischen Dialekte (Campida-
    nesisch) zu tun? (b) Welche Spuren hinterließ die genuesische Fremdherrschaft?

7.   Siebte Unterrichtseinheit

7.1   Zitat und Plagiat

7.1.1   Eigenes und Fremdes

Forschung bedingt einen ständigen Gedankenaustausch. Der einzelne Wissenschaftler ist in fortwährender Auseinandersetzung mit den Ideen anderer begriffen, sei es, dass er sie als Grundlage für seine eigene Arbeit übernimmt, sie ergänzt, sie kritisiert, sie verwirft oder durch bessere zu ersetzen sucht. Um in diesem dauernden Geben und Nehmen die Übersicht über die Urheberschaft der einzelnen gedanklichen Leistungen nicht zu verlieren, hat sich die wissenschaftliche Welt einen Verhaltenskodex auferlegt, der gewährleisten soll, dass in jeder Veröffentlichung ersichtlich wird, welche Ideen vom Verfasser stammen und welche fremdes geistiges Eigentum darstellen. Verwischt jemand in unlauterer Weise diese Grenze zwischen Eigenem und Fremdem, macht er sich des Plagiats, d.h. des geistigen Diebstahls, schuldig, was für den Wissenschaftler zumindest äußerst peinlich ist und für Diplomierte und Promovierte immerhin zur Aberkennung des akademischen Titels führen kann.

Bei wissenschaftlichen Arbeiten unterhalb des Dissertationsniveaus, speziell bei Proseminar- und Seminararbeiten, ist gewöhnlich keine Originalität im Sinne neuer wissenschaftlicher Erkenntnisse gefordert. In ihnen brauchen Studierende meist nur nachzuweisen, dass sie in der Lage sind, Fachliteratur zu finden, zu verstehen, kritisch zu vergleichen und die gewonnenen Einsichten in synthetischer und verständlicher Form ihrem Publikum, meist Mitstudenten und einem Veranstaltungsleiter, nahezubringen. Obwohl bei Proseminar- und Seminararbeiten also schon von der Gattung her kaum neue wissenschaftliche Erkenntnisse zu erwarten sind, ist dennoch peinlichst auf die durchgehende Unterscheidung von Fremdem und Eigenem zu achten. Dies hat u.a. die Konsequenz, dass schon in der Vorbereitungsphase der Arbeit, nämlich beim Exzerpieren, darauf Bedacht zu nehmen ist. Im folgenden Abschnitt sollen einige wesentliche Regeln der Kunst des Zitierens vorgeführt werden.

7.1.2 Zitierregeln

Der Anschaulichkeit halber sollen die Zitierregeln anhand eines konkreten Beispiels entwickelt werden. Ausgangspunkt sei eine Passage über den Ursprung der Sprache aus Lenneberg (1977, 320–321):

> Alle Rassen scheinen dasselbe biologische Potential für die Entwicklung von Kultur und den Erwerb von Sprache zu besitzen. Wir müssen daher annehmen, daß die Ereignisse in der Evolution, die die Entwicklung von Kultur und Sprache begünstigen, auf den gemeinsamen Vorfahr aller

neuzeitlichen Rassen zurückgehen. Das würde bedeuten, daß das Alter der Sprache nicht weniger als etwa 30 000 bis 50 000 Jahre beträgt. Diese Hypothese ist nicht nur aus Gründen rassischer Evidenz plausibel; die mit den Fossilien dieser Periode verbundenen Kulturen legen Zeugnis von der Entwicklung eines anderen symbolischen Mediums als der Sprache ab: der zeichnerischen Darstellung. Die Höhlenzeichnungen jener Zeit sind außerordentlich geschickt und, was bedeutsamer ist, sie sind hoch stilisiert und in einem gewissen Sinne abstrakt. Daher ist es wahrscheinlich, dass die kognitiven Prozesse des Cro-Magnon eine Anzahl von Merkmalen aufweisen, die mit solchen des neuzeitlichen Menschen übereinstimmten. Die Möglichkeit, daß die Sprache ein noch weit höheres Alter hat, scheint nicht ausgeschlossen zu sein. Eine Autorität (Coon, 1962) hat die Hypothese aufgestellt, die Rassen hätten verschiedene Vorfahren, die bis zum Australopithecus zurückgehen. Mayr (1962) hat dargelegt, daß diese These keineswegs bewiesen, aber auch nicht völlig undenkbar ist. Wäre sie richtig, so könnte es seit einer halben Million Jahren Sprache oder ihre Voraussetzungen geben. Eine andere theoretische Möglichkeit wäre, daß die biologische Matrix für Sprache sehr alt ist, aber die frühesten Fossil-Menschen sie noch nicht voll „ausnutzten". […] Solche Erwägungen in bezug auf die neuzeitlichen Rassen legen also eine Zeit fest, von der wir vernünftigerweise annehmen können, in ihr habe es Sprache gegeben. Doch ermöglichen sie uns nicht, den Zeitpunkt ihres Auftretens noch näher zu bestimmen.

Der wichtigste und zugleich auch heikelste Punkt betrifft die Übernahme von fremden Ideen. Die Wichtigkeit ergibt sich einfach daraus, dass Wissenschaft eine Art Ideenwettbewerb ist. Das Heikle an der Sache ist, dass es in vielen Fällen schwer ist zu entscheiden, ob eine bestimmte Idee (noch) Eigentum eines bestimmten Wissenschaftlers oder aber (bereits) Allgemeingut ist. In letzterem Fall ist es nicht notwendig, die Herkunft der Idee aus einer bestimmten Vorlage anzuzeigen, ja es kann sogar störend oder lächerlich wirken (so etwa, wenn es in einer sowjetischen Publikation einleitend heißt: „V.I. Lenin sagt, dass die Sprache *das wichtigste Kommunikationsmittel des Menschen ist*."). Ein gutes Beispiel für eine Idee, die zumindest im Kreise der Leser, an die sich Lennebergs Buch richtet, Allgemeingut ist, wäre der Anfangssatz in obigem Zitat. Niemand würde Lenneberg des Plagiats bezichtigen wollen, weil er keine Quellen angibt, obwohl die Einsicht natürlich nicht von ihm stammt. Zur Vorsicht kann man den Allgemeingut-Charakter einer Idee immer mit Floskeln wie *bekanntlich, es wird allgemein angenommen, dass* ... u.ä. unzweideutig zu erkennen geben. Die Bewertung, was Allgemeingut ist und was nicht, setzt oft eine gute Kenntnis des betreffenden Fachgebietes voraus. Für Studierende gelte der Grundsatz, dass sie lieber zuviel als zuwenig zitieren sollten.

Hat man entschieden, dass die Quelle einer bestimmten Idee zitierenswert ist, so stehen einem mehrere Wege der formalen Realisierung offen.

Ist die Idee vom Erfinder selbst kurz und/oder treffend dargestellt worden, so ist ein wörtliches **Zitat** wohl am angebrachtesten. Der zitierte Passus steht dann zwischen Anführungszeichen, wie weiter oben das Zitat aus dem sowjetischen Lehrbuch,[11] bei größerer Länge wird er gewöhnlich eingerückt, wie das obige Lenneberg-Zitat. Die Angabe der Quelle erfolgt entweder, wie oben, im Text oder in einer Fußnote.

---

[11] Dieses Zitat enthält seinerseits ein Zitat aus einem Werk Lenins, das vom hier bewusst anonym gelassenen Autor kursiv gesetzt worden ist. Dies ist allerdings unüblich. Zitate in Zitaten setzt man meist in einfache Anführungszeichen.

Man kann eine fremde Idee aber auch durch eine **Paraphrase** wiedergeben. Auch in diesem Fall wird die Quelle entweder so wie von Lenneberg in der Paraphrase selbst angeführt oder aber in einer Fußnote, die meist durch *vgl.* (d.h. *vergleiche*) bzw. *cf.* (d.h. lat. *confer* ‚vergleiche‘) eingeleitet wird. Entscheidet man sich für eine Paraphrase, ist vor allem darauf zu achten, dass man eigene Worte verwendet, von den unverzichtbaren Fachausdrücken einmal abgesehen. Dies setzt voraus, dass man sich vom Wortlaut der Vorlage lösen und sie in eigenen Worten wiedergeben kann. Folgende Paraphrase würde aufgrund dieser Regel immer noch ein Plagiat darstellen:

> Lenneberg (1977, 320) schreibt, die Höhlenzeichnungen des Urmenschen seien äußerst geschickt und in einem gewissen Sinne abstrakt, was es wahrscheinlich mache, dass die kognitiven Prozesse des Cro-Magnon weitgehend mit denen des neuzeitlichen Menschen übereinstimmten.

Auch eine Ersetzung mancher Wörter durch bedeutungsgleiche oder -ähnliche Ausdrücke, also etwa von *kognitive Prozesse* durch *Denkprozesse*, würde die Sache nicht besser machen. Denn eine weitere Regel will, dass auch der Satzbau ein eigener sein sollte. Eine allen Ansprüchen genügende Paraphrase könnte also z.B. folgendermaßen aussehen:

> Die sich in den Höhlenzeichnungen manifestierende Geschicklichkeit und deren Abstraktheit sprechen nach Lenneberg (1977, 320) für eine große kognitive Ähnlichkeit zwischen dem Cro-Magnon und dem neuzeitlichen Menschen.

Diese Paraphrase hat mit dem Original nur einige unentbehrliche Ausdrücke wie *Höhlenzeichnung, kognitiv* u.a. gemeinsam und bewahrt dennoch das Wesentliche von Lennebergs Idee.

Schließlich sei noch darauf verwiesen, dass dieselben Regeln zu beachten sind, wenn eine fremdsprachliche Quelle paraphrasierend in der Muttersprache wiedergegeben wird.

7.1.3 Aufgaben

1. Skizzieren Sie die Herausbildung der Auffassung vom geistigen Eigentum anhand der Informationen einer Enzyklopädie oder einschlägiger Fachliteratur.

2. In welchen der folgenden Fälle liegt nach unseren strikten Regeln ein Plagiat vor, in welchen nicht? Warum? (a) Alle Rassen scheinen dasselbe biologische Potential für die Entwicklung von Kulturen und den Erwerb von Sprache zu besitzen. (b) Lenneberg (1977, 320) meint, dass alle Rassen dasselbe biologische Potential für die Entwickung von Kultur und den Erwerb von Sprache besitzen. (c) Nach Lenneberg (1977, 320) besitzen alle Rassen dasselbe biologische Potential für Kulturentwicklung und Spracherwerb. (d) Wenn alle Rassen gleichermaßen befähigt sind, Kultur zu entwickeln und Sprache zu erwerben, so folgt daraus, wie Lenneberg (1977, 320) feststellt, „dass die Ereignisse in der Evolution, die die Entwicklung von Kultur und Sprache begünstigen, auf einen gemeinsamen Vorfahr aller neuzeitlichen Rassen zurückgehen.“ (e) Das Alter der Sprache beträgt mindestens 30.000 Jahre, eventuell aber sogar eine halbe Million Jahre. (f) Nach Coon (1962) stammen nicht alle Rassen von einem gemeinsamen Vorfahr ab. (g) Es wäre nach Lenneberg (1977, 320) auch denkbar, dass die biologischen

Voraussetzungen für Sprache sehr alt sind, jedoch die ältesten uns bekannten Menschen sie nicht voll nutzten. (h) Coons Hypothese wurde von Mayr (1962) als „keineswegs bewiesen", aber auch „nicht völlig undenkbar" eingeschätzt.

3. Die Spekulationen um Ursprung und Alter der menschlichen Sprache sind seit dem Erscheinen von Lennebergs Buch weitergegangen. Lesen Sie Cavalli-Sforza (1999, 158) und vergleichen Sie dessen Auffassung mit dem von Lenneberg wiedergegebenen Forschungsstand. Stellen Sie in einem kurzen, kohärenten Text Übereinstimmungen und Unterschiede unter Beachtung der in 7.1.2 angegebenen Zitierregeln dar.

4. Ende der 1990er Jahre wurde von Genetikern das für den Spracherwerb bedeutende Gen FOXP2 entdeckt. Suchen Sie (im Internet oder anderswo) sachdienliche Informationen. Ergeben sich dadurch gegenüber Lenneberg und Cavalli-Sforza (vgl. Aufgabe 3) neue Erkenntnisse?

7.2 Orthographie

7.2.1 Entstehung und Entwicklung von Schriftsystemen

Die Entwicklung von Schriftsystemen ist eine direkte Folge der zunehmenden Komplexität des menschlichen Sozialverhaltens. Mit dem Aufkommen von Vorratswirtschaft, frühen Formen der Arbeitsteilung sowie der Entstehung größerer territorialer Verbände reicht das Gedächtnis als Speicherform nicht mehr aus. Der Mensch beginnt zu „schreiben". Dabei gehen alle Schriftsysteme letztlich auf eine bilderschriftliche Vorstufe zurück, in der das mitzuteilende Wort einfach durch ein sog. **Ideogramm**, d.h. ein Bild des von ihm Bezeichneten, dargestellt wird. In einer **Bilderschrift** könnte man etwa dt. *Mann* durch ein Strichmännchen wiedergeben und dt. *Schaft* durch das Bild eines Schafts. Da sich Bilderschriften jedoch nicht zur Darstellung von Unanschaulichem eignen, besteht der nächste Schritt meist darin, vorhandene Bilder teilweise auch als Symbole für die Lautgestalt der von ihnen repräsentierten Wörter einzusetzen. So könnten wir z.B. unser Strichmännchen auch als Symbol für die Lautfolge [man] verwenden, was uns erlauben würde, auch das unanschauliche Pronomen *man* wiederzugeben, und den gezeichneten Schaft als Symbol für die Lautfolge [ʃaft], womit wir dann auch die Verbform *schafft* oder die Nachsilbe *-schaft* verschriften könnten.

Mit dieser Phonetisierung ist ein entscheidender Schritt getan. In weiterer Folge entwickeln sich häufig **Silbenschriften**, das sind Schriftsysteme, die für jede Silbe ein eigenes Symbol besitzen. So könnte man silbenschriftlich mit Hilfe unserer beiden Lautsymbole das Wort *Mannschaft* als Kombination eines Strichmännchens und eines Bildes für einen Schaft wiedergeben. Ein einschlägiges reales Beispiel wäre die japanische Schrift, ein Ableger der chinesischen Schrift, die ebenfalls eine Mischung aus abstrakter Bilderschrift (Darstellung des *signifié* durch ein Ideogramm) und einer Silbenschrift (Darstellung des *signifiant*) ist. Auch die **Hieroglyphenschrift** der alten Ägypter funktionierte nach diesem Kombinationsprinzip. Wichtig für den abendländischen Kulturkreis war die Entwicklung der **Konsonan-**

tenschrift durch die Phönizier. Sie hatten für jeden Konsonanten ein eigenes Symbol; die Vernachlässigung der Vokale erklärt sich dadurch, dass das Phönizische eine semitische Sprache war und in dieser Sprachfamilie das Konsonantengerüst eines Wortes Träger der Wortbedeutung ist. Auch die moderne arabische Schrift ist vom Prinzip her noch eine Konsonantenschrift, bei der nur lange Vokale geschrieben werden – kurze Vokale können zwar notiert werden, dies geschieht aber außer im Koran und beim Erlernen des Arabischen als Fremdsprache kaum.

Bei der Übertragung der phönizischen Schrift auf das vokalreiche Griechische erwies sich die Beschränkung auf Konsonanten als unzureichend, weshalb man sie um Vokalsymbole ergänzte. Damit war die **Alphabetschrift** geboren. Alle nachfolgenden Schriften – egal welche Lettern sie verwenden – sind letztlich nur Anpassungen des griechischen Modells.

Anpassungen sind immer wieder notwendig, da sich ja die Lautinventare verschiedener Sprachen nicht decken müssen. Die romanischen Sprachen z.B. kennen Laute, die dem Lateinischen fremd waren und für die es folglich im lateinischen Alphabet keine Buchstaben geben konnte. In solchen Fällen haben sich diejenigen, die die romanischen Sprachen zuerst verschrifteten, damit beholfen, die neuen Laute durch Kombinationen von lateinischen Buchstaben oder auch durch die Verwendung von **diakritischen Zeichen** (auch: **Diakritika**) zu symbolisieren. Romanische Laute, die dem Latein unbekannt waren, sind z.B. [ʃ] und [ɲ]. Tabelle 6 zeigt die Lösungen einiger heutiger romanischer Orthographien:

Tabelle 6

	rum.	it.	frz.	okz.	kat.	sp.	pg.
[ʃ]	<ş>	<sc(i)>	<ch>	<ch>	<x>	–	<ch>, <x>
[ɲ]	–	<gn>	<gn>	<nh>	<ny>	<ñ>	<nh>

7.2.2   Das Verhältnis von Laut und Schrift

In einem idealen Schriftsystem sollte jedem Laut genau ein Buchstabe und jedem Buchstaben genau ein Laut entsprechen. Ein solches ideales Schriftsystem haben wir bereits kennengelernt: das internationale phonetische Alphabet. Die Orthographien der europäischen Kultursprachen weichen jedoch alle mehr oder weniger stark von diesem Ideal ab – sie können nur bedingt als **phonographisch** angesehen werden: so hat man gezählt, dass im Italienischen durchschnittlich 104, im Deutschen 112, im Englischen 124 und im Französischen gar 148 Buchstaben benötigt werden, um 100 Laute zu schreiben. Worin liegt die Ursache für dieses Auseinanderklaffen von Laut und Schrift? Wir wollen dieser Frage am Beispiel des Französischen nachgehen.

Als das Französische zuerst verschriftet wurde, stimmten Laut und Schrift ziemlich gut überein, wenn man von den oben erwähnten Buchstabenkombinationen absieht. Ein Grund dafür, dass die Kluft zwischen Laut und Schrift heute beträchtlich ist, liegt darin, dass sich das französische Lautsystem im vergangenen Jahrtausend stark gewandelt hat, während man, aus welchen Motiven auch immer, an der einmal eingeführten Schreibung im Großen und Ganzen festgehalten hat. Dieses Auseinanderdriften wird gern am Beispiel des französischen Wortes für ‚König' demonstriert:

Tabelle 7

	Aussprache	Schreibung
11. Jhdt.	[rej]	*rei*
13. Jhdt.	[rɔj]	*roi*
16. Jhdt.	[rwɛ]	*roi*
19. Jhdt.	[ʀwa]	*roi*

Wie man Tabelle 7 entnehmen kann, richtete sich bei der ersten Verschriftung die Schreibung nach der Aussprache. Als sich die Aussprache von [rej] zu [rɔj] wandelte, wurde dieser Wandel noch durch die Anpassung der Schreibung mitgemacht. Seit dem 13. Jahrhundert jedoch ist die Schreibung von *roi* stabil, während die Lautung noch zwei wesentliche Veränderungen durchgemacht hat.

Daneben gibt es noch einen zweiten wesentlichen Grund für die Kluft zwischen Laut und Schrift im Französischen (und auch in anderen romanischen Sprachen). Mit dem Aufkommen des Humanismus wurde man sich der lateinischen Herkunft der meisten französischen Wörter wieder stärker bewusst und versuchte, dies dadurch deutlicher hervortreten zu lassen, dass man Buchstaben des lateinischen Etymons in der Schrift wieder einführte. Tabelle 8 veranschaulicht diesen Vorgang durch eine Kontrastierung von lateinischen, altfranzösischen und neufranzösischen Schreibweisen:

Tabelle 8

Lat.	*corpus*	*tempus*	*septem*	*villa*	*herba*
altfrz.	*cors*	*tens*	*set*	*vile*	*erbe*
neufrz.	*corps*	*temps*	*sept*	*ville*	*herbe*
mod. Aussprache	[kɔʀ]	[tã]	[sɛt]	[vil]	[ɛʀb]

Dabei hatten diese latinisierenden Schreibungen allerdings meist keinen Einfluss auf die Aussprache. Zur Zeit des Humanismus schrieb man übrigens auch *nuict* statt *nuit* in Anlehnung an lat. NOCTEM, *faict* statt *fait* in Anlehnung an lat. FACTUM etc., doch konnten sich diese Schreibweisen auf die Dauer nicht halten. Z.T. waren sie auch etymologisch unkorrekt, z.B. *sçavoir* für *savoir*, das auf lat. SAPERE und nicht auf SCIRE zurückgeht.

Da im Laufe der französischen Sprachgeschichte viele grammatikalische Endungen verstummt sind, aber in der Schrift beibehalten wurden, führte dies dazu, dass man sich, wenn man Französisch korrekt schreiben will, nicht nur auf das Ohr verlassen darf, sondern in vielen Fällen auch grammatikalische Informationen berücksichtigen muss. [pɔʀt] etwa kann *porte*, *portes* oder *portent* geschrieben werden, je nach Kontext: in der Bedeutung ‚Tür‘ ist ausschlaggebend, ob Singular oder Plural vorliegt (*la porte* ‚die Tür‘ vs. *les portes* ‚die Türen‘), in der Bedeutung ‚tragen‘ kommt es auf die Person an: *je/il porte* ‚ich trage, er trägt‘, *tu portes* ‚du trägst‘, *ils portent* ‚sie tragen‘. Angesichts solcher Komplexität nimmt es nicht Wunder, dass nur wenige Franzosen zu einer vollkommenen Beherrschung ihrer Orthographie gelangen.

Man mag sich fragen, warum an einem so komplizierten System festgehalten wird und Rechtschreibreformen wie z.B. jene von 1990 sich kaum durchsetzen konnten. Die Gründe hierfür sind mannigfaltig. Erstens wäre es immens teuer, da man viele Bücher und andere Texte neu drucken müsste. Zweitens würde die Literatur vergangener Zeiten noch schwerer zugänglich, als sie es ohnehin schon ist. Drittens müssten all jene, die die Schulausbildung abgeschlossen haben, umlernen. Und schließlich ist eine Beherrschung aller Schikanen der Rechtschreibung für viele der Indikator für Bildung schlechthin, weshalb eine radikalere Umkrempelung Ängste des Niedergangs der nationalen Kultur wachruft. Von manchen französischen „Linken" wird oft auch der Verdacht geäußert, „das Bürgertum" verteidige die Orthographie so hartnäckig, weil sie eine willkommene Bildungsbarriere darstelle.

7.2.3 Literatur

Felixberger/Berschin (1974), Földes-Papp (1987), König (2001), Meisenburg (1996)

7.2.4 Aufgaben

1. Zählen Sie anhand der Texte des Turmbaus zu Babel aus, wieviele Buchstaben das Rumänische, das Spanische und das Portugiesische jeweils für 100 Laute brauchen.

2. Welche Buchstabenkombinationen mit dem Wert *eines* Lautes kennt Ihre romanische Sprache?

3. Welche diakritischen Zeichen kennt die Orthographie Ihrer romanischen Sprache?

4. In diesem Abschnitt war immer von Lauten die Rede. In 6.2 haben wir gesehen, dass die moderne Sprachwissenschaft Phoneme und Phone/Allophone unterscheidet. Welchen dieser Einheiten entsprechen nun Buchstaben? Begründen Sie Ihre Antwort.

5. Nach der jüngsten Reform der deutschen Orthographie gelten für die Schreibung <ss> bzw. <ß> folgende Regeln: Ist der vorausgehende Vokal kurz, muss <ss> geschrieben werden (z.B.: *Fass*, *lassen*, *kess* etc.), bei vorausgehendem langen Vokal bzw. Diphthong ist <ß> zu schreiben (z.B.: *fußen*, *Fuß*, *heiß*). Wird durch diese Reform die deutsche Rechtschreibung phonographischer? Begründen Sie Ihre Antwort!

7.3 Sprachskizze 5: Rätoromanisch

7.3.1 Über die Bedeutung der Namen von Sprachen

Erst im letzten Drittel des 19. Jahrhunderts wurde die typologische Zusammengehörigkeit dreier heute voneinander getrennter, am Nordrand der Italoromania liegender Sprachgebiete erkannt (vgl. Karte 7). Es handelt sich um das **Rätoromanische** bzw. **Bündnerromanische** (Selbstbezeichnung: *romontsch/rumantsch* < lat. ROMANICE) in der Schweiz, das von ca. 50.000 Sprechern vornehmlich in Graubünden gesprochen wird, das **Ladinische** (*ladin* < lat. LATINU(M)) in den Südtiroler Tälern um das Sellamassiv mit ca. 25.000 Sprechern und das **Friaulische** bzw. **Friulanische** (*furlan*) in Nordostitalien mit ca. 430.000 Sprechern. Zur Erkennung der Gemeinsamkeiten dieser Sprachlandschaften bedurfte es umfassender dialektologischer Erfahrung, denn die Angehörigen der Sprachgruppen selbst waren sich aufgrund des Fehlens jedweden einigkeitsstiftenden Faktors der Verwandtschaft kaum bewusst. Seit Karl dem Großen gehören die drei Gebiete nicht mehr zur gleichen politischen Einheit. Die territoriale Auflösung erfolgte ab dem 6. Jahrhundert, als die Baiern nach Süden vorstießen und so das westliche vom zentralen Sprachgebiet abtrennten. Zwischen das heutige Ladinisch und Friaulisch schob sich hingegen von Süden her das Venezianische (norditalienischer Dialekt).

Der italienische Sprachwissenschaftler Graziadio Isaia Ascoli gab dem Werk, in dem er 1873 als erster die drei Mundartgruppen auf der Basis sprachlicher Merkmale als eigenen romanischen Sprachtyp erkannte, den Titel „Saggi ladini". Seitdem ist in der italienischen Tradition die Bezeichnung *ladino* auch als Überbegriff üblich. Im deutschen Sprachraum dagegen wurde durch die „Rätoromanische Grammatik" (1883) des Tirolers Theodor Gartner ein anderer Sammelname üblich. Beide Namen sind problematisch, weil sie sowohl das Ganze als auch einen Teil davon bezeichnen. In sprachwissenschaftlichen Arbeiten findet man daher manchmal auch die neutralen Bezeichnungen **West-**, **Zentral-** und **Ostladinisch** bzw. **-rätoromanisch**.

Die Aufdeckung der Zusammengehörigkeit dieser drei Sprachgebiete wurde keineswegs überall mit Anerkennung registriert. Besonders von Seiten der italienischen „Nationalphilologie" wurde deren sprachliche Eigenständigkeit bestritten. Offiziell galten sie als norditalienische Dialekte, und es wurde alles unternommen, um das ohnehin nur schwach ausgeprägte Zusammengehörigkeitsgefühl der verschiedenen Sprachgemeinschaften nicht zu stärken. Die Anerkennung des Rätoromanischen als vierte Landessprache durch die Schweizer Bundesverfassung aus dem Jahre 1938 beruhte nicht auf einer Initiative der Romanen, sondern war eine Präventivmaßnahme der Eidgenossenschaft gegen Einverleibungsgelüste Mussolinis, dessen politisches Programm die Annexion „unerlöster" Gebiete, d.h. als italienischsprachig angesehener Territorien außerhalb Italiens, beinhaltete. Die Romanen selbst waren in dieser Zeit nicht weniger als die Jahrzehnte zuvor mit Diskussionen über Details der Sprach- und vor allem Orthographienormierung beschäftigt.

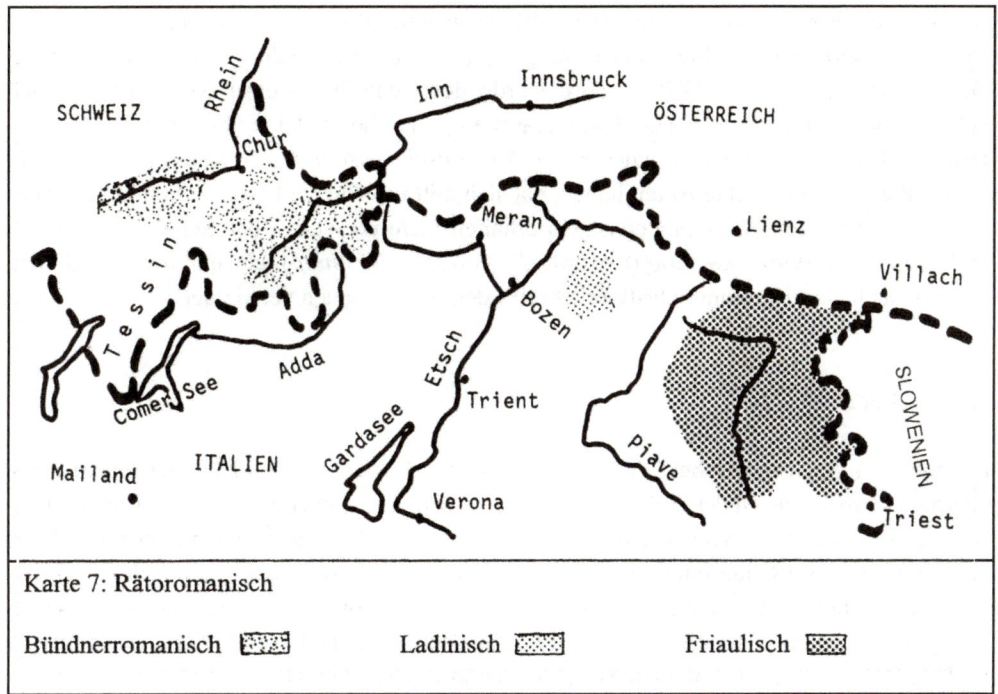

Karte 7: Rätoromanisch

Bündnerromanisch ▨▨▨   Ladinisch ▧▧▧   Friaulisch ▨▨▨

7.3.2   Probleme des Sprachausbaus

7.3.2.1 Bündnerromanisch

Seit der frühen Neuzeit fehlt es nicht an Belegen, aus denen erkennbar ist, dass die Bündnerromanen ihre sprachliche und ethnische Eigenständigkeit gegenüber den italienischen Nachbarn gewahrt wissen wollen. Das im Laufe des 19. Jahrhunderts immer bedrohlicher werdende Übergewicht des Deutschen veranlasste auch namhafte Persönlichkeiten des kulturellen Lebens, die Romanen zur Einheit und Loyalität gegenüber ihrer Sprache aufzurufen. Es bildeten sich Organisationen zur Erhaltung des Rätoromanischen, auch ein Dachverband der regionalen Sprachvereine wurde gegründet (*Lia Rumantscha*, *Ligia Romontscha* – die uneinheitliche Namensform ist symptomatisch). Doch auch dieser konnte nicht den Verzicht auf die seit der Reformationszeit konfessionell gespaltenen Schrifttraditionen zu Gunsten einer einheitlichen Orthographie durchsetzen. Da keine der Varietäten einen deutlichen kulturellen Vorrang hatte und Chur, das als wirtschaftlich-geistiges Zentrum hätte anerkannt werden können, schon weitgehend germanisiert war, standen einander die Parteien in einem „Orthographiekrieg" ziemlich wenig kompromissbereit gegenüber. Außer über die Rechtschreibung, die immer den Kern der Auseinandersetzungen bildete, wurde unter der Parole der „Reinheit" auch über andere Aspekte wie die Zulassung von Entlehnungen diskutiert (meist aus dem Italienischen – z.B. *ogni* vs. *tuot* – und Deutschen – z.B. *zug* vs. *tren*).

Erst die Perspektive eines drastischen Rückgangs der Rätoromanischsprecher – alle Rätoromanen sind zweisprachig – hat in jüngerer Zeit zur Überwindung der „Kirchturmpolitik" geführt. Anfang der 1980er Jahre wurde der Deutschschweizer Romanist Heinrich Schmid von der Lia Rumantscha damit beauftragt, eine die Dialekte überdachende Schriftsprache (Koiné) zu entwickeln. Dieses sog. *Rumantsch Grischun*, eine Kompromissvarietät, an der alle großen Dialekte Anteil haben, hat sich mittlerweile gut bewährt. Schon bevor das Rätoromanische den Amtssprachenstatus erhalten hatte (Novellen der Schweizer Bundesverfassung von 1996 bzw. 2000), wurde *Rumantsch Grischun* nicht nur in Graubünden, sondern auch vom Bund im Schriftverkehr mit den Rätoromanen verwendet.

7.3.2.2 Ladinisch

Die Situation des Ladinischen gleicht auf den ersten Blick jener des Bündnerromanischen, allerdings haben die Dialekte der fünf Täler (Gadertal, Grödnertal, Fassatal, Buchenstein, Ampezzo) eine kürzere Schrifttradition – das erste ladinische Zeugnis stammt aus dem Jahre 1631, und bis ins 19. Jahrhundert bleiben schriftliche Dokumente auf Ladinisch selten. Als Amts- und Unterrichtssprache ist Ladinisch nur in den Provinzen Bozen und Trient rechtlich gut geschützt (Gadertal, Grödnertal, seit 1989; Fassatal, seit 1994), während die Provinz Belluno ihre sprachlichen Minderheiten in Buchenstein und Ampezzo kaum fördert. Die Ladiner sind durchwegs mehrsprachig: im Gader- und Grödnertal dreisprachig (Ladinisch/Deutsch/Italienisch), in den übrigen Tälern zweisprachig (Ladinisch/Italienisch). Wie in Graubünden ist auch in Ladinien das Fehlen einer einigenden Koiné die größte Gefahr für das Fortbestehen der Sprache. Angesichts der positiven Erfahrungen in Graubünden haben die ladinischen Kulturinstitute Heinrich Schmid auch mit der Schaffung einer gemeinsamen Schriftsprache für das Dolomitenladinische beauftragt. Ob dem seit 1994 propagierten *Ladin dolomitan* ein ähnlicher Erfolg zu Teil wird wie dem *Rumantsch Grischun*, bleibt abzuwarten.

7.3.2.3 Friulanisch

Nach Sardisch ist Friulanisch die zweitgrößte autochthone Minderheitensprache in Italien. Trotz der vergleichsweise hohen Sprecherzahl, einer bis ins 13. Jahrhundert zurückreichenden Schrifttradition und neuerdings einer gewissen rechtlichen Anerkennung (Regionalgesetz *Legge di tutela del friulano*, 1996) stellt das Friulanische keine seriöse Konkurrenz zum Italienischen dar, das alle offiziellen Domänen besetzt. Im mündlichen Gebrauch des Friulanischen gibt es ein deutliches Stadt-Land- und Sozialgefälle. Geschriebenes Friulanisch, für das mehrere Orthographievorschläge existieren, ist ein (literarisches) Elitenphänomen. Dennoch ist ein sprachliches und kulturelles Eigenbewusstsein in der Bevölkerung weit verbreitet. Die Interessen des Friulanischen werden hauptsächlich von der 1919 gegründeten *Società Filologica Friulana/Societât Filologjiche Furlane* vertreten.

7.3.3 Der Turmbau zu Babel: Ladinisch (Grödner Dialekt)

Der folgende ladinische Text ist im Dialekt des Grödnertals (Südtirol) verfasst. Die Ortho-
graphie gibt die Aussprache ziemlich genau wieder (<ë> steht für [ɐ], <e> tw. für [ə]). Die
Verbindungen <ĕu>, <ue>, <ie> und <ëi> sind als **fallende Diphthonge** zu lesen, d.h. als
Diphthonge mit Anfangsbetonung, <iĕ> als **steigender Diphthong**, d.h. als Diphthong mit
Endbetonung. [l̩]steht für silbisches [l].

Sëura duta la tiëra fòvel mé una na rujneda y la medema paroles. Do che
Auf   ganze die Erde es-gab nur <u>eine</u>   Sprache und die selben Wörter. Nachdem

i ova lascià l'Oriënt ai giatà na planadura tl raion de
sie hatten verlassen der Osten sie-haben gefunden eine Ebene   in-der Gegend von

Senaar y se à lascià sëura. Y un à dit à l'auter:
Senaar und sich sie-haben niedergelassen darauf. Und einer hat gesagt zu der andere:

unide, fajon ziedli y brujonsi sul fuech. Y ëi à
kommt machen-wir Ziegel und brennen-wir-sie auf-das Feuer. Und sie haben

adurvà ziedli empe de sasc y tèr empe de mauta y ëi a dit:
verwendet Ziegel statt   Steine und Teer statt   Mörtel und sie haben gesagt:

unide, fajon na zità y na tor che arjonc l ciel cun la piza.
kommt machen-wir eine Stadt und ein Turm der erreicht der Himmel mit die Spitze.

Y festejon nosc inuem dan che uniron sparpaniëi ora sun duta la
Und feiern-wir unser Name bevor   wir-werden zerstreut   hinaus über ganze die

tiëra. Ma Chël Bel Die ie unì jú per udëi la zità y la tor
Erde. Aber der liebe Gott ist gekommen herab um-zu sehen die Stadt und der Turm

che i fions de Adam ova fat sú y a dit: cialëde, l popul ie un
den die Kinder von Adam haben gebaut auf und hat gesagt: seht,   das Volk ist eins

y à mé una na rujneda: ëi à scumencià a l fé y ëi ne se
und hat nur eine   Sprache: sie haben begonnen zu es machen und sie nicht sich

lascerà nia destò da si intenzions nchin che i ne
werden-lassen überhaupt abbringen von ihre Absichten bis   sie nicht

arà fina la lëur. Unide perchël, jon jú y
werden-haben beendet die Arbeit. Kommt daher,   steigen-wir hinab und

meton sotsëura si rujneda acioche un ne ntënde nia
bringen-wir durcheinander ihre Sprache damit   einer nicht verstehe überhaupt

l'auter. Y nsci à Chël Bel Die spartí sú la jënt de chël luech sëura
der andere. Und so hat der liebe Gott geteilt auf die Leute von jener Ort   über

duta la tiëra y ëi a zedú de fé sú la zità. Y per chël
ganze die Erde und sie haben aufgehört zu bauen auf die Stadt. Und durch das

à chësc luech inuem Babel, aja che iló ie unida metuda sotsëura
hat jener Ort   Name Babel, weil   dort ist worden gebracht durcheinander

la rujneda de duta la tiëra: y da iló i à Chël Bel Die sparpaniëi
die Sprache von ganze die Erde: und von dort sie hat der   liebe Gott zerstreut

ora   sëura dut   l   mont.
hinaus über ganze die Welt.

Übersetzung: Margareth Lardschneider McLean

[sɐuɾa duta la tjɐɾa fɔvḷ me una na ɾuʒneda i la mədema paɾɔləs dɔ kə ɔva laʃa l orjɐnt aj dʒata na planaduɾa tḷ ɾajoŋ də senaaɾ i sə a laʃa sɐuɾa i uŋ a dit a l autəɾ unidə, faʒoŋ tsiədli i bɾuʒoŋsi sul fuɐk i ɐj a aduɾva tsiədli mpedə saʃ i tɛɾ mpedə mauta i ɐj a dit unidə, faʒoŋ na tsita i na toɾ kə aɾʒõʃ ḷ tʃiəl kuŋ la pitsa. i fəʃteʒoŋ nəʒ inuəm daŋ kə uniɾoŋ ʃpaɾpanjɐj ɔɾa suŋ duta la tjɐɾa
ma kḷ bḷ diə jə uni ʒu pəɾ udɐj la tsita i la toɾ kə i fjoŋs d Adam ɔva fat su i a dit tʃalɐdə ḷ pɔpul jə uŋ i a me una na ɾuʒneda ɐj a ʃkumənt ʃa a ḷ fe i ɐj nə sə laʃəɾa nia dəʃtɔ da si əntəntsjoŋs əŋkiŋ kə i nə aɾa fina ḷ lɐuɾ unidə pəɾkɐl ʒoŋ ʒu i mətoŋ sotsɐuɾa si ɾuʒneda atʃɔkə uŋ nə əntɐndə nia l autəɾ]

7.3.4 Literatur

Egger/Lardschneider McLean (2001), Kattenbusch (1996), Liver (2010)

7.3.5 Aufgaben

1. Schlagen Sie die Etymologie von *Kauderwelsch* nach.

2. Lesen Sie Lardschneider McLean, Margareth: „Die ladinische Verwaltungssprache zwischen Italienisch und Deutsch". In: Pöll, Bernhard (Hg.) (1994): *Fachsprache–kontrastiv. Beiträge der gleichnamigen Sektion des 21. Österreichischen Linguistentages*. Bonn: Romanistischer Verlag, 9–26 und beantworten Sie die folgenden Fragen: (a) In welcher Reihenfolge sollten idealerweise die beschriebenen Sprachplanungsaktivitäten ablaufen? (b) Warum wird von den Ladinern das Italienische tabuisiert? (c) Was für einen Typ von Entlehnung stellt der Ausdruck *hygienisch-sanitäre Einrichtungen* dar? (d) Aus dem Verordnungstext kann man entnehmen, dass das ladinische Wort für „Bürgermeister" *ambolt* lautet. Versuchen Sie, die Etymologie dieses Wortes herauszufinden!

3. Lesen Sie Carigiet, Werner: „Zur Mehrsprachigkeit der Bündnerromanen". In: Bickel, Hans/ Schläpfer, Robert (Hg.) (2000): *Die viersprachige Schweiz*. Aarau: Sauerländer, 235–239 und beantworten Sie die folgenden Fragen: (a) Wie beurteilt der Autor die Deutschkenntnisse der Bündnerromanen? (b) Wann verliert für junge Rätoromanisch-Sprecher das Bündnerromanische an Bedeutung? (c) Wie steht es um den amtlichen Gebrauch des Rätoromanischen in Graubünden? (d) Der Autor stellt einen Vergleich zwischen Sprachsituation der Medelser und Tavetscher und der Diglossie-Situation der Deutschschweiz an. Was sind die Spezifika der Diglossie in der Deutschschweiz? (e) Wie integriert das Surselvische deutsche Verben?

4. Suchen Sie im Turmbau-Text Beispiele für folgende Typen von Lautwandel: (a) Degemination; (b) Diphthongierung; (c) Aphärese; (d) Palatalisierung.

5. Transkribieren Sie den letzten Teil des Turmbautexts unter Zuhilfenahme von Text und Aufnahme!

6. Lad. *ziedli* ‚Ziegel‘ und *tèr* ‚Teer‘ sind germanische Lehnwörter. Andere germanische Lehnwörter im Grödner Dialekt sind [kɛɾ] ‚musikalisches Gehör‘ und [pɛʃt] ‚Pest‘. (a) Kann man aus der Lautung dieser Lehnwörter Rückschlüsse auf die genaue Herkunft ziehen? (b) Kann man diese Rückschlüsse auch durch nichtsprachliche Argumente untermauern?

8.   Achte Unterrichtseinheit

8.1   Fachsprache der Linguistik

8.1.1   Zwei Formen unbekannter Wörter

Da die Sprachwissenschaft nicht Teil des schulischen Fächerkanons ist, bedeutet der erste Kontakt mit dieser Disziplin gewöhnlich den Eintritt in eine unbekannte fachliche und damit auch sprachliche Welt. Wenn sich dem Neuling sprachwissenschaftliche Texte oft nur schwer erschließen und zunächst mehr Irritation als Neugier auslösen, liegt das nicht unbedingt daran, dass sich die Fachleute absichtlich verklausuliert ausdrücken. Die Verständnisbarriere liegt im Wesentlichen auf zwei Ebenen, die sorgfältig auseinanderzuhalten sind.

Einerseits enthält der universitäre Rede- und natürlich in noch höherem Ausmaß der Schreibstil bildungssprachliches Vokabular, wie es auch in niveauvollen Zeitungsartikeln oder Fernsehsendungen gebraucht wird. Ein spezieller Typ dieses Vokabulars sind lateinische Floskeln wie *conditio sine qua non, sui generis, cum grano salis, ceteris paribus, mutatis mutandis* usw. Hier handelt es sich um Fremdwörter, die sich in der Regel durch deutsche Entsprechungen ersetzen lassen und deren Bedeutung man leicht in einem Fremdwörterlexikon ermitteln kann. Konsequentes Nachschlagen solcher Formen erhöht die muttersprachliche Kompetenz. Nach einer längeren Übungsphase beherrscht man diesen akademischen Stil auch aktiv.

Die zweifellos größere Hürde bilden die echten Fachwörter. Da die Linguistik, im Gegensatz etwa zur Wirtschaft oder zur Medizin, nicht als Wissenschaft von großem öffentlichen Interesse betrachtet wird, bleibt ihre Terminologie auch in umfangreichen gemeinsprachlichen Wörterbüchern und selbst in großen Enzyklopädien weitgehend unberücksichtigt. Aus diesem Grund muss der Griff zu speziellen sprachwissenschaftlichen Fachwörterbüchern (vgl. 8.1.3. und Aufgabe 5) rasch zur Gewohnheit werden.

8.1.2   Einige Eigenschaften von Fachwörtern

Fachwörter sind, anders als gewöhnliche Fremdwörter, Kristallisationspunkte durchdachter Zusammenhänge. Sie haben ihren festen Platz in einem Theoriegebäude und können meist nicht einfach spontan durch ein gemeinsprachliches Wort ersetzt werden. Um z.B. den Terminus *Substrat(sprache)*verständlich zu erklären, benötigen Sie mindestens einen komplexen Satz. Es ist also nicht nur exakter, sondern auch ökonomischer, in einem sprachwissenschaftlichen Text den Fachausdruck anstatt einer langatmigen Paraphrase zu verwenden.

Schöpfer und Benutzer von Terminologien wünschen sich, dass Termini eindeutig sind und keine Synonyme haben. Dieser Wunsch ist aus vielen Gründen nicht realistisch. Schon in der Schule werden die eingedeutschten Bezeichnungen *Eigenschaftswort, Fall, zweite Steigerungsstufe, Beugung* etc. in höheren Klassen allmählich durch die ursprünglichen lateinischen Namen *Adjektiv, Kasus, Komparativ, Deklination* ersetzt. Den Vorteil der lateinischen Bezeichnungen hat man schnell erkannt, wenn man sich die elementare grammatische Terminologie einer Fremdsprache aneignen muss: Von *Adjektiv* aus findet man leichter zu *adjective, adjectif, adjetivo, aggettivo* als von *Eigenschaftswort*.

Nicht immer freilich sind Synonyme sogleich erkennbar. Es muss leider auch betont werden, dass konkurrierende Schulen gelegentlich ein und denselben Begriff mit unterschiedlichen Namen belegen. Zu dem, was viele *Morphem* nennen, sagten manche *Plerem*, andere *Monem*. Besonders unerfreulich ist dabei, dass die Verwendung bestimmter Ausdrücke manchmal zum Glaubensbekenntnis erhoben wird. Natürlich geht es in solchen Fällen darum, der eigenen Schule größeres Gewicht und mehr Einfluss zu verschaffen.

Wörter wie *Hyperbel, Valenz, Transposition* usw., die in der Sprachwissenschaft als Termini gelten, existieren auch in anderen Wissenschaften und heißen dort meist etwas ganz anderes (vgl. Aufgabe 5b). Diese Art der **Polysemie** („Mehrdeutigkeit") wird aber gewöhnlich nicht als sonderlich störend empfunden, da kaum Verwechslungsgefahr besteht. Wesentlich mehr Anlass zur Verwirrung kann der Umstand geben, dass Fachausdrücke innerhalb der Sprachwissenschaft je nach der Theorie, in die sie eingebunden sind, unterschiedliche Bedeutungen haben. Das ist darauf zurückzuführen, dass bei der Ablösung einer Theorie durch eine neue die Terminologie oft beibehalten wird, die Termini aber mit mehr oder weniger neuen Inhalten aufgefüllt werden. Man kann sich eine Vorstellung davon verschaffen, wenn man sich z.B. in einem umfangreichen sprachwissenschaftlichen Lexikon über die Bedeutung von *Morphem* informieren will. Wir kennen diesen Vorgang natürlich auch aus anderen Disziplinen; das *Atom* hat von der vorsokratischen Philosophie bis zur modernen Nuklearphysik viele Stadien der Begriffsbestimmung durchlaufen. In der Übersetzungswissenschaft hat man 50 verschiedene Definitionen von *Äquivalenz* zusammengetragen.

8.1.3   Sprachwissenschaftliche Lexika

Je nach Anlage befriedigen sprachwissenschaftliche Lexika Informationsbedürfnisse auf sehr unterschiedliche Weise. Es erfordert ein gewisses Maß an Routine zu wissen, welche Lexika in einer gegebenen Situation am raschesten zum Ziel führen. Kriterien, an denen man sich bei der Suche orientieren kann, sind: (a) der Umfang: ist der gesuchte Fachausdruck geläufig oder nicht? Will man eine punktuelle und prägnante Erklärung oder mehr? In Abhängigkeit davon wird man ein kleines oder ein umfangreicheres Nachschlagewerk wählen; (b) die thematische Breite: ist das Wörterbuch für die gesamte Sprachwissenschaft zuständig oder nur für einen Ausschnitt, etwa für einen bestimmten Sprachbereich oder eine bestimmte Theorie? (c) der Aufbau der Artikel: enthält das Lexikon viele **Lemmata** (d.h. Stichwörter, Sg. *Lemma*) mit kurzen Erklärungen oder aber größere Überblicksartikel?

Als „Einstieg" empfehlen wir Hadumod Bußmanns *Lexikon der Sprachwissenschaft* (Stuttgart: Kröner, 4., durchgesehene und bibliographisch ergänzte Auflage 2008) sowie das *Metzler Lexikon Sprache* (hg. von Helmut Glück. 4., aktualisierte und überarbeitete Auflage, Stuttgart/Weimar: Metzler 2010).

Dem Fremdsprachenphilologen sollte auch die fremdsprachliche Terminologie vertraut sein, da sie trotz der angestrebten Internationalität einige Überraschungen bereithält. Es wäre günstig, gleichzeitig mit dem Erwerb des deutschen Fachvokabulars die fremdsprachigen Entsprechungen mitzulernen. Dafür können Lexika in anderen Sprachen dienlich sein, z.B.:

MAROUZEAU, Jules (³1969): *Lexique de la terminologie linguistique*. Paris: Geuther.

DUBOIS, Jean et al. (2007): *Linguistique & sciences du langage: grand dictionnaire*. Paris: Larousse (von älteren Auflagen dieses Wörterbuchs gibt es italienische, spanische und portugiesische Übersetzungen).

CARDONA, Giorgio Raimondo (1988): *Dizionario di linguistica*. Rom: Armando.

BECCARIA, Gian Luigi (Hg.) (1994): *Dizionario di linguistica*. Torino: Einaudi.

CERDÀ MASSÒ, Ramón (1986): *Diccionario de lingüística*. Madrid: Anaya.

XAVIER, Maria Francisca/MATEUS, Maria Helena (1992): *Dicionário de Termos Linguísticos*. 2 vol. Lisboa: Edições Cosmos.

CONSTANTINESCU-DOBRIDOR, George (1980): *Mic dicţionăr de terminologie lingvistică*. Bukarest: Albatros.

8.1.4 Aufgaben

1. Suchen Sie für die bisher eingeführte Terminologie die Entsprechungen in Ihrer romanischen Sprache. Tun Sie dies auch für den Rest des Arbeitsheftes.

2. Erstellen Sie eine Liste aller in der Instituts-/Seminarbibliothek vorhandenen linguistischen Fachlexika.

3. Schlagen Sie die Bedeutung der Ihnen nicht vertrauten lateinischen Floskeln von 8.1.1 und der folgenden Liste nach: *ad hoc, ad infinitum, ad libitum, a priori/posteriori, a fortiori, captatio benevolentiae, circulus vitiosus, cum/sine tempore, curriculum vitae, de facto/iure, ex libris, hic et nunc, honoris causa, imprimatur, in abstracto/concreto, in extenso, in nuce, in statu nascendi, loco citato (loc.cit.), nolens volens, non plus ultra, nota bene, numerus clausus, communis opinio, pars pro toto, passim, post festum, pro domo, sic, sit venia verbo, sub specie aeternitatis, terminus ante/post quem, terminus technicus, tertium comparationis, tertium non datur, ultima ratio, infra/supra, vice versa.*

4. Vergleichen Sie in vier Ihnen zugänglichen Lexika die Kommentare zu den Ausdrücken *Augmentativ(bildung)*, *Bedeutungserweiterung*, *Toskanisch*, *Archaismus* nach folgenden Gesichtspunkten: (a) eigenes Lemma; (b) fremdsprachliche Entsprechungen; (c) Erstbeleg; (d) (anschauliche) Beispiele; (e) weiterführende Literatur. Präsentieren Sie die Ergebnisse Ihrer Recherchen in Form einer Tabelle.

5. (a) Lesen Sie in Seiffert/Radnitzky (1989) den Artikel *Enzyklopädie*. (b) Vergleichen Sie die Definitionen folgender Begriffe in einer Enzyklopädie (*Brockhaus, dtv-Lexikon* usw.) und in einem sprachwissenschaftlichen Fachwörterbuch: *Inversion, Aspekt, Kompetenz, Lexikon, Qualität/Quantität, Ellipse, Konversion, Medium, Liaison*.

6. Lesen Sie in Henne, Helmut (1982): „‚Der Berufung wird stattgegeben'. Plädoyer für die Entwicklung von Sprachgefühl". In: Sprach*gefühl*? Vier Antworten auf eine Preisfrage. Heidelberg: Schneider die Seiten 102–108 und überlegen Sie, (a) warum ein Lehrender fast immer sofort erkennt, was ein Student nicht selbst formuliert, sondern abgeschrieben hat; (b) was man gegen die „notorische Stilunsicherheit" tun kann.

8.2   Morphologie

8.2.1   Grundbegriffe

Die meisten Sprachen der Welt besitzen neben **einfachen Wörtern** wie *Haus, Apfel, schön, hier* usw. auch **komplexe Wörter** wie *Haus-es, Häus-er, häus-lich, schön-er, Apfel-baum* usw. Unter *Morphologie* versteht man nun jene Teildisziplin der Sprachwissenschaft, die sich mit dem inneren Aufbau von komplexen Wörtern beschäftigt. Diese Definition setzt genau genommen eine Definition von *Wort* voraus, wegen der Definitionsschwierigkeiten wollen wir uns hier jedoch mit dem von allen Lesern geteilten intuitiven Verständnis dieses Begriffs begnügen. Die kleinsten bedeutungtragenden Einheiten, in die komplexe Wörter zerlegt werden können, also Elemente wie *Haus, -es* (Genitiv), *-lich* usw. heißen in der Linguistik gewöhnlich **Morpheme**. Manchmal werden sie auch als **Morphe** bezeichnet, um den Begriff *Morphem* für eine Klasse von bedeutungs- bzw. funktionsgleichen Morphen zu reservieren. Nach dieser Redeweise bestünde z.B. das Morphem PLURAL im Deutschen aus der Menge der Morphe *-er* (vgl. *Häus-er*), *-e* (vgl. *Berg-e*), *-n* (vgl. *Hase-n*) u.a. In ihrer Eigenschaft als Realisierungsvarianten eines Morphems werden Morphe auch **Allomorphe** genannt: *-er* etwa wäre demnach ein Allomorph des Morphems PLURAL, ebenso wären *Haus-* und *Häus-* Allomorphe des Morphems HAUS. Gelegentlich wird der Begriff *Morphem* auch nur für formal ähnliche Elemente gebraucht: Nach dieser Definition wären zwar *Haus-* und *Häus-* Allomorphe, nicht jedoch z.B. die deutschen Pluralendungen *-er* und *-n*.

Kommen Morpheme in derselben Bedeutung auch als unabhängige Wörter vor, so nennt man sie **frei** (z.B. *Haus*), sonst **gebunden** (z.B. *Häus-* oder *-er*). Gebundene Morpheme sind entweder gebundene Stämme, sofern sie lexikalische Bedeutung haben (z.B. *Häus-*), oder **Affixe**, wenn sie wortbildende (z.B. *-lich*) oder grammatikalische (z.B. *-er*) Funktion haben. In Abhängigkeit von ihrer Stellung im komplexen Wort unterteilt man Affixe in **Präfixe** (z.B. *Ur-zeit*) und **Suffixe** (z.B. *zeit-lich*). Ein Morphem, das durch ein oder mehrere andere Morpheme unterbrochen wird, nennt man **diskontinuierlich** (z.B. *Ge-lach-e*).

Morpheme, die zwar keine eigentlichen Affixe sind, aber phonologisch mit einem Wort eine Einheit bilden, nennt man **Klitika** (Sg. *Klitikon*), z.B. das *'s* der umgangssprachlichen Form *für's* ‚für das'.

8.2.2   Konstituenten

Die Aufgabe der Morphologie erschöpft sich nicht im Isolieren von Morph(em)en, vielmehr muss sie auch beschreiben, in welchem Verhältnis die Morph(em)e eines Wortes zueinander stehen. Obwohl ein morphologisch komplexes Wort wie *Plastikmülltonne* auf den ersten Blick aussieht wie eine Aneinanderreihung von drei Substantiven, nämlich *Plastik*, *Müll* und *Tonne*, sieht man nach kurzer Reflexion, dass diese drei Morpheme hierarchisch organisiert sind: in der Lesart ‚Mülltonne aus Plastik‘ bilden *Müll* und *Tonne* eine Einheit, die durch *Plastik* näher bestimmt wird, während in der – unüblichen, aber möglichen – Lesart ‚Tonne für Plastikmüll‘ *Plastik* und *Müll* eine Einheit bilden, die *Tonne* näher bestimmt. Die hier angesprochenen Grund- und höheren Einheiten nennt man in der Linguistik **Konstituenten**: so besteht *Plastikmülltonne* in der Bedeutung ‚Mülltonne aus Plastik‘ aus den **unmittelbaren Konstituenten** *Plastik* und *Mülltonne*, letzteres wieder aus den beiden Konstituenten *Müll* und *Tonne*. Die Konstituentenstruktur eines Wortes wird gewöhnlich entweder durch eckige Klammern (vgl. 1a) oder aber durch einen sog. **Strukturbaum** (vgl. 1b) veranschaulicht, wobei normalerweise auch die Wortart der Konstituenten angegeben wird (N = Nomen):

(1a)   (1b)

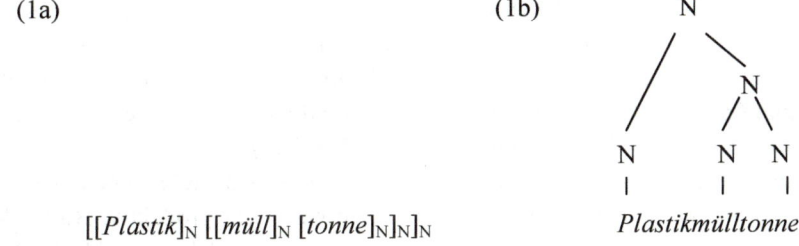

[[*Plastik*]ₙ [[*müll*]ₙ [*tonne*]ₙ]ₙ]ₙ   *Plastikmülltonne*

Die Konstituentenstruktur ist normalerweise, wie auch im vorliegenden Fall, eine direkte Widerspiegelung der Bedeutungsstruktur eines Wortes. Neben der Bedeutung können uns manchmal aber auch noch andere Hinweise die Auffindung der Konstituentenstruktur erleichtern. So korrelieren etwa im Fall von *Plastikmülltonne* die beiden Konstituentenstrukturen [*Plastik*[*mülltonne*]] und [[*Plastikmüll*]*tonne*] zumindest potentiell auch mit unterschiedlichen Betonungsmustern. In anderen Fällen erlaubt uns wieder unser Wissen um die **Distribution**, d.h. die Kombinationseigenschaften, von Konstituenten Aufschlüsse über die anzunehmende Konstituentenstruktur. Da z.B. das deutsche Präfix *er-* nur Verben, aber keine Adjektive bildet (vgl. *erschweren* vs. **erschwer*), wissen wir, dass *erlernbar* nicht die Struktur [*er*[*lernbar*]] haben kann, sondern nur die Struktur [[*erlern*]*bar*], was ja auch von der Paraphrase ‚der/die/das erlernt werden kann‘ nahegelegt wird.

110

8.2.3 Wortbildung

Die Verfahren zur Bildung morphologisch komplexer Wörter teilt man traditionell in zwei Bereiche, die Wortbildung und die Flexion. Grob gesagt rechnet man zur **Wortbildung** all jene Verfahren, die zur Bildung neuer Lexikoneinheiten, auch **Lexeme** genannt und meist in Kapitälchen geschrieben, dienen, während die **Flexion** dazu dient, zu einzelnen Lexemen Wortformen zu bilden, die deren grammatikalische Funktion im Satz ausdrücken. *Haus*, *Haus-e*, *Haus-es*, *Häus-er* und *Häus-er-n* etwa wären Flexionsformen des Lexems HAUS.

Die Wortbildung zerfällt wieder in zwei Hauptbereiche, Komposition und Derivation. Der **Komposition** zählt man Wörter zu, deren unmittelbare Konstituenten selbst Wörter bzw. Lexeme sind (z.B. *Müll-tonne*), der Derivation hingegen solche, die aus einem Wort bzw. Lexem als **Basis** und einem **Affix** bestehen (z.B. *er-sitzen*). Die dazugehörenden „Produktnamen" sind **Kompositum** und **Derivat**. Unter **Affixsubstitution** versteht man eine Ableitung aus einem gleich komplexen Basiswort; so wird z.B. in *Volkszählung* → *Volkszähler* *-ung* durch *-er* ersetzt. **Parasynthese** nennt man – allerdings nur in der Romanistik – die Bildung eines neuen Wortes durch die gleichzeitige Anwendung zweier Wortbildungsverfahren: sp. *temor* ‚Angst' → *a-temor-iz-ar* ‚Angst einjagen', wo weder *atemor noch *temorizar Wörter des Spanischen sind u.ä. (Die Analyse solcher Bildungen ist allerdings umstritten.) Unter **Rückbildung** versteht man die Ableitung eines neuen Wortes aus einem morphologisch komplexeren (vgl. *Nahversorgung* → *nahversorgen*[12]). Wird ein Wort ohne explizites Morphem nur durch Wortartwechsel gebildet, so spricht man von **Konversion** (z.B. *ernst* → *der Ernst*), wird das Grundwort oder ein Teil davon kopiert, von **Reduplikation** (vgl. frz. *bête* ‚dumm' → *bébête* ‚dämlich').

Wortbildungsmuster nennt man **produktiv**, wenn danach neue Wörter gebildet werden können. So ist etwa die Nominalkomposition im Deutschen sehr produktiv. Bilden Wortbildungen eines bestimmten Musters hingegen eine geschlossene Klasse, heißt das Muster **unproduktiv** (z.B. dt. *(die) Fahr-t*, zu dem kein *(die) Schwimm-t*, *Ruder-t* o.ä. gebildet werden kann). Selbst produktive Muster sind aber nie auf beliebige Basen anwendbar, sondern irgendwelchen **Beschränkungen** unterworfen. So ist dt. *-ung* unzweifelhaft produktiv, *Schwimm-ung* oder *Ruder-ung* dürften aber dennoch kaum akzeptabel sein. Während die meisten unakzeptablen Bildungen durch Beschränkungen der Muster selbst erklärt werden können, ist die Inakzeptabilität in einigen Fällen einfach eine Folge der Existenz eines etablierten Synonyms: *Stehl-er, weil *Dieb*, *gern-er, weil *lieber* usw. Dieses Phänomen bezeichnet man als **Blockierung**.

---

[12] Die Infinitivendung *-en* von *nahversorgen* ist bei der Bestimmung der morphologischen Komplexität hier als Flexionsendung nicht zu berücksichtigen.

8.2.4   Flexion

Bezüglich der Flexion ist zwischen den Flexionskategorien und den Endungen oder anderen Verfahren (z.B. Reduplikation in lat. *momordi* ‚ich biss‘, zu *mordere* ‚beißen‘), die zu deren formaler Realisierung dienen, zu unterscheiden. **Flexionskategorien** sind semantisch-syntaktische Funktionen, die regelhaft bei der Realisierung von Lexemen kodiert werden, im Romanischen Genus und Numerus bei Substantiv und Adjektiv, bei Pronomina auch Kasus (dieser im Rumänischen auch bei Substantiv und Adjektiv), bei Verben Tempus, Aspekt, Modus und Person. Eine große Schwierigkeit des romanischen Verbalsystems besteht für den deutschsprachigen Lerner in einigen der Muttersprache fremden Flexionskategorien, speziell jener des Aspekts, die im Romanischen nur bei den Tempora der Vergangenheit ausgeprägt ist und leider in vielen Gebrauchsgrammatiken nicht von der Kategorie Tempus abgehoben wird. Durch ein **Tempus** wird ein von einem Verb ausgedrücktes Ereignis auf der Zeitachse situiert, im Sinne eines Vorher/Nachher. Der **Aspekt** hingegen dient der Darstellung des inneren Verlaufs eines Ereignisses: So besteht der Unterschied zwischen einem italienischen Imperfekt wie *leggevo* ‚ich las‘ und einem Perfekt wie *lessi* oder *ho letto*, die ebenfalls mit ‚ich las‘ zu übersetzen sind, nicht darin, dass ein Ereignis vor dem anderen stattgefunden hätte, sondern darin, dass, vergröbert gesagt, mit *leggevo* das Lesen als zu dem besagten Zeitpunkt in der Vergangenheit im Verlauf befindlich dargestellt wird, mit den Perfektformen hingegen als abgeschlossen.

Die semantisch-funktionale Seite von Flexionskategorien wird in der Semantik bzw. Syntax[13] behandelt, die Morphologie ist nur für die morphologische Realisierung zuständig. Die Gesamtheit der Flexionsformen eines Lexems nennt man dessen **Paradigma** (Pl. *Paradigmen* oder *Paradigmata*). Gleiche (oder zumindest sehr ähnliche) Paradigmen werden zu **Flexionsklassen** zusammengefasst. Das – sehr einfache – Paradigma des französischen Lexems FESTIVAL etwa besteht aus {*festival, festivals*} und jenes von MAISON aus {*maison, maisons*}; zusammen mit allen ähnlichen Paradigmen werden sie zur Flexionsklasse {*X, Xs*} zusammengefasst. Zusätzlich gibt es beim französischen Substantiv auch noch eine Flexionsklasse {*Xal, Xaux*}, wie sie u.a. in {*capital, capitaux*} oder {*cheval, chevaux*} vorliegt.

Die **Deklination**, d.h. Flexion des Substantivs, Adjektivs oder Pronomens, hat vom Lateinischen zum Romanischen eine starke Vereinfachung erfahren. Die **Konjugation** (auch: Verb(al)flexion) hingegen ist in den romanischen Sprachen viel reicher ausgebildet. Neben den **infiniten Verbformen** Infinitiv, Gerundium und Partizip gibt es für fast jedes Verb ca. 100 **finite** Formen, die verschiedene Kombinationen der Kategorien Aspekt, Tempus, Modus und Person ausdrücken. Formal gesehen besteht die größte Schwierigkeit für den Sprachlerner in der großen Zahl von **unregelmäßigen Verben**, die leider zu den häufigsten Verben einer Sprache gehören: Wegen ihrer hohen Frequenz konnten sie einerseits dem Regularisierungsdruck am besten standhalten, andererseits sind bei hochfrequenten Verbformen die meist kürzeren unregelmäßigen Formen kommunikativ von Vorteil.

---

[13] Gelegentlich bezeichnet man den morphologisch relevanten Ausschnitt der Syntax auch als **Morphosyntax**.

112

8.2.5 Literatur

Booij (2005)

8.2.6 Aufgaben

1. Suchen Sie einige Gegenbeispiele gegen die Hypothese „Alle Wörter sind restlos in Morpheme zerlegbar", wobei Morphem als ,kleinste bedeutungstragende Einheit' definiert werden soll.

2. Worin besteht die Parallele zwischen Phonem/Phon/Allophon und Morphem/Morph/Allomorph?

3. Schlagen Sie die Bedeutung von **Nomen actionis/agentis/instrumenti/loci/qualitatis** nach und suchen Sie je drei Beispiele aus Ihrer romanischen Sprache bzw. dem Deutschen.

4. Schlagen Sie die Bedeutung von **denominal, deverbal** und **deadjektivisch** nach und suchen Sie je drei einschlägige Wortbildungen aus Ihrer romanischen Sprache bzw. dem Deutschen.

5. Warum sind die deutschen Entsprechungen von *Präfix* und *Suffix*, nämlich *Vorsilbe* und *Nachsilbe*, irreführend?

6. Affixe unterliegen, wie wir in 8.2.3 gesehen haben, immer gewissen Beschränkungen. Suchen Sie zehn nicht übliche, aber mögliche und zehn unakzeptable Bildungen auf *-bar* und formulieren Sie eine Hypothese bezüglich der Klasse von Basen, mit denen dieses Suffix verträglich ist.

7. Im Deutschen bestimmt die rechte unmittelbare Konstituente die semantische Klasse und weitere Eigenschaften eines Nominalkompositums; vgl. *Fassbier* vs. *Bierfass*. Schlagen Sie die Entsprechungen von *Froschmann* in Ihrer romanischen Sprache nach und überprüfen Sie, ob dies auch dort der Fall ist.

8. Zwei Erscheinungen, die die Regelmäßigkeit von Paradigmen stören, sind **Defektivität** und **Suppletion**. (a) Was versteht man darunter? (b) Suchen Sie einige illustrative Beispiele aus der Verbalflexion Ihrer romanischen Sprache oder dem Deutschen.

9. Beantworten Sie bzgl. der angegebenen Wörter auf *-er* die folgenden Fragen und stellen Sie die Antworten in Form einer Kreuzklassifikation (Matrix) dar: (a) Ist das Wort morphologisch komplex? (b) Ist die Basis ein freies Morphem? (c) Ist die Basis ein Allomorph? (d) Liegt Suppletion vor? (e) Handelt es sich um einen Komparativ, ein Nomen actionis, agentis, instrumenti oder loci? (f) Ist die Bildung denominal, deverbal oder deadjektivisch? Beispiele: *Bruder, Raser, Mixer, Wissenschafter, lieber, Messer, Mörder, besser, Kaiser, heller, größer, Muckser, Juchitzer, Pfarrer*.

10. (a) Was ist ein Themavokal? (b) Welche Konjugationsklassen unterscheiden traditionelle Grammatiken in Ihrer romanischen Sprache und durch welche Themavokale werden sie angezeigt?

11. Die **Analogie** ist die mächtigste Triebfeder morphologischen Wandels. Dabei werden häufig Flexionsformen nach dem Vorbild anderer Flexionsformen desselben Paradigmas umgeformt. Die lateinischen Imperfektformen *cantabam, cantabas, cantabat* wurden durch den Abfall der Auslautkonsonanten zuerst regulär zu altit. *cantava, cantava, cantava*. In einer späteren Phase der Sprachentwicklung wurden diese drei Formen hingegen zu *cantavo, cantavi, cantava* umgebildet. (a) Welche Flexionsformen des Paradigmas von it. *cantare* dienten als Vorbild? (b) Was mag der Grund für die Umbildung gewesen sein?

8.3 Sprachskizze 6: Französisch

8.3.1 Aufstieg eines Dialekts

In altfranzösischer Zeit, d.h. vom Auftauchen erster schriftlicher Zeugnisse bis zum 13. Jahrhundert, existierte keine einheitliche, überregionale Sprachform, sondern es gab mehrere sog. **Skriptae** (Sg. *Skripta*), d.h. regionale Schreibkonventionen. Als geschriebene Literaturdialekte konnten sich das Pikardische, das Normandische und Anglonormandische sowie das Champagnische am deutlichsten profilieren. Der Dialekt der Ile-de-France (Landschaft um Paris), für den im 19. Jahrhundert der Begriff *Franzisch* (frz. *francien*) geprägt wurde, trat in Handschriften überhaupt erst im 13. Jahrhundert in Erscheinung, doch seine zukünftige Vorrangstellung hatte sich bereits früher abgezeichnet: Autoren bzw. Kopisten richteten ihre Texte an ihm aus. Als Gründe für seine heimliche Dominanz kommen die geographisch zentrale Lage und die sprachliche Mittelstellung in Betracht. Darüberhinaus wurde Paris als „natürliche" Metropole empfunden, obwohl es erst in der 2. Hälfte des 12. Jahrhunderts dauernde Residenzstadt des Königs wurde. Zur zentralen Stellung von Paris trugen auch religiöse Faktoren bei: Die nördlich von Paris gelegene Abtei Saint-Denis war ein bedeutender Wallfahrtsort, wo die Reliquien eines der Landespatrone Frankreichs (Dionysius) verehrt wurden und der als Grabstätte der französischen Könige Bedeutung erlangte.

Die mittelfranzösische Epoche (13. bis 16. Jahrhundert) war gekennzeichnet von massiver politischer Expansion des Königreiches Frankreich, die von der Ausbreitung der Varietät der Ile-de-France als Schriftsprache begleitet war. War Französisch bis ins Hochmittelalter eine Sammelbezeichnung für verschiedene Dialekte, so erhob es sich in dieser Phase zur unumstrittenen Nationalsprache.

Da seine Grundlage der Dialekt der Ile-de-France war, finden wir heute in einer großräumigen ovalen Zone um Paris einen sprachlich sehr homogenen Raum, der nur geringfügige räumliche Variation aufweist. Auf den Karten der Sprachatlanten können wir außerdem das Vordringen der standardsprachlichen Formen entlang der wichtigen Verkehrswege ablesen. Sie zeigen ferner, dass die Aushöhlung der Dialekte in neuerer Zeit auch von den Provinzstädten ausgeht.

Zu Beginn der Neuzeit beherrschte nur ein geringer Teil der Untertanen des französischen Königs das Französische Pariser Prägung. Sein Geltungszuwachs war von einigen wesentlichen sprachpolitischen Entscheidungen mitbedingt. Als Eckdaten können wir betrachten:

(a) den von Franz I. 1539 verfügten Erlass von Villers-Cotterêts [vilɛʀkɔtʀɛ], der Französisch (statt Latein bzw. Okzitanisch) zur Sprache der Gerichtsbarkeit erhob;

(b) die Hochstilisierung des Französischen zur Nationalsprache durch die Französische Revolution, die die Dialekte und Regionalsprachen als Horte des Widerstands gegen die Republik verdächtigte und als *patois* diskriminierte;

(c) die Einführung der allgemeinen Schulpflicht im Jahre 1881, durch welche die Französierung kompromisslos vorangetrieben wurde, u.a. durch strenge Strafen für die Verwendung von „patois" durch die Schüler.

Im 20. Jahrhundert haben vor allem soziale Faktoren wie der Einfluss der Medien und berufsbedingte Mobilität zur dialektalen Nivellierung beigetragen.

8.3.2 Sprachnormierung und Sprachpflege

Das Bedürfnis nach einer einheitlichen Sprachform erwachte einerseits durch den Buchdruck, andererseits durch die gezielten Bemühungen, das in Regeln gefasste und schon deswegen prestigehöhere Latein aus einigen seiner angestammten Domänen zu verdrängen. Während das 16. Jahrhundert weitgehend damit beschäftigt war, die Möglichkeiten des Ausbaus auszuloten, verengte sich im 17. Jahrhundert mit dem Auftreten von sprachlichen Autoritäten wie Malherbe [malɛʀb] und Vaugelas [voʒla] die Basis für die französische Standardsprache auf den „bon usage" (wörtl. „guten Gebrauch"), der sich am Sprachgebrauch des Hofes und der „guten Autoren" orientierte und in Zweifelsfällen von Grammatikern festgelegt wurde, teils durch sehr eigenwillige und spitzfindige Normen, die oft bis heute Gültigkeit haben.

Die beträchtliche Stabilität der Normen seit dem 17. Jahrhundert ist weitgehend auf das große Prestige der Klassiker und die in Frankreich engagierter als anderswo betriebene **Sprachpflege** zurückzuführen, an der auch der Staat großen Anteil nahm und nimmt. 1635 wurde von Kardinal Richelieu [ʀiʃəljø] die nach dem Vorbild der Florentiner Accademia della Crusca entstandene Académie Française zur offiziellen Sprachpflegeinstitution erhoben. Im letzten Jahrhundert wurden noch zahlreiche weitere öffentliche oder halböffentliche Einrichtungen geschaffen, die die „Einheit und Reinheit" der französischen Sprache garantieren sollen. Besondere Aufmerksamkeit wird in der Gegenwart den Fachsprachen zuteil, weil sie als für anglo-amerikanischen Einfluss besonders anfällig gelten. Seit 1973 werden von ministeriellen Kommissionen Listen von Wörtern erarbeitet und im Gesetzblatt veröffentlicht, die z.B. in Aufschriften, in Zeitungen oder im Fernsehen obligatorisch an die Stelle bisher üblicher Anglizismen zu treten haben, etwa *palmarès* [palmaʀɛs] an die Stelle von *hit-parade* [itpaʀad]. Im Jahre 1994 trat außerdem ein Gesetz (*Loi Toubon* [lwatubɔ̃]) in Kraft, das die ausschließliche Verwendung des Französischen u.a. in Arbeitsverträgen oder Bedienungsanleitungen vorschreibt.

Das traditionell große Interesse vieler Franzosen an ihrer Sprache zeigt sich außer in den enormen Auflagen von Wörterbüchern auch in der Tatsache, dass jährlich stattfindende Rechtschreibwettbewerbe (*Championnats d'orthographe*) bei der breiten Bevölkerung großen Anklang finden.

8.3.3 Französisch in der Welt

Wie Englisch, Spanisch und Portugiesisch wird auch Französisch auf mehreren Kontinenten gesprochen. In Europa darf man neben den ca. 58 Mio. Franzosen die rund 1,3 Mio. frankophonen Schweizer sowie die etwa 4 Mio. Belgier (in Wallonien und Brüssel) nicht vergessen, die Französisch als Muttersprache haben.

Als Ergebnis der kolonialen Expansion Frankreichs und Belgiens ist Französisch heute noch in vielen schwarzafrikanischen Staaten offiziell bzw. kooffiziell, d.h. Amtssprache neben einer einheimischen Sprache (bzw. Englisch), und besetzt dort vor allem die höheren Domänen (Politik, internationale Wirtschaftsbeziehungen, Wissenschaft usw.), während im informellen Bereich meist einheimische Sprachen dominieren. Typisch für viele der multiethnischen Staaten Afrikas ist ferner die alternierende Verwendung einer einheimischen Sprache und des Französischen (**Code-switching**, frz. *alternance codique*): Im Senegal (mit Wolof als dominanter einheimischer Sprache) werden z.B. häufig in informellen Gesprächssituationen innerhalb eines Satzes lexikalische Elemente aus den beiden Sprachen spontan kombiniert.

In den Staaten des Maghreb (Marokko, Tunesien, Algerien) hat Französisch eine wichtige Funktion als Kultursprache. Auf dem amerikanischen Kontinent hatte Frankreich seine Kolonien bereits im Jahre 1763 verloren – Französisch ist dennoch heute eine der beiden offiziellen Sprachen Kanadas und wird in der seit 1977 formalrechtlich wieder einsprachig frankophonen Provinz Québec von etwa 6 Mio. Menschen gesprochen.

Alle Varietäten des Französischen außerhalb Frankreichs zeichnen sich durch besondere Merkmale aus; am auffälligsten sind die Besonderheiten vor allem in der Aussprache und im Wortschatz. Dazu nur ein Bsp.: Während Franzosen das Handy gemeinhin *portable* nennen, sprechen Belgier häufiger von *GSM* [ʒeɛsɛm] oder kurz *G* [ʒe], Schweizer Frankophone sagen auch *natel*, und in den französischsprachigen Teilen Kanadas kommuniziert man mit Hilfe eines *cellulaire*.

8.3.4 Der Turmbau zu Babel: Französisch

Toute la terre avait une seule langue et les mêmes mots. Comme ils étaient partis de l'orient, ils trouvèrent une plaine au pays de Schinear, et ils y habitèrent. Ils se dirent l'un à l'autre: Allons! faisons des briques, et cuisons-les au feu. Et la brique leur servit de pierre, et le bitume leur servit de ciment. Ils dirent encore: Allons! bâtissons-nous une ville et une tour dont le sommet touche au ciel, et faisons-nous un nom, afin que nous ne soyons pas dispersés sur la face de toute la terre.

L'Éternel descendit pour voir la ville et la tour, que bâtissaient les fils des hommes. Et l'Éternel dit: Voici, ils forment un seul peuple et ont tous une même langue, et c'est là ce qu'ils ont entrepris; maintenant rien ne les empêcherait de faire tout ce qu'ils auraient projeté. Allons! descendons, et là confondons leur langage, afin qu'ils n'entendent plus la langue les uns des autres.

116

Et l'Éternel les dispersa loin de là sur la face de toute la terre; et ils cessèrent de bâtir la ville. C'est pourquoi on l'appela du nom de Babel, car c'est de là que l'Éternel confondit le langage de toute la terre et les dispersa sur la face de toute la terre.

La Sainte Bible. Nouvelle éd. d'après la traduction de Louis Segond.
London Bible Society, o.J.

[tutə la tɛʀ avɛt ynə sœl lãg e le mɛmə mo kɔm ilz etɛ paʀti də l ɔʀjã il truvɛʀt ynə plɛn o pei də ʃinear e ilz i abitɛʀ il sə diʀ l œ̃n a l otʀ alõ fəzõ de bʀik e kɥizõ lez o fø e la bʀik lœʀ sɛʀvi də pjɛʀ e lə bitym lœʀ sɛʀvi də simã il diʀt ãkɔʀ alõ bɑtisõ nuz ynə vilə e ynə tuʀ dõ lə sɔmɛ tuʃ o sjɛl e fəzõ nu œ̃ nõ afɛ̃ kə nu nə swajõ pa dispɛʀse syʀ la fas də tutə la tɛʀ

l etɛʀnɛl desãdi puʀ vwaʀ la vil e la tuʀ kə bɑtise le fiz dez ɔm e l etɛʀnɛl di vwasi, il fɔʀmət œ̃ sœl pœplə e õ tus ynə mɛmə lãgə e s e la sə k ilz ɔt ãtʀəpʀi mɛ̃tnã ʀjɛ̃ nə lez ãpɛʃaʀɛ də fɛʀ tu s k ilz ɔʀɛ pʀɔʒəte alõ desãdõ e la kõfõdõ lœʀ lãgaʒ afɛ̃ k il n ãtãdə ply la lãg lez œ̃ dez otʀə.]

8.3.5   Literatur

Berschin/Felixberger/Goebl (2008), Kolboom/Kotschi/Reichel (Hg.) (2008), Pöll (1998/ 2001)

8.3.6   Aufgaben

1. Lesen Sie Müller (1975, 7–22) und beantworten Sie folgende Fragen: (a) Wieviele und welche Sprachen werden auf französischem Staatsgebiet (ohne Überseebesitzungen) gesprochen? (b) Was bedeutet der Terminus *Frankophonie* (c) In welchen Domänen konnte und kann sich das Französische als „funktionale Weltsprache" behaupten? Welche Verschiebungen ergaben sich vom 17. zum 20. Jahrhundert?

2. Lesen Sie den Artikel von J. Trabant in Kotschi/Kolboom/Reichel (2008, 133–141) und beantworten Sie die folgenden Fragen: (a) Warum sind Sprachen nicht an sich kulturell bedeutend? (b) Wann waren die wichtigsten Epochen der internationalen Geltung des Französischen? (c) Warum benützt Leibniz das Französische? (d) Wie schätzt der Autor die Bedeutung des Französischen als Fremdsprache in anderen romanischen Ländern ein? (e) Welche Funktion kann das Französische in den multiethnischen Staaten Schwarzafrikas einnehmen? (f) Worin besteht die sog. „crise du français"?

3. In der französischen Transkription des Turmbau-Textes sind die einzelnen Wörter wie in den anderen Transkriptionen durch Leerzeichen voneinander getrennt worden, obwohl dies in der französischen Phonetik/Phonologie kaum üblich ist. (a) Lesen Sie Klein (1963, 29–34) und begründen Sie, warum unsere Vorgangsweise gerade für das Französische problematisch ist. (b) Welche „mots phonétiques" bzw. „groupes rythmiques" macht unser Sprecher? Kennzeichnen Sie diese in der Art von Klein. (c) Vor welchen Konsonanten werden nach Klein (1963, 46–50)

welche Vokale lang gesprochen? (d) Welche Bedeutung haben die „groupes rythmiques" für die Vokallänge? (e) Tragen Sie die Quantität der Vokale der letzten Silbe aller „groupes rythmiques" ein und überprüfen Sie anhand dieser Daten Kleins Regeln.

4. Der bestimmte Artikel des Plurals *les* erscheint im Text in zwei Varianten, [lez] und [le]. Erstellen Sie eine Liste aller Vorkommen und versuchen Sie zu ergründen, wie die Verteilung der beiden Varianten geregelt ist.

5. Schlagen Sie in einem zweisprachigen Wörterbuch jene Wörter des Turmbau-Textes nach, die Ihnen nicht geläufig sind.

6. Skizzieren Sie die Geschichte der Académie Française bzw. der Accademia della Crusca bzw. der Real Academia Española.

7. Lesen Sie Geckeler/Dietrich (2012, 257–260) und beantworten Sie folgende Fragen (a) Was versteht man unter „franglais"? (b) Wieviele Anglizismen gibt es im französischen Gemeinwortschatz? In welchen Sachgebieten gibt es die meisten englischen Entlehnungen? (c) Die Autoren unterscheiden verschiedene Formen von Anglizismen. Kategorisieren Sie die folgenden Beispiele und verwenden Sie auch die Klassifizierung lt. Schema 5, S. 41: *interview, design, footing, amateurisme, redingote, relations publiques, rail, entrevue*.

8. Die folgenden Wörter und Ausdrücke sind in Québec (Kanada) gebräuchliche Anglizismen: *centre d'achats, annonces classées, tapis mur à mur, bureau-chef, lumières* (Kontext: Straßenverkehr). Versuchen Sie herauszufinden, welche Wörter der Spendersprache dahinter stecken und wie man denselben Sachverhalt in Frankreich ausdrücken würde!

9. Neunte Unterrichtseinheit

9.1 Theorien, Hypothesen, Definitionen

9.1.1 Theorien und Hypothesen

Das Ziel der Wissenschaft besteht, ganz allgemein gesprochen, darin, Einsichten in das Funktionieren der Welt zu gewinnen und diese Einsichten in einer zumindest Fachkollegen nachvollziehbaren Weise zu formulieren. Solche Formulierungen von wissenschaftlichen Einsichten werden **Hypothesen** genannt, da über ihre Gültigkeit nie letzte Gewissheit erzielt werden kann. Bilden mehrere solche Hypothesen ein mehr oder weniger kohärentes Ganzes, spricht man von **Theorien**. Beispiele für wissenschaftliche Hypothesen aus dem Bereich der Sprachwissenschaft wären etwa die folgenden: (a) Alle romanischen Sprachen stammen vom Lateinischen ab; (b) In Zeiten großer sozialer Umwälzungen wandeln sich Sprachen schneller als in Zeiten sozialer Stabilität; (c) sp. *muslo* ‚Oberschenkel' geht auf lat. MUSCULU(M) ‚Muskel' zurück; (d) Der Einsatz eines Sprachlabors hat keinen nennenswerten Einfluss auf den Erfolg von Fremdsprachenlernern; (e) Die Verben des Meinens regieren im Französischen den Indikativ, im Italienischen hingegen den Konjunktiv; (f) Jedes finite Verb des Deutschen muss mit dem Subjekt in Person und Zahl übereinstimmen; usw. Wie man sieht, können Hypothesen einen sehr unterschiedlichen Abstraktions- und Komplexitätsgrad aufweisen. Allen erwähnten Hypothesen ist jedoch gemeinsam, dass sie im Prinzip überprüfbar und somit potentiell **falsifizierbar**, d.h. als falsch erweisbar sind, mit anderen Worten, dass sie einen **empirischen Gehalt** haben. Hypothese (a) hat allerdings nur empirischen Gehalt, wenn man nicht den Begriff ‚romanische Sprache' als ‚Sprache, die vom Lateinischen abstammt' definiert: in diesem Fall würde es sich um eine **Tautologie** handeln, d.h. einen Satz, der schon allein aufgrund seiner logischen Form wahr ist, ergibt doch eine entsprechende Ersetzung den Satz „Alle Sprachen, die vom Lateinischen abstammen, stammen vom Lateinischen ab." Keinen empirischen Gehalt hat auch z.B. die Aussage „Das Spanische ist eine schönere Sprache als das Katalanische", allerdings nicht, weil sie tautologisch wäre, sondern weil die Einschätzung der Schönheit von Sprachen individuell stark variiert. Aber es genügt, diese Aussage in Hinblick auf eine Gruppe von Personen zu relativieren (etwa „Die Mehrheit der Kastilier findet, dass das Spanische eine schönere Sprache als das Katalanische sei"), um sie in eine überprüfbare wissenschaftliche Hypothese zu verwandeln. Nicht tautologisch und falsifizierbar zu sein, sind zwar notwendige, aber keine hinreichenden Bedingungen für interessante wissenschaftliche Hypothesen: ihr empirischer Gehalt muss zudem in irgendeiner Weise nicht **trivial** sein, d.h. etwas behaupten, was selbst für Fachleute des betreffenden Gebiets neu und nicht selbstverständlich ist.

9.1.2   Definitionen

Der genaue empirische Gehalt einiger der in 9.1 zitierten Hypothesen hängt davon ab, wie die darin vorkommenden Begriffe definiert werden. Während wir uns bei der Interpretation von „Zeiten sozialer Umwälzung bzw. Stabilität" in (b), „Erfolg" und „nennenswert" in (d) oder „Verben des Meinens" in (e) noch weitgehend auf unser Sprachgefühl verlassen können, da es sich um gemeinsprachliche Ausdrücke handelt, enthält Hypothese (f) nicht weniger als sechs sprachwissenschaftliche Fachausdrücke (auch **termini technici** genannt; Singular: **terminus technicus**): *finit, Verb, Subjekt, Person, Zahl* und *übereinstimmen*. Einige dieser sechs Begriffe, wie z.B. *Person, Zahl* oder *übereinstimmen*, sind zwar auch in der Gemeinsprache üblich, haben dort aber eine andere Bedeutung. Zur Vermeidung von Missverständnissen zieht man es in Fachkreisen daher auch manchmal vor, die mehrdeutigen Ausdrücke der Gemeinsprache durch eindeutige Fachausdrücke zu ersetzen, etwa *Zahl* durch *Numerus* oder *übereinstimmen* durch **kongruieren** (dazugehöriges Substantiv: **Kongruenz**).

Fachausdrücke sollten nach einer weit verbreiteten Auffassung wohldefiniert sein. Gerade bei den zentralen Ausdrücken einer Disziplin, etwa *Sprache, Wort, Satz, Grammatik, Stil, Bedeutung, Dialekt, Text* u.ä. im Bereich der Sprachwissenschaft, ist dies allerdings oft nur schwer möglich und in vielen Kontexten auch gar nicht nötig. Wenn die genaue Definition eines solchen Ausdrucks im Argumentationszusammenhang nicht wesentlich ist, sollte sie getrost unterbleiben. Wo ein Fachausdruck jedoch einer genaueren Erläuterung bedarf, sei es dass er neu eingeführt oder neu definiert wird oder aber zwar gut etabliert und eindeutig definiert, aber dem Adressatenkreis vermutlich unbekannt ist, da stehen mehrere Verfahren zur Verfügung.

Ganz allgemein bestehen Definitionen aus zwei Teilen, die man technisch als **Definiendum** (lat. ‚das zu Definierende') und **Definiens** (lat. ‚das Definierende') bezeichnet. Das Definiendum ist der zu definierende Ausdruck (z.B. *Vogel*), das Definiens die Beschreibung der Bedeutung dieses Ausdrucks (‚zweibeiniges gefiedertes Tier'). Geschieht die Beschreibung der Bedeutung wie in unserem Vogel-Beispiel durch die Angabe der wesentlichen Merkmale, heißt sie **intensional**,[14] geschieht sie hingegen durch Aufzählung der Elemente, auf die der Ausdruck angewandt werden kann, heißt sie **extensional**. Eine extensionale Definition von „romanische Sprache" könnte etwa lauten: {Rumänisch, Italienisch, … Portugiesisch}. Wenn wir der Hypothese (a) in 9.1 diese extensionale Definition zugrundelegen, hört sie auf, tautologisch zu sein. Eine weitere Alternative zur intensionalen Definition stellt die sogenannte **operationale Definition** dar, die ebenfalls keine Bedeutungsbeschreibung ist, sondern ein Verfahren, das es einem erlaubt festzustellen, ob ein bestimmtes Element unter den zu definierenden Ausdruck fällt oder nicht. Z.B. könnten wir *Erfolg* in Hypothese (d) durch die Anzahl der von einem Sprachlerner bei einem bestimmten Sprachtest erreichten Punkte oder durch seine Sprachnote operationalisieren. Extensionale und

---

[14] Vom logischen Begriff **Intension** ‚Bedeutung', Gegenbegriff zu **Extension** ‚Menge der Referenten'. Nicht zu verwechseln mit *Intention* ‚Absicht', *intentional* ‚absichtlich'!

operationale Definitionen sind streng genommen gar keine Definitionen im Sinne von Bedeutungsbeschreibungen, erweisen sich in vielen Fällen jedoch als nützliche Instrumente, um die intersubjektive Nachvollziehbarkeit und die Überprüfbarkeit einer wissenschaftlichen Hypothese zu gewährleisten.

9.1.3 Gütekriterien für Definitionen

Eine gute Definition sollte einer Reihe von Bedingungen genügen. Sie sollte z.B. weder zu weit noch zu eng sein. Man nennt eine Definition **zu weit**, wenn sie mehr einschließt, als der zu definierende Ausdruck bezeichnet bzw. bezeichnen soll; erfasst sie hingegen nicht alles, heißt sie **zu eng**. Eine Definition von *Adjektiv* als Wort, das eine Eigenschaft bezeichnet (vgl. dt. *Eigenschaftswort*), wäre z.B. zugleich zu weit und zu eng: denn es gibt einerseits Nicht-Adjektive, die Eigenschaften bezeichnen (vgl. *Härte*, lat. ALBĒRE ‚weiß sein‘ usw.), und andererseits auch Adjektive, die keine Eigenschaft bezeichnen (z.B. *hiesig, heutig* u.ä.). Eine Definition sollte weiters nicht **zirkulär** sein, d.h. nicht im Definiens das Definiendum selbst enthalten, sei es unmittelbar oder in einer weiteren Definition, die zur Definition von Begriffen des Definiens nötig sind. So sollte man nicht, wie manche deutsche Wörterbücher, *Dialekt* als ‚Mundart‘ und gleichzeitig *Mundart* als ‚Dialekt‘ definieren. Das Definiens sollte weiters nur <u>klare</u> Ausdrücke enthalten, da sonst die intersubjektive Nachvollziehbarkeit nicht gewährleistet ist. Die folgende Definition von *Kompositum* etwa entspricht dieser Forderung nicht, da sie den unklaren Ausdruck *einheitliches Bild* enthält: „Ein Kompositum ist eine Verbindung von zwei auch unabhängig vorkommenden Wörtern, die im Geiste des Sprechers ein einheitliches Bild hervorrufen.“ Schließlich sollte das Definiens nur Begriffe enthalten, die als <u>bekannt</u> vorausgesetzt werden können. Da viele Fachausdrücke nur mithilfe weiterer Fachausdrücke prägnant definierbar sind, ist diese – didaktische – Forderung nicht immer zu erfüllen. Die Definition von *finite Verbform* in Bußmann (2008) etwa lautet folgendermaßen: „Hinsichtlich mindestens einer der verbalen Kategorien gekennzeichnet (daher: »begrenzte«) Verbform. Im Dt. betrifft dies →Person, →Numerus →Tempus, →Modus, →Genus verbi […]“. Die Pfeile kennzeichnen dabei Fachausdrücke, die an den entsprechenden Stellen des Lexikons ihrerseits definiert werden. Das Nachschlagen eines Fachausdrucks in einem Fachlexikon wird für den Anfänger daher oft zum Beginn einer Odyssee durch das halbe Lexikon, zumal viele Autoren von Lexikonartikeln leider das letztgenannte Gütekriterium nicht beachten.

9.1.4 Lexikographische vs. wissenschaftliche Definitionen

Lexikographische Definitionen sollten beschreiben, wie Wörter in einer bestimmten Sprachgemeinschaft tatsächlich gebraucht werden. Sie können somit richtig oder falsch sein. Bei wissenschaftlichen Definitionen sieht die Sache grundlegend anders aus. Sie werden nicht nur verwendet, um einen etablierten Sprachgebrauch zu beschreiben oder anzugeben, welcher von mehreren konkurrierenden Verwendungen gefolgt wird, sondern vor allem auch, um die Bedeutung eines neu eingeführten Ausdrucks zu erläutern oder anzugeben, dass und wie ein verwendeter Ausdruck vom herkömmlichen Gebrauch abweicht. Diese Funktion wissenschaftlicher Definitionen ergibt sich aus der Natur wissenschaftlicher Forschung, die in ihrem Streben nach neuen Einsichten in die Wirklichkeit immer neue Kategorien bzw. Begriffe ersinnt. An die Definitionen solcher Begriffe stellt man im Gegensatz zu lexikographischen Definitionen nicht den Anspruch, richtig sein zu müssen, denn man kann sie ja mit keinem existierenden Sprachgebrauch vergleichen, vielmehr sollten sie wissenschaftlich **fruchtbar** sein, d.h. das Formulieren von interessanten Hypothesen und Theorien unterstützen. Im Bereich der Chemie hat sich z.B. der Begriff *Phlogiston* als unfruchtbar erwiesen, und auch ein physikalischer Begriff wie *Atom* hat nur die Zeiten überdauert, weil er im Zuge neuer Erkenntnisse immer wieder umdefiniert wurde. Für die Sprachwissenschaft gilt genau dasselbe: Selbst so alteingesessene Begriffe wie *Subjekt*, *Prädikat* oder sogar *Wort* werden mit dem Wandel der Hypothesen und Theorien immer wieder neu definiert, manchmal sogar gänzlich verworfen.

Aber sehen wir uns dieses Zusammenspiel von Definitionen und Hypothesen am Beispiel der Hypothese (f) in 9.1. einmal näher an, die hier der Bequemlichkeit halber noch einmal wiederholt werden soll:

(f) Jedes finite Verb des Deutschen muss mit dem Subjekt in Person und Zahl übereinstimmen.

Der genaue empirische Gehalt dieser Hypothese ist u.a. von der Definition von *Subjekt* abhängig. Versuchen wir es einmal mit folgenden drei Definitionsvorschlägen:

(1) ‚jenes Satzglied, das durch *Wer oder was?* erfragt werden kann‘
(2) ‚jenes Satzglied, das den Ausführenden einer Handlung bezeichnet‘
(3) ‚jenes Satzglied, das im Nominativ steht‘.

Als Test wollen wir die folgenden drei deutschen Sätze verwenden:

(4) Der Bauer melkt die Kühe.
(5) Die Kühe werden vom Bauern gemolken.
(6) Es ist kalt hier.

Wenn wir der Hypothese (f) Definition (1) zugrundelegen, so wird durch diese die Übereinstimmung von *Es* und *ist* in (6) nicht erklärt, da *Es* nicht durch *Wer oder was?* erfragbar ist: *Wer oder was ist hier kalt?* – *Es*. Legen wir (2) zugrunde, so wird weder die Übereinstimmung zwischen *Die Kühe* und *werden* in (5) noch jene zwischen *Es* und *ist* in (6) erklärt, denn weder bezeichnet *Die Kühe* Ausführende einer Handlung, noch gilt dies für *Es*. In Verbindung mit Definition (3) hingegen wird die zu beobachtende Übereinstimmung in allen drei Test-Sätzen erklärt: Sowohl *Der Bauer* als auch *Die Kühe* und *Es* stehen im Nominativ. Wenn wir (f) als eine linguistisch interessante Hypothese über das Deutsche beibehalten wollen, so folgt daraus, dass (3) die adäquateste Definition darstellt. Dieses Ergebnis kann sich aber natürlich durch die Berücksichtigung von weiteren Daten und Fakten als revisionsbedürftig erweisen.

9.1.5   Literatur

Seiffert/Radnitzky (1989)

9.1.6   Aufgaben

1. Folgende Hypothese war in den fünfziger Jahren sehr beliebt: „Languages can vary in infinite and unpredictable ways". Hat sie empirischen Gehalt, d.h. ist sie falsifizierbar?

2. Versuchen Sie, eine operationale Definition von *Substantiv* aufzustellen und testen Sie sie an zehn untereinander möglichst verschiedenen Substantiven. Vergleichen Sie die Ergebnisse in der Lehrveranstaltung mit jenen ihrer Kommilitonen.

3. *Genus verbi* wird in Bußmann (2008) folgendermaßen definiert: „Grammatische Kategorie des Verbs, die in →Nominativsprachen aus →Aktiv, →Passiv und dem (nur in wenigen Sprachen vorhandenen) →Medium besteht." Handelt es sich dabei um eine intensionale, extensionale oder operationale Definition?

4. Welche Fehler enthalten die folgenden Definitionen? Warum? (a) Ein Substantiv ist ein Wort, das einen Gegenstand bezeichnet; (b) Ein Satzglied ist etwas, das zusammen mit anderen Satzgliedern einen Satz ergibt; (c) Unter Subjekt versteht man das zentrale Satzglied eines Satzes; (d) Unter Adjektiv versteht man ein Wort, das mit dem Substantiv, auf das es sich bezieht, in Geschlecht, Zahl und Fall übereinstimmt.

5. Definitionen sind nicht immer rein beschreibend. In der politisch-ideologischen Auseinandersetzung, der Propaganda und der Werbung werden zu Zwecken der Manipulation oft **Suggestivdefinitionen** (auch **persuasive Definitionen** genannt) eingesetzt. Schlagen Sie den Begriff in einem (philosophischen) Fachlexikon nach und erläutern Sie ihn anhand einiger ausgewählter Beispiele.

6. Unter **Explikation** versteht man in der Philosophie das Ersetzen eines Begriffs durch einen ähnlichen, für einen bestimmten theoretischen Zweck jedoch fruchtbareren Begriff. Lesen Sie den Artikel Explikation in Seiffert/Radnitzky (1989) und beantworten Sie folgende Fragen: (a) Wie sieht der Autor (nach Karl Popper) das Verhältnis von Theorieentwicklung und Explikation (Definition)? (b) Welche vier Stufen kennzeichnen den Prozess der Explikation? (c) Wie bewertet man den Erfolg einer Explikation? Illustrieren Sie dies anhand der Explikation von *Fisch* durch *Piscis* in der Zoologie; (d) Wie schätzt der Autor die Rolle der Präzision von Explikata/Definitionen ein?

7. Lesen Sie Mugdan, H. J. (1986): „Was ist eigentlich ein Morphem?" In: *Zeitschrift für Phonetik, Sprachwissenschaft und Kommunikationsforschung* 39, 29–43. Seine Darstellung der Geschichte des Begriffs *Morphem* kann als typisch für viele sprachwissenschaftliche Begriffe gelten. Wie beurteilt Mugdan die Frage, die den Titel seines Aufsatzes bildet?

9.2   Syntax

9.2.1   Definition(sprobleme) von *Syntax* und *Satz*

Mit **Syntax** bezeichnet man zum einen die Satzstruktur und zum anderen jenes Teilgebiet der Sprachwissenschaft, das sich mit den Regeln und Gesetzmäßigkeiten beschäftigt, nach denen Wörter zu größeren Gefügen kombiniert werden. Die meisten Begriffe und Kategorien, die wir aus der Schulgrammatik kennen, sind von antiken Grammatikern entwickelt worden. Das gilt insbesondere für die Wortarten. Die Bezeichnungen für Einheiten der Satzanalyse (*Subjekt*, *Prädikat*, *Attribut*) stammen aus dem Mittelalter. In der modernen Sprachwissenschaft sind diese Konzepte und Einteilungen nur begrenzt brauchbar, aber schwer durch neue abzulösen, nicht nur weil neue Begrifflichkeiten in einem so elementaren Bereich der Sprachbeschreibung von vornherein auf wenig Akzeptanz stoßen, sondern auch weil sie bestenfalls von einem ganz bestimmten Blickwinkel aus ein brauchbarer Ersatz sind, aber die althergebrachten Termini nicht generell ablösen können.

Die Grundeinheit der Syntax, der Satz, widersetzt sich offenbar besonders hartnäckig einer konsensfähigen Definition. Andererseits meinen wir intuitiv gut beurteilen zu können, was ein Satz ist und was nicht. Wenn wir uns die im Lauf der Geschichte vorgeschlagenen Begriffsbestimmungen ansehen, fällt auf, dass diese von ganz unterschiedlichen Standpunkten aus formuliert wurden. Wer der Logik nahesteht, setzt Urteil und Satz gleich, psychologisierende Ansätze sehen im Satz den Ausdruck einer zusammenhängenden Vorstellung, Semantiker sprechen von Sinneinheiten der Rede; wer vorrangig auf die Konstruktion achtet, verlangt, dass der Satz eine grammatisch selbstständige Äußerung darstellen muss. Wir halten uns im Folgenden an die zuletzt skizzierte Position, weil sie formal am praktikabelsten ist.

9.2.2   Die Bestandteile des Satzes

Seit unserer ersten Berührung mit der Schulgrammatik wissen wir, dass ein grammatisch vollständiger Satz mindestens aus Subjekt und Prädikat bestehen muss. Vom Deutschen oder Englischen aus betrachtet scheint es daher zwingend, dass ein Satz wenigstens zwei Wörter umfasst (z.B. *Du schläfst.*). Dieser Grundsatz gilt in den meisten romanischen Sprachen allerdings schon nicht mehr, da dort die Person im Konjugationsmorphem ausgedrückt sein kann (it./rum. *dormi*, sp. *duermes*, pg. *dormes*).

Wie stellen wir nun fest, aus welchen Elementen sich ein gegebener Satz zusammensetzt? Aus der Schule kennen wir vor allem die Technik der **Segmentierung** mit Hilfe von Fragen. In einem Satz wie *Die reiselustige Großmutter schenkte ihrem siebenjährigen Enkel zum Geburtstag ein Video über das Leben in der Sahara* ermitteln wir als erstes das Verb, denn ein einfacher Satz hat immer nur ein konjugiertes Verb (sofern es sich nicht um gleichgeordnete Verben handelt: *Der Hase läuft und läuft und läuft*; *Der durchschnittliche Deutsche isst zuviel und bewegt sich zuwenig*). Danach eruieren wir nach bewährtem Muster das Subjekt und haben so den Satz in eine **Verbalgruppe** und eine **Nominalgruppe** (auch **-phrase** oder **-syntagma**) zerlegt. Die Verbalgruppe gliedert sich in weitere **Konstituenten** (die man üblicherweise zwischen eckige Klammern setzt: [*ein Video…*]/ [*ihrem ... Enkel*]). Von [*ein Video*] wiederum ist die **Präpositionalphrase** [*über das Leben*] abhängig, die ihrerseits [*in der Sahara*] dominiert. Solche hierarchischen Abhängigkeiten können in Form von **Strukturbäumen** graphisch veranschaulicht werden (vgl. dazu (1b) in 8.2.2 oder das Diagramm in Bußmann 2008, 693). Um zu prüfen, welche Elemente zu einem Syntagma gehören, hat man verschiedene grammatische Manipulationen vorgeschlagen, z.B. die **Substitutionsprobe**. *Die Großmutter* kann man ersetzen durch eine andere Nominalgruppe (z.B. *die alte Dame*) oder durch das Personalpronomen *sie* (aber nicht durch ein Verb oder eine Präpositionalphrase). Alle Elemente, die *die Großmutter* ersetzen können, stehen in einer **paradigmatischen** Relation.

Ein weiteres Verfahren besteht in der Beobachtung der (vom Subjekt gesteuerten) Kongruenz. Subjekt und Verb müssen in Bezug auf Numerus und Person übereinstimmen. Das Verb *träumst* verlangt als Subjekt das Pronomen der 2. Person Singular. Bei der Ermittlung der Kongruenz erforschen wir die **syntagmatische** Beziehung zwischen Satzteilen (hier interessiert nicht, welches Element welches andere vertreten kann, sondern was womit kombiniert werden kann). Dabei allerdings gibt es Sonderfälle. Das Subjekt kann eine **Nominalphrase** im Singular sein, aber sinngemäß einen Plural bezeichnen, was dazu führt, dass das Verb von den Sprechern gern in den Plural gesetzt wird (z.B.: *Die Statistik zeigt, dass die Mehrheit der Studierenden keinen Lateinunterricht mehr genossen haben*). Die sogenannte **constructio ad sensum** kann also die formale Kongruenzregel aufheben.

9.2.3   Valenz / Argumentstruktur

In der auf den französischen Slawisten Lucien Tesnière [tɛnjɛʀ] zurückgehenden **Dependenzgrammatik** steht das flektierte Verb im Zentrum des Satzes, weil es den (in einigen Grammatikmodellen auch **Argumentstruktur** genannten) Konstruktionsplan vorgibt. Jedes Verb verlangt eine ganz bestimmte Anzahl und bestimmte Typen von „Mitspielern" (die technisch, je nach Schule, **Aktanten** oder **Argumente** heißen). Zahl und Art der Aktanten sind weitgehend von der Bedeutung des Verbs determiniert. *Schnarchen* etwa erfordert nur ein **Agens** (d.h. jemanden, der die vom Verb bezeichnete Tätigkeit ausführt), *schenken* darüber hinaus noch die Information, was wem geschenkt wird. In Anlehnung an das bekannte Atommodell von Niels Bohr spricht man von **ein-, zwei-, dreiwertigen** Verben. Neben den obligatorischen Aktanten kann jeder Satz natürlich noch beliebig viele freie Angaben enthalten (auch **Zirkumstanten** genannt, z.B. Zeit-, Orts-, Umstandsbestimmungen). Nicht immer ist die Grenze zwischen unverzichtbaren Aktanten und fakultativen Zirkumstanten ganz strikt zu ziehen. Da *schenken* (im Gegensatz zu *geben*) einen Anlass suggeriert, könnte man auch die Auffassung vertreten, die Präpositionalphrase *zum Geburtstag* sei ebenfalls notwendig, weil man bei *schenken* meist auch „warum/zu welchem Anlass" fragen würde.

Während die **Valenz**, d.h. die Zahl und Art der Mitspieler, von der Semantik des Verbs bestimmt wird, ist die genaue Form der syntaktischen Realisierung weniger konkret vorgegeben; sie ist schon innerhalb *einer* Sprache nicht immer „konsequent" (vgl. *ich helfe ihm* vs. *ich unterstütze ihn*) und differiert vielfach von einer Sprache zur anderen (vgl. Aufgabe 10). Aus dieser Beobachtung ist auf jeden Fall der Schluss zu ziehen, dass beim Erlernen einer Fremdsprache neben der Bedeutung der Verben immer auch deren Konstruktionsplan mitgelernt werden muss. Für die großen romanischen Sprachen gibt es spezielle **Valenzwörterbücher**: Blumenthal/Rovere (1998), Busse (1994), Busse/Dubost (1977), Engel et al. (1993), Rall/Rall/Zorilla (1980).

9.2.4 Wortstellung

Die Reihenfolge der Satzglieder ist in den Sprachen der Welt verschieden und auch unterschiedlich streng geregelt. Sprachen mit einer stark ausgebildeten Flexion erlauben gewöhnlich eine freiere **Wortstellung** als flexionsarme Sprachen.

Im Lateinischen herrscht bekanntlich große Flexibilität, das Französische oder das Englische haben dagegen viel strengere Vorschriften. Deutsch oder Spanisch liegen zwischen den Extremen. Wenn man die „normale", **unmarkierte** Wortstellung einer Sprache feststellen will, hält man sich an den neutralen **Deklarativsatz** (Aussagesatz). Dieser hat im Lateinischen die Form **SOV** (d.h. Subjekt – Objekt – Verb: *Petrus Iuliam amat*), in den modernen romanischen Sprachen **SVO** (vgl. *Pierre aime Julie*). Wie man an der Entwicklung vom Lateinischen zu den romanischen Sprachen sieht, können sich auch fundamentale Wortstellungsregeln im Lauf von größeren Zeiträumen ändern. In **Phraseologismen** (d.h. Redewendungen) wiederum können gelegentlich ältere Sprachstadien erhalten bleiben (vgl. frz. *sans coup férir* oder *il gèle à pierre fendre*, wo die Wortstellung **OV** erhalten geblieben ist.)

Das Deutsche kann man nur mit Abstrichen zu den S-V-O-Sprachen zählen, denn heute gilt, dass das Verb im Hauptsatz immer an zweiter Stelle, im Nebensatz stets am Schluss steht (im Mittelhochdeutschen konnte auch im Hauptsatz das Verb am Ende stehen, z.B.: *Der künic von Irlande zuo sînem wîbe sprach*, Kudrun, v. 35).

Die Wortstellung stellt ein wichtiges Forschungsgebiet der **Sprachtypologie** dar, einer Disziplin, die Sprachen nicht nach ihrer verwandtschaftlichen Zusammengehörigkeit, sondern nach strukturellen Ähnlichkeiten gruppiert.

9.2.5 Literatur

Ágel (2000), Bünting/Bergenholtz (1979; ³1995), Gabriel/Müller (2008), Müller/Riemer (1998)

9.2.6   Aufgaben

1. Wie heißt *Wortarten* in Ihrer romanischen Sprache? Ermitteln Sie den Ursprung des romanischen Ausdrucks.

2. Finden Sie heraus, in welchen romanischen Sprachen das Subjektspronomen obligatorisch ist. Welche Funktion hat es in den anderen romanischen Sprachen?

3. Diskutieren Sie die Satzwertigkeit von Äußerungen wie (a) *Hilfe!* (b) *Ach, wirklich?* (c) *Nein, noch nie* (als Antwort auf eine Frage).

4. Wie brauchbar ist die operationale Definition: „Ein Satz ist, was zwischen zwei Punkten steht"?

5. Bestimmen Sie im Satz *Die reiselustige Großmutter...* für jedes Wort (a) Wortart und (b) die Funktion im Satz. Reduzieren Sie die Äußerung auf den Kernsatz und zeichnen Sie für diesen einen Strukturbaum nach dem Muster in Bußmann (2008, 693).

6. Welche syntaktischen und semantischen Eigenschaften müssen die Elemente aufweisen, die in unserem Beispielsatz an die Stelle von *Die reiselustige Großmutter* treten können?

7. Der Satz *So gewinnt jeder Raum* aus einer Möbelwerbung ist bewusst doppeldeutig. Was ergibt die Analyse, wenn wir *jeder Raum* einmal als <u>eine</u> Phrase interpretieren und einmal aus zwei Phrasen bestehen lassen?

8. Zeigen Sie durch grammatikalische Manipulationen wie **Permutation**, **Kommutation**, Fragen, Erweiterungen etc., welche der folgenden Klammerausdrücke Syntagmen sind und welche nicht:

    (a) [Die meisten Studierenden] wohnen in Heimen.
    (b) [Die meisten Studierenden wohnen] in Heimen.
    (c) Die meisten Studierenden wohnen [in Heimen].
    (d) Die meisten Studierenden [wohnen in Heimen].
    (e) Die meisten Studierenden [wohnen in] Heimen.

9. Schlagen Sie in Bußmann (2008) die Bedeutung folgender Fachausdrücke für Satztypen nach, sofern Sie Ihnen nicht vertraut sind, und bilden Sie zu jedem Satztyp ein romanisches oder ein deutsches Beispiel: **Adverbialsatz, Adversativsatz, Finalsatz, Kausalsatz, Konditionalsatz, Konsekutivsatz, Konzessivsatz, Lokalsatz, Objektsatz, Relativsatz, Subjektsatz, Temporalsatz.**

10. Valenzunterschiede zwischen Sprachen sind häufig Anlass für Interferenzen. Beschreiben Sie die Valenz der folgenden deutschen und romanischen Verben möglichst detailliert. Gestalten Sie die Kontrastierung so, dass die Unterschiede leicht erfasst werden können.

dt.	*ändern*	rom.	*changer/cambiar/cambiar*
	genießen		*jouir/godere/gozar*
	fragen		*demander/domandare/preguntar*
	antworten		*répondre/rispondere/contestar*
	sich erinnern		*se rappeler/ricordarsi/recordar*
	spielen		*jouer/giocare/jugar*
	helfen		*aider/aiutare/ayudar*

11. Lassen Sie im Satz „Die Statistik zeigt, dass …" aus 9.2.2 das Hilfsverb von 10 Informanten verschiedenen Alters, Geschlechts und Bildungsniveaus ergänzen. Notieren Sie die Antwort und die erwähnten zusätzlichen Informationen. Stellen Sie in der Lehrveranstaltung durch Auswer-

128

tung aller eingeholten Informationen fest, ob die Variablen einen Einfluss auf das Antwortver-
halten haben.

9.3   Sprachskizze 7: Okzitanisch

9.3.1   Externe Sprachgeschichte

Die Römer teilten Gallien etwa entlang der Flüsse Loire und Rhône (vgl. Karte 8) in zwei
Kirchenprovinzen. Die Diözese Aquitanien entsprach annähernd dem Verbreitungsgebiet
des Altokzitanischen, der ersten bedeutenden romanischen Literatursprache.

Die französische Sprachpolitik hat seit den Albigenserkriegen Anfang des 13. Jahrhunderts konsequent zum Bedeutungsschwund dieser größten Konkurrenzsprache auf französischem Staatsgebiet beigetragen. Geographisch betrachtet hat sich die Grenze zwischen den
beiden hauptsächlichen Sprachzonen der Galloromania, der **langue d'oc** (okz. *oc* ‚ja' < lat.
HOC) und der **langue d'oïl** (= neufrz. *oui* ‚ja' < HOC ILLE), vom Mittelalter bis heute besonders im Westen zu Ungunsten des Okzitanischen von der Loiremündung zur Gironde
verschoben. Vor allem aber büßte das Okzitanische im Laufe der Zeit alle offiziellen
Funktionen ein und entbehrt folglich – trotz einer literarischen Renaissance in der zweiten
Hälfte des 19. Jahrhunderts – einer allgemein anerkannten und verwendeten Schriftsprache.

Das Sprachgebiet läßt sich in sechs Dialektzonen gliedern (vgl. Karte 9). Am „eigenwil-
ligsten" verhält sich das **Gaskognische**, dem nach dem Kriterium des innerlinguistischen
Abstands von den anderen okzitanischen Dialekten gelegentlich der Status einer eigenen
Sprache eingeräumt worden ist. Das **Languedokische** ist die konservativste Mundart und
wird deshalb von einem Teil der Okzitanisten als Grundlage einer okzitanischen Standardsprache favorisiert. **Provenzalisch** heißt der südöstliche Dialekt. Es empfiehlt sich daher,
diesen Namen allenfalls noch für die mittelalterliche Koiné, nicht aber als Sammelbezeichnung für das gesamte okzitanische Gebiet von heute zu verwenden.

Zwischen langue d'oc und langue d'oïl steht das **Frankoprovenzalische**, dem ein besonderes Substrat (das Burgundische) zugeschrieben und deshalb von der Dialektologie
(seit G. I. Ascoli) eine gewisse Eigenständigkeit zuerkannt wird. Die Sprecher selbst haben
aber kein sprachliches Bewusstsein ihrer Zusammengehörigkeit entwickelt, Frankoproven-
zalisch war auch nie Amtssprache.

9.3.2   Ein komplexer Fall von Diglossie

Im okzitanischen Sprachgebiet koexistieren mindestens drei formal und situationsspezifisch
voneinander zu scheidende Sprachformen:

- Im offiziellen Bereich dominiert das Standardfranzösische, das allen französischen Staatsbürgern durch Schule, Presse, Fernsehen usw. vermittelt wird.
- Weniger formelle Sprechsituationen wie ein Verkaufsgespräch oder eine Gemeinderatssitzung in einem Dorf erlauben den Gebrauch des mit markantem südfranzösischen Akzent gesprochenen Französisch, des sog. *francitan* (einer Kreuzung aus *français* und *occitan*). Hauptcharakteristika des südfranzösischen Akzents sind die Beibehaltung des *e muet* bzw. *caduc* an vielen Stellen, wo es im Standardfranzösischen ausfällt (z.B. wird *petite fille* ,kleines Mädchen' [pətitə fijə] gesprochen und nicht [ptit fij]), die schwächere Vokalnasalierung bei Erhalt des Nasalkonsonanten [pɛŋ] statt [pɛ̃] für *pain* ,Brot') sowie das Rollen des *r*, das allerdings in Südfrankreich nicht überall verbreitet ist und andererseits auch in anderen Teilen der französischen Provinz vorkommt.
- Weitgehend auf den privaten Bereich beschränkt bleibt der jeweilige okzitanische Dialekt. Er wird heute von den meisten Kindern, wenn überhaupt, nicht als eigentliche Muttersprache erlernt, sondern erst als Gruppensprache z.B. in Jugendclubs oder am Arbeitsplatz.

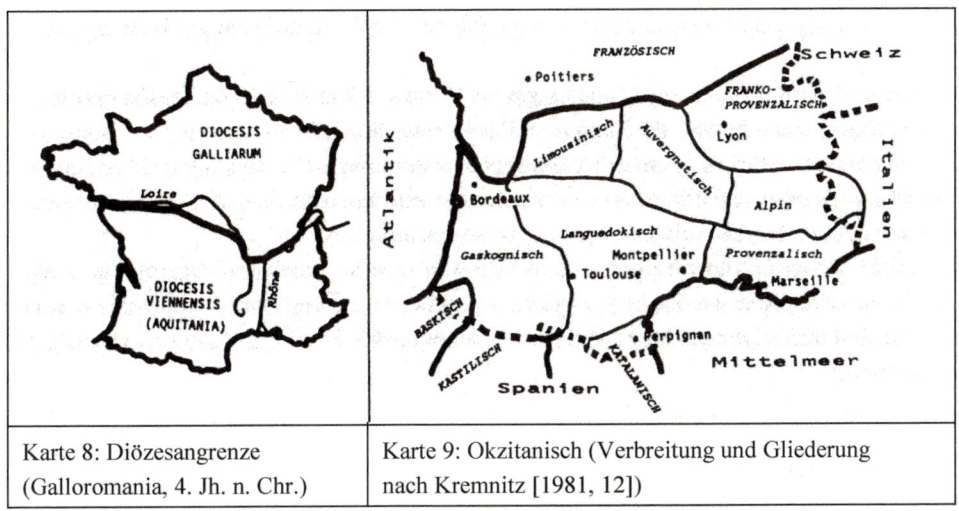

Karte 8: Diözesangrenze (Galloromania, 4. Jh. n. Chr.)

Karte 9: Okzitanisch (Verbreitung und Gliederung nach Kremnitz [1981, 12])

Sympathisanten des Okzitanischen, die dessen Ausbau engagiert betreiben, sehen sich vor zwei Aufgaben gestellt: Zum einen sind die Domänen für das Okzitanische zu erweitern, damit sich der Anreiz zur Erlernung erhöht und eine soziale Aufwertung eintreten kann, zum anderen ist die Schaffung einer überregionalen und allgemein akzeptierten Standardsprache unumgänglich, wenn ein panokzitanisches Zusammengehörigkeitsgefühl erwachen soll, das regionale Empfindsamkeiten und Eigenbröteleien zurückdrängt. Würde dieses Ziel erreicht, so würde sich zwischen das Standardfranzösische und das *francitan* eine vierte Sprachebene einschieben, die man als „okzitanische Hochsprache" bezeichnen könnte.

9.3.3 Der Turmbau zu Babel: Okzitanisch

La terro, d'aquéu tèms, noun avié qu'uno lengo sus li bouco. E quand li gènt partiguèron dóu levant, trouvèron uno plano en terro de Sennaar, e i' abitèron. E se diguèron de l'un à l'autre: „Venès, fasen de patòu e cousen-lèi au fiò." E 'm'acò se serviguèron de patòu au liò de pèiro e de bitume pèr mourtié. E diguèron: „Venès, fasen-nous uno vilo em'uno tourre que soun cresten toque lou cèu, e renden noste noum celèbre, avans de nous esparpaia dins l'univers."

Mai lou Segnour descendeguè pèr vèire la vilo e la tourre que bastissien li fiéu d Adam. E diguè: „Vaqui un soulet pople, e que n'an qu'un parla: an coumença de faire acò, e noun auran d'autro pensado d'aquique l'agon acaba. Zóu, descenden, e counfounden-ié sa lengo, pèr que s'entèndon plus l'un l'autre."

E d'aquéu biais, lou Segnour li divisè, lis escampihant d'aqui pèr tóuti li terraire, e cessèron de basti sa vilo. Vaqui perqué l'an noumado Babèl, per-ço-qu'aqui ié fuguè counfoundu lou parla de l'univers, e que d'aqui lou Segnour li dispersè subre la fàci de tóuti li countrado.

La genési, traducho en provençau. (Übers. von F. Mistral) Paris: Champion, 1910.

[la tero d akɛu tɛ̃ŋ nun avje k yno lɛŋgə sy li buko e kan li dʒɛn partigɛrõn dou levaŋ truvɛrõ yno plano ɛ̃n tero de Senaar e i abitɛrõ e se digɛrõn de l yn a l autre venɛs fazen de patou e kuzɛnlɛj ɔu fjo e mako se servigɛrõn de patɔu ɔu ljo de pɛjrə e de bityme pɛr murtje e digɛrõ venɛs fazen nuz yno vilo ɛm yno ture ke suŋ krɛsten toke lu seu e rɛndɛn nosde nun selɛbre avan de nuz esparpaja din l ynivɛr

Maj lu seɲur desendege pɛr vɛjre la vilo e la ture ke bastisjɛ̃n li fju d Adam. e dige vaki yn sule pɔple e ke naŋ kym parla aŋ kumɛnsa de fajr ako e nun auran d autro pɛ̃nsado d akike l agoŋ akaba zɔu desɛndɛ̃ŋ e kunfundɛ̃j jɛ sa lɛŋgə pɛrke s ɛntɛndõ ply l yn l autre]

9.3.4 Literatur

Cichon (1999), Eschmann (1986), Kremnitz (1981), *LRL* V/2: Art. 340–348

9.3.5 Aufgaben

1. Welche Rolle spielte Frédéric Mistral für die Renaissance des Okzitanischen? Welchem Dialekt sind seine Texte zuzuordnen?

2. Lesen Sie Eschmann (1986) und beantworten Sie folgende Fragen: (a) Welcher romanischen Sprache steht das Okzitanische so nahe, dass gegenseitige Verständlichkeit vorausgesetzt werden kann? (b) Welches ist das Hauptproblem bei dem Versuch der Schaffung einer gesamtokzitanischen Orthographie? (c) Wer schreibt heute wann, wo und für wen okzitanisch? (d) Welche Verbindungen bestehen zwischen der sprachlichen und der wirtschaftlichen Situation Südfrankreichs?

3. Die Zahl der Okzitanischsprecher wird auf 1,2 Mio bis 14 Mio geschätzt. Warum schwanken die Schätzungen so stark?

4. Lesen Sie Kap. 343 im *LRL* V/2 („Okzitanisch: Soziolinguistik") und beantworten Sie folgende Fragen: (a) Warum ist es wichtig, einen übergreifenden Namen für die verschiedenen Varietäten zu haben? (b) Welche Ereignisse der französischen Geschichte haben dazu geführt, dass die okzitanischen Varietäten zu *patois* degradiert wurden? (c) Inwiefern sehen Soziolinguisten in der diglossischen Situation eine Gefahr für sprachlich-kulturelle Identität? (d) Warum sind Fragebögen zum Sprachverhalten kein verlässliches Instrument zur Erhebung der tatsächlichen Situation? (e) Was versteht man unter primären/sekundären Sprechern? (f) Warum sind die zwischen Französisch und Okzitanisch auftretenden Interferenzen nicht symmetrisch? (g) Welche demographischen Bewegungen schwächen das Okzitanische? (h) Was kann rein symbolischer Gebrauch des Okzitanischen bewirken? (i) Wie ist der Okzitanismus politisch einzuordnen und welche Ziele verfolgt er? (j) Wo trifft man heute Okzitanisch im öffentlichen Raum an? Warum ist die Präsenz in verschiedenen Domänen oft weder nachhaltig noch konstant?

10. Zehnte Unterrichtseinheit

10.1 Wörterbücher I: Allgemeines/Einsprachige Wörterbücher

10.1.1 Arten von Wörterbüchern

Wörterbücher teilt man entweder nach ihrem Inhalt (bzw. der Art, wie sie ihn darbieten) oder nach ihrer Zielgruppe ein: Gemäß ersterer Klassifikation kann man zunächst zwischen einsprachigen und zwei- oder mehrsprachigen Wörterbüchern unterscheiden, sodann – z.B. bei den einsprachigen Wörterbüchern – zwischen solchen, die aus synchroner Perspektive den gesamten Wortschatz einer Sprache beschreiben (**Definitionswörterbücher**) und solchen, die nur historische und/oder etymologische Informationen zu den Wörtern einer Sprache liefern (**historische** bzw. **etymologische Wörterbücher**, vgl. 3.2.5). Daneben gibt es auch Wörterbücher, die ihre Einträge nach der Häufigkeit anordnen (**Frequenzwörterbücher**), ihr Schwergewicht auf die Beschreibung der lexikalischen Umgebungen legen (**Kollokationswörterbücher, Kontextwörterbücher**) oder fachsprachlichen Wortschatz beschreiben (**Fachwörterbücher, terminologische Wörterbücher**, vgl. 8.1.3). Der zweiten Klassifikation folgend kann man u.a. zwischen Wörterbüchern für Muttersprachler und Fremdsprachenlerner (**Lernerwörterbücher**) oder zwischen Wörterbüchern für Erwachsene und Wörterbüchern für Kinder usw. unterscheiden.

Aus der schulischen Praxis sind Studienanfängern im Allgemeinen nur zwei Typen von Wörterbüchern vertraut: das zweisprachige (Übersetzungs-)Wörterbuch und das einsprachige Definitionswörterbuch. Dabei werden erfahrungsgemäß auch diese Typen im Hinblick auf ihre Leistungsfähigkeit und ihren Nutzen für den Sprachlerner nicht richtig beurteilt. Vor allem in das zweisprachige Wörterbuch werden oft zu große Hoffnungen gesetzt, während das einsprachige Wörterbuch selten voll genutzt wird: Die dem Benutzer in diesem Wörterbuchtyp dargebotenen Informationen sind vor allem bei der eigenen Textproduktion und beim Übersetzen in die Fremdsprache von kaum zu überschätzender Bedeutung. Deshalb soll in 10.1.2 anhand eines Beispiels gezeigt werden, welche Fülle von Informationen man einem guten einsprachigen Wörterbuch entnehmen kann. Den Leistungen des zweisprachigen Wörterbuchs ist das Kapitel 11 gewidmet.

10.1.2 Die Mikrostruktur

Als Beispiel diene der Artikel *mensonge* aus dem *Nouveau Petit Robert* (1993), einem der renommiertesten französischen Wörterbücher:

> **MENSONGE** [mãsɔ̃ʒ] n. m. — 1080 ; lat. pop. °*mentionica*, du bas lat. *mentire* →mentir* (encadré) **1.** Assertion sciemment contraire à la vérité, faite dans l'intention de tromper. ⇒ **contrevérité, fable, histoire, invention,** vx **menterie, tromperie;** FAM. **blague, bobard, boniment, craque,** 1.**salade.** *Gros, grossier mensonge. Mensonge éhonté. Mensonge diplomatique, officieux. Pieux mensonge,* inspiré par la piété ou la pitié. *Mensonge par omission.* ⇒ **réticence.** *Mensonge pour se mettre en valeur.* ⇒**vantardise.** *Un tissu de mensonges. Dire des mensonges. «Je commençais à débiter mon mensonge en tremblant»* (Daudet). *Mensonges de la propagande.* ⇒ **désinformation. 2.** L'acte de mentir, la pratique de l'artifice, de la fausseté. ⇒ **imposture.** *«Le mensonge m'a toujours été si odieux et si impossible»* (Lamartine). *Vivre dans le mensonge. Mensonge pathologique.* ⇒**fabulation, mythomanie.** *Détecteur* de mensonge.* **3.** Fiction, en art. ⇒ **artifice.** *Les «fables de la mythologie unies aux mensonges du roman»* (Chateaubriand). **4.** Ce qui est trompeur, illusoire. ⇒ **duperie, illusion, mirage.** *«Le bonheur est un mensonge»* (Flaubert). *«Laissez, laissez mon cœur s'enivrer d'un* mensonge *»* (Baudelaire). PROV. *Songes, mensonges :* les rêves sont trompeurs. ◊ CONTR. Vérité, véracité, Réalité.

Dieser Artikel enthält folgende Angaben:

mensonge	das **Lemma** (auch **Lemmazeichen** genannt)
[mãsɔ̃ʒ]	die **phonetische Transkription** (Lautschrift)
n. m.	grammatische Informationen (hier zu Wortart und Genus)
1080	den Erstbeleg
lat. pop. °mentionica, du bas lat. *mentire*	das (im konkreten Fall rekonstruierte) Etymon
1♦	Gliederungssignale
⇒ contrevérité …	Hinweise auf bedeutungsähnliche Wörter
Gros … mensonge	typische Verbindungen, sog. **Kollokationen** und Verwendungsbeispiele
«Le bonheur …»	Zitate aus Werken von franz. Schriftstellern
fam.	einen Hinweis auf einen situationsspezifischen Gebrauch
vx.	eine zeitliche Charakterisierung (*vieux*)
PROV. *Songes* …	ein Sprichwort, in dem das Lemma vorkommt
◊ CONTR. Vérité …	einen Hinweis auf Wörter mit gegensätzlicher Bedeutung (sog. **Antonyme,** vgl. 10.2.2)

Abkürzungen und Symbole dieser Art finden sich in den meisten Wörterbüchern. Da nur ein Teil davon unmittelbar verständlich ist, empfiehlt es sich, ein gutes Wörterbuch anzuschaffen und sich durch die Lektüre des Vorspanns und regelmäßiges Konsultieren in dessen System einzuarbeiten.

Wörterbücher können sich beträchtlich in ihrem Umfang unterscheiden; beim Kauf eines Gebrauchswörterbuchs sollte man vor allem auf die Reichhaltigkeit der **Mikrostruktur**

(Aufbau der einzelnen Artikel) Wert legen. Aber auch auf eine umfangreiche **Makrostruktur** (Menge und Anordnung der enthaltenen Lemmata) ist zu achten, da man für jene sprachlichen Aktivitäten, mit denen man im Studium und später im Beruf konfrontiert ist, mit den kleineren einsprachigen Wörterbüchern (weniger als 40–50.000 Einträge) oft nicht das Auslangen findet.

Wesentliche Unterschiede gibt es auch im Bereich der sog. **Markierungen,** die u.a. der **diaphasischen** (situations-, registerspezifischen), **diastratischen** (soziokulturellen, gruppenspezifischen) und **diatopischen** (räumlichen) Variation Rechnung tragen sollen; selbst ein und dieselbe Angabe, etwa *fam.* oder *pop.*, kann eine unterschiedliche Bedeutung haben, da ihre Verwendung im allgemeinen nicht objektiv fundiert ist, sondern der subjektiven Einschätzung des Lexikographen, d.h. des Verfassers des Wörterbuchs, unterliegt. Die Opposition *gesprochen* vs. *geschrieben* wird in der Regel der situationsspezifischen Variation untergeordnet. Dabei ist jedoch zu bedenken, dass Wörter oder Ausdrücke, die **distanzsprachlich** als salopp (*fam.*, *pop.*) gelten, **nähesprachlich** durchaus neutral sein können.

Zur Grundausstattung eines guten einsprachigen Wörterbuchs gehören:

(a) grammatikalische Angaben: Genus, Plural, Konjugation u.ä. (besonders bei Unregelmäßigkeit);
(b) Angaben zu Gebrauchsbeschränkungen (Markierungen), etwa regionaler (z.B. Belgique, Perú, tosc. usw.), schichtenspezifischer (Bsp.: fam., pop., vulg., arg.), fachsprachlicher (méd., inform., astron. etc.) oder zeitlicher (**Archaismus** vs. **Neologismus**) Natur;
(c) manchmal auch weitere Angaben, z.B. zur Frequenz der Wörter, zu deren **Synonymen**, d.h. bedeutungsgleichen bzw. -ähnlichen Wörtern (vgl. Kap. 10.2.2), Antonymen und **Homonymen**, d.h. formgleichen, aber bedeutungsverschiedenen Wörtern (Bsp.: dt. *Kiefer*).

Welches Wörterbuch für den jeweiligen Benutzer das richtige ist, lässt sich nur von Fall zu Fall entscheiden; für weit fortgeschrittene Fremdsprachenlerner empfehlen wir ganz allgemein zur Benützung (und gegebenenfalls auch zur Anschaffung) die folgenden einsprachigen Wörterbücher:

Französisch:

Le Nouveau Petit Robert. Dictionnaire alphabétique et analogique de la langue française. (1993 u.ö.). Paris: Le Robert.

Italienisch:

DISC–*Dizionario italiano Sabatini Coletti* (1997). Firenze: Giunti.

136

Spanisch:

Diccionario Salamanca de la lengua española (1996). Madrid: Santillana/Universidad de Salamanca.
SECO, Manuel/ANDRÉS, Olimpia/RAMOS, Gabino (2011): *Diccionario del español actual*. 2ª edición actualizada. 2 vols. Madrid: Aguilar.

Portugiesisch:

FERREIRA, Aurélio Buarque de Holanda (1999): *Aurélio século XXI*. Rio de Janeiro: Ed. Nova Fronteira.
Dicionário Houaiss da língua portuguesa (2001). Rio de Janeiro: Ed. Objetiva.
Dicionário da língua portuguesa contemporânea da Academia das Ciências de Lisboa. (2001). 2 vols. Lisboa: Verbo.

Rumänisch:

Academia Română, Institutul de Lingvistica „Iorgu Iordan" (^{2}1996): *Dicţionarul explicativ al limbii române* (DEX). Bucureşti: Univers Enciclopedic.

10.1.3   Literatur

Hausmann (1985)

10.1.4   Aufgaben

siehe Kap. 11.1.5

10.2   Semantik

10.2.1   Die Bedeutung von *Bedeutung*

Die Semantik ist jener Zweig der Sprachwissenschaft, der sich mit der Bedeutung von sprachlichen Einheiten jeglichen Umfangs beschäftigt. Im engeren Sinn versteht man darunter die Lehre von der Bedeutung der Wörter, meint also **Wortsemantik** bzw. **lexikalische Semantik** (im Unterschied z.B. zur **Satzsemantik**).

Philosophen, Psychologen und Linguisten haben eine Vielzahl von Theorien zum Wesen von Bedeutung vorgeschlagen: eine dieser Theorien besagt z.B., dass die Bedeutung identisch ist mit dem *denotatum* (Referent) – eine Sicht, die bei Namen, Pronomen, Lokaladverbien u.ä. zwingend ist (**Referenztheorie der Bedeutung**); eine andere geht davon aus, dass Bedeutung über die Wahrheit einer getroffenen Aussage zu definieren sei. Gemäß der in 5.2 vorgestellten repräsentationistischen Auffassung wiederum wird Bedeutung als jene mentale Entität bestimmt, die zwischen *signans* (signifiant) und *denotatum* vermittelt. Auf die **Gebrauchstheorie der Bedeutung** waren wir wegen der Erklärungsschwäche repräsentationistischer Auffassungen im Zusammenhang mit abstrakten Wörtern gestoßen (vgl. 5.2).

Eine der am weitesten verbreiteten Bedeutungsauffassungen beruht auf dem Prinzip der Aristotelischen Logik: da die Kategorisierung von *Vogel* durch Einordnung in die nächsthöhere Klasse (sog. **genus proximum**; hier: Tier) und unter Angabe der spezifischen Merkmale (sog. **differentia specifica**; hier: hat zwei Beine, geflügelt) erfolgt, kann seine Bedeutung als Summe bestimmter **semantischer Merkmale** (auch: **Seme**) verstanden werden: [Tier], [hat zwei Beine], [geflügelt]. Der Merkmalsbegriff stellt dabei eine gedankliche Anleihe bei der Phonologie dar: so wie z.B. /b/ im phonologischen System des Spanischen durch die Merkmale [+Plosiv] und [–Nasal] von /m/ geschieden ist, wäre *Vogel* durch das Merkmal [geflügelt] von *Schimpanse* [hat Arme] abgegrenzt. Obwohl die **Merkmalssemantik** bei manchen Wörtern zu einigermaßen plausiblen Definitionen führt, ist es in vielen Fällen mehr oder weniger unmöglich, wesentliche und unwesentliche Eigenschaften zu unterscheiden: Gehört zu den wesentlichen Eigenschaften (= semantischen Merkmalen) von Vogel nicht auch [kann fliegen]? Bei genauerem Hinsehen wird man diese Frage mit *nein* beantworten müssen, denn auch der Pinguin und der Strauß sind Vögel, obwohl sie flugunfähig sind. Allerdings denkt kaum jemand an einen Strauß, wenn er das Wort *Vogel* hört, und viele Menschen zögern sogar, den Pinguin als Vogel zu kategorisieren.

Dies ist der Ausgangspunkt der sog. **Prototypensemantik**; sie besagt, dass Bedeutungen um Prototypen herum organisiert sind: es gibt sozusagen einen prototypischen Vogel, sagen wir den Spatz, an dem andere Tiere auf ihre Vogelhaftigkeit hin gemessen würden. So wäre die Taube mehr Vogel als die Ente, die Ente mehr als der Pfau, und der Pfau mehr als der Pinguin. Die Mitglieder einer prototypisch strukturierten Kategorie werden nicht durch ein für alle geltendes Merkmalsset zusammengehalten – sie sind nur durch bestimmte Merkmale *untereinander* verbunden, ähnlich den Mitgliedern einer Familie (daher auch der von Ludwig Wittgenstein geprägte Ausdruck **Familienähnlichkeit**): Die Ente schwimmt, das verbindet sie mit dem Pinguin; der wiederum kann nicht fliegen, was auch auf den Strauß zutrifft; die Amsel singt, das gilt nicht für das Huhn, dafür haben beide – wie der Strauß und die Ente – Flügel usf. Die Annahme von Merkmalen widerspricht nicht grundsätzlich der Behauptung von Prototypen, wenn man akzeptiert, dass nicht alle Merkmale denselben Status haben (nicht hinreichend sein müssen) und Elemente des **enzyklopädischen** oder **Weltwissens** (z.B. das Wissen, dass Vögel normalerweise fliegen können) als Merkmale zugelassen werden.

Abschließend sei noch auf die weit verbreitete Unterscheidung von denotativer und konnotativer Bedeutung hingewiesen. Unter **Denotation** versteht man in diesem Zusammenhang jene zentralen Bedeutungskomponenten, die einem die Identifizierung des Referenten erlauben, während mit **Konnotation** eventuell vorhandene überindividuelle emotionale Nuancen bezeichnet werden. *Mitbürger in den neuen Bundesländern* und *Ossi* haben nach dieser Terminologie dieselbe Denotation, aber unterschiedliche Konnotationen, ebenso *Amerikaner* und *Ami*, *Pole* und *Polack*, (*Nord-*)*Deutscher* und *Piefke*, *Österreicher* und *Ösi*.

10.2.2 Semantische Beziehungen

Der Wortschatz einer Sprache ist nicht eine Ansammlung isolierter Wörter, vielmehr sind diese durch ein dichtes Netz von Beziehungen miteinander verknüpft.

Manche dieser Beziehungen sind syntagmatischer Art, d.h. sie betreffen die Kombinationsmöglichkeiten von Wörtern. So sagt man z.B. *eine Uhr reparieren*, aber *einen Fehler wiedergutmachen*, nicht jedoch **eine Uhr wiedergutmachen* bzw. [?]*einen Fehler reparieren*, obwohl beide Verben im Kern eine ähnliche Bedeutung haben. In Extremfällen verbindet sich ein Wort nur mit sehr wenigen Wörtern oder gar nur mit einem einzigen, etwa *bellen* nur mit *Hund* (oder *Fuchs*), und *ranzig* typischerweise nur mit *Butter*. Durchbricht man solche **Selektionsbeschränkungen**, die im Übrigen vielfach auch den in 10.1.2 erwähnten Kollokationen zugrundeliegen, entstehen entweder inakzeptable Äußerungen oder u.U. besonders expressive Metaphern (z.B. *im Gedächtnis blättern*).

Ebenso wichtig sind die **paradigmatischen** Beziehungen, d.h. Beziehungen zwischen Wörtern, die im Prinzip dieselbe Stelle im Satz einnehmen können.

Von der Sache her zusammengehörige Wörter sind in Form von sog. **Wortfeldern** organisiert. Im Deutschen wird beispielsweise der Zeitraum von 0^h bis 24^h durch die Substantive *Morgen*, *Vormittag*, *Mittag*, *Nachmittag*, *Abend* und *Nacht* abgedeckt, während etwa im Spanischen eine andere Strukturierung anzutreffen ist.

Wörter mit (fast) derselben Bedeutung nennt man **Synonyme**. Der Zusatz *fast* ist deshalb nötig, weil es nur sehr wenige Wörter bzw. Wortpaare gibt, die die gleiche Denotation, Konnotation und Distribution aufweisen. Ein typisches Beispiel von Quasi-Synonymie ist das Paar *Unterschied/Differenz*.

Eine große Rolle spielen bei der Organisation des Wortschatzes verschiedene Arten von Gegensatz, die man oft unter der Bezeichnung **Antonymie** zusammenfasst. **Komplementarität** bezeichnet den besonderen Umstand, dass sich zwei Wörter gegenseitig ausschließen, z.B. *Ausländer/Inländer* (bezogen auf einen bestimmten Staat): ist jemand Inländer, dann ist er nicht Ausländer, und ist jemand nicht Ausländer, dann ist er Inländer. **Inkompatibilität** bzw. **konträre Antonymie** liegt vor, wenn eine dieser Schlussfolgerungen nicht gilt: *groß* impliziert zwar *nicht klein*, *nicht groß* bedeutet aber nicht unbedingt *klein*. Der Satz *Hans ist zwar nicht groß, aber auch nicht klein* ist ganz natürlich, während *Hans ist zwar nicht Inländer, aber auch nicht Ausländer* widersprüchlich ist. Bei inkompatiblen polaren Wörtern wie *groß/klein* oder *alt/jung* ist meist ein Pol **unmarkiert**: Normalerweise fragt man ein Kind „Wie groß bist du?" und „Wie alt bist du?", aber nicht „Wie klein bist du?" bzw. „Wie jung bist du?". Während Wörter in Inkompatibilitätsrelationen modifiziert werden können (z.B. durch Komparation: *größer*, *kleiner*), gilt dies für komplementäre Wörter in alltagssprachlicher Verwendung nicht (z.B. *toter, *lebendiger, *bartloser).

Schließlich ist noch die wichtige Beziehung der **Hyponymie** zu nennen, womit man das „Enthaltensein" einer Bedeutung in einer anderen bezeichnet. Z.B. sind *Rose*, *Tulpe* und *Veilchen* Hyponyme von *Blume*, *Pferd*, *Maus* und *Krokodil* Hyponyme von *Tier*. In der Begrifflichkeit der Merkmalssemantik ausgedrückt: das **Hyponym** hat mehr semantische Merkmale und damit eine größere Intension, das **Hyperonym** (Oberbegriff) weniger semantische Merkmale, dafür eine größere Extension (vgl. 9.1.2).

10.2.3   Wortschatz und Wirklichkeit

Die strukturalistische Sprachwissenschaft hat mit Recht darauf hingewiesen, dass der Wortschatz einer Sprache nicht einfach eine Eins-zu-eins-Abbildung der Wirklichkeit, sondern bis zu einem gewissen Grad das Produkt der Organisation der Wirklichkeit durch den Menschen ist. Selbst zwischen unseren nah verwandten europäischen Sprachen gibt es zahlreiche Unterschiede in der lexikalischen Organisation der Wirklichkeit. So entsprechen unserem Wort *Haar* im Französischen die Wörter *poil* und *cheveu*, von denen das erste Körperhaare von Mensch und Tier, das zweite nur das Kopfhaar des Menschen bezeichnet. Im Spanischen und Französischen hat das deutsche Wort *Straße* je zwei Entsprechungen: *calle/rue* für die Straße in bewohntem Gebiet und *carretera/route* für die (Über-)Landstraße. Und dem dt. *Schale* entsprechen im Italienischen u.a. *guscio* (Eier, Nüsse u.ä.) und *buccia* (Äpfel, Birnen u.ä.). Man sieht hier deutlich, wie in verschiedenen Sprachen ganz unterschiedlich Elemente des sprachlichen und des Weltwissens mit einem Wort verbunden sind. Ähnliche Fälle von unterschiedlicher Organisation der Wirklichkeit haben auch grammatische Folgen: für dt. *sein* muss man im Spanischen und Portugiesischen in Abhängigkeit von einer Serie von Faktoren entweder *ser* oder *estar* wählen: *Anita ist zornig* kann ins Spanische mit *Anita es irascible* (Charaktereigenschaft) oder mit *Anita está enojada* (Zustand) zu übersetzen sein. Beim Erlernen eines fremden Wortschatzes kann man sich folglich nicht auf das Lernen von fremden „Namen" für vertraute Bedeutungen beschränken, vielmehr muss man für zahlreiche Wörter der Fremdsprache auch eine von der Muttersprache abweichende Bedeutung lernen.

Als unhaltbar hat sich die Hypothese mancher Strukturalisten erwiesen, Sprachen könnten sich in der Organisation der Wirklichkeit beliebig unterscheiden. Obwohl die Freiheit besteht, die Wale den Fischen zuzuordnen, fasst keine Sprache Hunde, Bleistiftspitzer, Kniescheiben und Wasserfälle zu einer Laut-Bedeutungseinheit zusammen. Wie wir die Welt kategorisieren, ist offensichtlich unabhängig von der Sprache zum Teil biologisch und zum Teil kulturell bedingt. Dem entspricht auch die Erfahrung, dass der Grundwortschatz einer Fremdsprache in groben Zügen mit dem der Muttersprache übereinstimmt.

Seit langem kontrovers diskutiert wird die Frage, ob und inwieweit die jeweilige Sprache das Denken ihrer Sprecher beeinflusst. Lange tendierte man dazu, diesen Einfluss überzubewerten (Humboldt, Sapir, Whorf). Als Gegenreaktion wurde dann überhaupt jeglicher Einfluss in Frage gestellt. Durch sorgfältige Untersuchungen ist es in der letzten Zeit gelungen, für einige konkrete Fälle einen Einfluss der Sprache auf das Denken nachzuweisen. So lösen Probanden gewisse Aufgaben nachweislich anders, je nachdem, ob ihre Muttersprache Ortsangaben durch die relativen Begriffe ‚links‘ und ‚rechts‘ ausdrückt oder nur absolute Ortsangaben kennt wie ‚bergwärts‘, ‚östlich‘, usw. Auch die Memorisierung von Ereignissen wird durch diesen sprachlichen Unterschied nachweislich beeinflusst.

10.2.4   Lexikalisierung und Idiomatik

Um einen Satz, ein Syntagma oder ein morphologisch komplexes Wort interpretieren zu können, muss man neben der Bedeutung der darin enthaltenen einfachen Wörter auch die Konstituentenstruktur sowie die relevanten Interpretationsregeln kennen. Manchmal muss zur Auflösung verbleibender Mehrdeutigkeiten auch noch auf unser Weltwissen zurückgegriffen werden. Um z.B. *Plastikmülltonne* die Bedeutung ‚Tonne für Müll, der aus Plastik besteht‘ zuweisen zu können, müssen wir die Bedeutung von *Plastik, Müll* und *Tonne* kennen und wissen, dass eine mögliche Konstituentenstruktur [[AB] C] ist und dass in deutschen Nominalkomposita die rechte unmittelbare Konstituente bestimmend ist. Die Bedeutungsbestandteile ‚für‘ und ‚aus‘ erhalten wir durch Rückgriff auf unser Wissen um den Referenten: Dass Tonnen eher nicht <u>aus</u> Plastikmüll, sondern <u>für</u> Plastikmüll sind, ist kein sprachspezifisches grammatikalisches Wissen.

Das hier geschilderte Interpretationsverfahren gilt für die produktive Verwendung von Sprache. Daneben existieren jedoch in jeder Sprache zahlreiche Sätze, Syntagmen und morphologisch komplexe Wörter, deren Bedeutung nicht (mehr) regelmäßig aus den Bestandteilen aufgebaut werden kann. Das sog. **Kompositionalitätsprinzip**, demzufolge die Bedeutung einer Äußerung als eine Funktion der Bedeutung ihrer Komponenten angesehen werden muss, ist außer Kraft gesetzt. Man nennt solche Wörter **lexikalisiert**, Syntagmen und Sätze **idiomatisch**. Ein Beispiel für ein lexikalisiertes deutsches Nominalkompositum wäre *Bahnhof*, das keinen Hof mehr bezeichnet, ein Beispiel für eine idiomatische Wendung *nur Bahnhof verstehen* ‚nichts verstehen‘. Lexikalisierte Wörter und idiomatische Wendungen sind meist auch sprachspezifisch und somit nicht Wort für Wort übersetzbar, es sei denn, es handelt sich um Entlehnungen (z.B. *den Hof machen* von frz. *faire la cour*). Die semantische Einheit von idiomatischen Wendungen hat oft auch zur Folge, dass sie nicht all den grammatikalischen Manipulationen unterzogen werden können, die entsprechende nicht-idiomatische Sätze/Syntagmen erlauben (vgl. *der Antrag/ᵗHof, der ihr gemacht wurde*; *die Anträge/*Höfe, die ihr gemacht wurden*).

10.2.5   Literatur

Blank (2001), Lyons (1991), Pöll (2002)

10.2.6   Aufgaben

1.   Versuchen Sie, in tabellarischer Form die folgenden Verben mit Hilfe semantischer Merkmale zu definieren: *töten, schlachten, köpfen, füsilieren, hinrichten, erschießen, niederschießen, massakrieren, abmurksen.*

2.   Es gibt Begriffe, für die es in bestimmten Sprachen (noch) keine usuellen Wörter gibt. So ist man im Deutschen, wenn man nicht mehr hungrig ist, *satt*, aber was ist man, wenn man nicht mehr durstig ist? Suchen Sie drei weitere vergleichbare Beispiele.

3.   Sammeln Sie 15 deutsche Verben für Tierlaute und schlagen Sie in guten zwei- und einsprachigen Wörterbüchern die Äquivalente in Ihrer romanischen Sprache nach. Sind die Selektionsbeschränkungen dieselben?

4.   (a) Wo liegen die Grenzen der einzelnen Wörter des in 10.2.2 angeführten Wortfeldes? (b) Wie ist derselbe Zeitraum in Ihrer romanischen Sprache organisiert? Gibt es Unterschiede zum Deutschen? (c) Wie lauten die entsprechenden Grußformeln? Gibt es hier Unterschiede?

5.   Teilen Sie die folgenden landwirtschaftlichen Produkte in Obst und Gemüse: Gurken, Kürbisse, Artischocken, Spinat, Kartoffel, Zwiebel, Knoblauch, Spargel, Tomaten, Melonen, Erdbeeren, Äpfel, Birnen. (a) Ist die Zuordnung immer eindeutig? (b) Nach welchen Kriterien („semantischen Merkmalen, Semen") erfolgt die Zuordnung?

6.   Erstellen Sie eine Liste von deutschen Komposita mit *Uhr* und *Stall* als zweiter Konstituente. Übersetzen Sie diese dann in Ihre romanische Sprache. Gibt es für diese Äquivalente in Ihrer romanischen Sprache einen Oberbegriff?

7.   (a) Worin besteht der Unterschied zwischen frz. *maison* und *immeuble*, it. *gelato* und *ghiaccio* sowie sp. *pez* und *pescado*? Suchen Sie drei weitere Beispiele aus Ihrer romanischen Sprache, wo einem deutschen Wort zwei oder mehrere Wörter Ihrer romanischen Sprache entsprechen. (b) Erstellen Sie eine möglichst umfangreiche Liste von Verwendungen von frz. *coup* bzw. it. *colpo* bzw. sp. *golpe* und übersetzen Sie sie ins Deutsche. Wieviele Entsprechungen gibt es?

8.   Welche Bedeutung(en) könnte das Kompositum *Plastikmülltonne* haben, wenn sie ihm die Konstituentenstruktur [[A [BC]] zuweisen?

9.   Konsultieren Sie eine Grammatik des Portugiesischen (z.B. Hundertmark-Santos Martins 1998) und finden Sie heraus, was der Unterschied zwischen *O muro está alto* und *O muro é alto* ist.

10.3   Sprachskizze 8: Katalanisch

10.3.1   Externe Sprachgeschichte und heutige Situation

Im Spätmittelalter war das Katalanische eine angesehene Literatur- und Nationalsprache, die, wir wir in 6.3.1 gesehen haben, im Zuge der Expansion des Königreiches Aragón im Mittelmeer bedeutende sprachliche Spuren hinterließ. Während in Katalonien in der Dichtung noch bis ins 15. Jahrhundert Okzitanisch verwendet wurde, waren dem Katalanischen durch Ramón Llull ([ʎuʎ]; ca. 1235–1315/16) als erster romanischer Sprache die Domänen der Philosophie und der Wissenschaft eröffnet worden.

Nach der Heirat von Ferdinand von Aragón mit Isabella von Kastilien im Jahre 1469 begann der katalanische Adel, zum Kastilischen überzuwechseln, womit ein Prozess eingeleitet wurde, der den Verwendungsbereich des Katalanischen ständig einschränkte und schließlich zur heutigen Diglossiesituation führte. Sehr negativ wirkte sich die zentralistisch-repressive (Sprach-)Politik der Bourbonen im 18. Jahrhundert aus, die darauf zurückzuführen war, dass die Katalanen im Spanischen Erbfolgekrieg auf Seiten der Habsburger gekämpft hatten.

In der ersten Hälfte des 19. Jahrhunderts, als das Katalanische aus allen bedeutenderen Domänen verdrängt und an einem historischen Tiefpunkt angelangt war, formierte sich allerdings eine Gegenbewegung, die sog. *Renaixença* ([rənə'ʃɛnsə]). Anfänglich handelte es sich um eine literarische Bewegung, die an die große altkatalanische Tradition anknüpfen wollte, doch nahm sie im Laufe des Jahrhunderts immer stärker auch nationalistische und politische Züge an.

Die Ausgangssituation für eine Revitalisierung des Katalanischen war im Vergleich zu jener des Galicischen (vgl. 2.3.6) um vieles günstiger: Zwar hatten die politischen und soziokulturellen Eliten (Adel, Schriftsteller) ihre Sprache in der Zeit der sog. *Decadència* ([dəkə'ðɛnsiə]; 16.–19. Jh.) aufgegeben, doch die bürgerlichen Schichten und die Kirche blieben dem Katalanischen treu, sodass es ein relativ hohes Sozialprestige besaß und besitzt (was für Minderheitensprachen ziemlich einzigartig ist!). Zu Beginn des 20. Jahrhunderts konnten dann erste politische Erfolge erreicht werden, und unter der Volksfrontregierung der dreißiger Jahre erlangte das Katalanische sogar den Status einer kooffiziellen Sprache in Katalonien. Was die Standardisierung angeht, waren in den 1910er und 1920er Jahren von Pompeu Fabra tragfähige, für alle Katalanischsprachigen akzeptable orthographische und grammatikalische Normen geschaffen worden, die noch heute Bestand haben.

Der einsetzende sprachlich-kulturelle Aufschwung war jedoch von kurzer Dauer, denn nach dem Sieg Francos im Spanischen Bürgerkrieg (1936–39) wurde der öffentliche Gebrauch des Katalanischen unter Strafe gestellt. Diese repressive Sprachpolitik lockerte sich erst etwas in den 1950er Jahren, als Franco nach der Ausschaltung seiner Gegner und der Anerkennung durch die USA seine Macht gefestigt hatte. Dennoch blieb das Katalanische bis zum Ende der Diktatur (1975) eine unterdrückte Sprache.

Im Zuge der mit der Demokratisierung Spaniens einsetzenden Entwicklungen hin zu einer größeren Autonomie der einzelnen Regionen (*comunidades autónomas*) erlangte das Katalanische im Jahre 1979 wieder den Status einer offiziellen Sprache in Spanien. Seit dieser Zeit werden große Anstrengungen unternommen, das Katalanische zu einer voll funktionstüchtigen modernen Sprache auszubauen. Auf Basis des Autonomiestatuts von 1979 und der *Llei de normalització lingüística* (Sprachnormalisierungsgesetz von 1983, als *Llei de política lingüística* 1998 neu gefasst) wird es in alle höheren Domänen wie Schule, Medien, Wissenschaft, öffentliche Verwaltung usw. eingeführt. Das Hauptproblem bei diesem Rekatalanisierungsprozess stellen die zahlreichen vornehmlich andalusischen Arbeitsmigranten dar, die in den Industriegebieten einen nicht unbeträchtlichen Anteil der Bevölkerung ausmachen. Da das Katalanische in Katalonien jedoch die Sprache des sozialen Aufstiegs ist, dürfte es langfristig wohl auch gelingen, unter diesem Bevölkerungsanteil einen kastilisch-katalanischen **Bilinguismus**, d.h. eine einigermaßen ausgewogene Zwei-sprachigkeit, herbeizuführen.

Besonders gering ist die Anzahl der Katalanischsprechenden, die insgesamt auf ca. 8 Mio. zu schätzen ist, in den Vororten von Barcelona und in Valencia (z.T. weit unter 50 %), wo noch erschwerend hinzukommt, dass man aus politischen Gründen nicht von Katalonien vereinnahmt werden will. Um sich von Barcelona abzusetzen, sprechen manche Valencianer auch von einer *llengua valenciana*, obwohl die sprachlichen Varietäten von Barcelona und Valencia nur geringfügige strukturelle Unterschiede aufweisen (Aussprache, z.T. Verbal-morphologie). Der Fall des Valencianischen ist ein Musterbeispiel für eine fast nur poli-tisch-ideologisch bedingte Verwendung des Begriffs *Sprache*.

10.3.2   Der Turmbau zu Babel: Katalanisch

Tota la terra era d'una sola llengua i d'unes mateixes paraules. Quan els homes emigraren cap a Orient, trobaren una planura a la terra de Senaar i s'hi establiren. Aleshores es digueren els uns als altres: Au, fem maons i coguem-los al foc! Els maons els serviren de pedra i el betum de morter. Després digueren: Au, bastim-nos una ciutat i una torre, el cim de la qual toqui el cel, i fem-nos un nom perquè no siguem dispersats per tota la terra.

Jahveh baixà per veure la ciutat i la torre que els fills de l'home estaven construint. I Jahveh digué: Vet aquí que tots plegats fan un sol poble i tenen un sol parlar; i això és el començament del que faran! en endavant, ja no s'estaran de fer cap projecte que imaginin. Anem, baixem i confonguem allí mateix el seu parlar, perquè no s'entenguin entre ells.

Jahveh els dispersà d'aquell indret per tota la terra i cessaren de construir la ciutat. Per això s'anomena Babel, perquè és allí que Jahveh va confondre el parlar de tota la terra, i és d'allí que Jahveh els escampà per tota la superfície de la terra.

Biblia. Barcelona: Ed. Alpha, 1968.

Das [l] wird in den meisten Fällen als velares [ɫ] gesprochen. Da die Verteilung der Allophone [l] und [ɫ] in unserer Tonbandaufnahme nicht systematisierbar ist und die An-gaben in der Literatur widersprüchlich sind, schreiben wir durchgehend [l].

[totə lə tɛrə erə d unə sɔlə ʎeŋgwə i d unəs məteʃəs pərauləs kwan əls ɔməs əmigrarən kap ə uɾien truβarən unə plənurə a lə tɛrə də Senaar i s i əstaβlirən aləsɔrəs əs digerən əls uns əls altrəs au fem məons i kugem-lus əl fɔk əls məons əls sərvirən də pedrə i əl bətun də muɾte dəspres digerən au bəstim-nus unə sjutat i unə torə əl sim də lə kwal tɔki əl sɛl i fem-nus un nɔm pərkɛ nu sigem dispərsats pər totə lə tɛrə

jəβɛ bəʃa pər beurə lə sjutat i lə torə kə əls fiʎs də l ɔmə əstaβən kunstruin i jəβɛ digə bɛt əki kə tots pləgats fan un sol pɔbblə i tenən un sol pərla i əʃɔ es əl kumənsəmen dəl kə fəran ən əndəβan ja nu s əstəran də fe kap pɾujektə kə iməʒinin ənem bəʃem i kuŋfuŋgem əʎi məteʃ əl seu pərla, pərkɛ nu s əntəŋgin əntrə ɛʎs.]

10.3.3   Literatur

Kuhn (2000), Lebsanft (2002), Lüdtke (1984), Röntgen (2000)

10.3.4   Aufgaben

1. Die Stellung des Katalanischen innerhalb der romanischen Sprachen ist noch heute umstritten: manche sehen größere Affinitäten zum Galloromanischen, speziell zum Okzitanischen, andere zum Iberoromanischen. In der Tat hat das Katalanische mit beiden Gemeinsamkeiten, weshalb man manchmal auch von einer **Brückensprache** spricht. (a) Suchen Sie im Turmbau-Text drei Wörter, die das Katalanische mit dem Französischen gemein hat und die das Spanische nicht kennt sowie eine grammatische Besonderheit, die Katalanisch und Französisch kennen (im Spanischen aber nicht existiert). (b) Vervollständigen Sie mit Hilfe eines zweisprachigen Wörterbuchs die folgenden Reihen:

    frz. *seize* – sp. *dieciseis* – kat. ....   frz. *encore* – sp. *todavía* – kat. ....
    frz. *petit* – sp. *pequeño* – kat. ....   frz. *nuit* – sp. *noche* – kat. ....
    frz. *manger* – sp. *comer* – kat. ....

2. Vergleichen Sie die folgenden Wortpaare:

    ciutat [sjuˈtat] ‚Stadt‘   *ciutadá* [sjutəˈda] ‚städtisch‘

    pla [ˈpla] ‚eben‘   *planura* [pləˈnurə]

    pedra [ˈpɛdrə]   *pedreta* [pəˈdretə] ‚Steinchen‘

    terra [ˈtɛrə]   *terrós* [təˈros] ‚irden‘

    nom [ˈnɔm]   *anomenar* [ənuməˈna]

    torre [ˈtorə]   *torreta* [tuˈretə] ‚Türmchen‘

    Man sieht, dass sich der Vokal der Basis in der Ableitung ändert. Beantworten Sie nun die folgenden Fragen: (a) Welche Vokalveränderungen sind zu beobachten? (b) Was ist der all diesen Veränderungen gemeinsame auslösende Faktor? (c) Wie nennt man eine solche Veränderung? (d) Kann man die vielen Zentralvokale ([ə], auch **Schwa** genannt) der Transkription des Turmbau-Textes als Produkt dieses phonologischen Prozesses ansehen?

3. Außer in Katalonien und Valencia spricht man auch auf den Balearen und in der französischen Region Roussillon (kat. *Rosselló*) Katalanisch. Lesen Sie Lüdtke (1984, 115–117) zur dialektalen Gliederung des Katalanischen und beantworten Sie folgende Fragen: (a) Ist das katalanische Sprachgebiet dialektal stark zerklüftet? (b) Welche beiden Hauptdialekte werden unterschieden? (c) Welchem der beiden Hauptdialekte gehört unser Sprecher an? Woran erkennen Sie dies? (d) Warum unterscheidet sich das Rossellonesische relativ stark von den übrigen katalanischen Dialekten?

4. (a) Das Katalanische hat, wie z.B. auch das Portugiesische, ein velares [l], d.h. ein [ɫ], bei dem der hintere Teil des Zungenrückens gegen das Velum angehoben wird. Kennen Sie andere Sprachen und Dialekte, die ein solches [ɫ] haben? (b) Lesen Sie den Turmbau-Text ausgehend von der Transkription.

5. Transkribieren Sie unter Zuhilfenahme des Textes und der Aufnahme den letzten Absatz des Turmbau-Textes.

6. Lesen Sie den Artikel 3 der Spanischen Verfassung von 1978 (Text u.a. in Berschin et al. 2005, 42) und vergleichen Sie ihn mit dem Artikel 32 der *Llei de política lingüística* (1998) (http://www20.gencat.cat/portal/site/Llengcat?newLang=es_ES; Link: „Legislación lingüística"). Können Sie einen Widerspruch zwischen dem Inhalt dieses Artikels und den sprachenrechtlichen Bestimmungen der Spanischen Verfassung ausmachen?

7. Lesen Sie Lebsanft (2002, 121–126) und beantworten Sie die folgenden Fragen: (a) Was versteht man unter „supradialektaler Kodifikation"? (b) Welche ist die wichtigste sprachpflegerische Institution in Katalonien? (c) Was versteht man in der katalanischen Normdiskussion unter *català light* und *català heavy*? (d) Für welche Domäne(n) ist das *Centre de Terminologia Catalana* (*Termcat*) zuständig? (e) Wie schätzen Sie die Möglichkeiten ein, eine Sprache wie das Katalanische in diese Bereiche einzuführen?

11.   Elfte Unterrichtseinheit

11.1   Wörterbücher II: zweisprachige Wörterbücher

11.1.1   Vom Glossar zum Wörterbuch

Das zweisprachige Wörterbuch ist der älteste Wörterbuchtypus in der Romania; einige der frühesten Texte der romanischen Sprachen (vgl. 2.3.3) – die Glossare – sind Vorformen, weil in ihnen unbekannte bzw. nicht mehr verstandene lateinische Wörter in der Volkssprache erklärt wurden. Die ersten zweisprachigen Wörterbücher im modernen Verständnis tauchen jedoch erst im 15. und 16. Jahrhundert auf und haben zunächst Latein als **Ausgangssprache** und die jeweilige Volkssprache als **Zielsprache**.

11.1.2   Typologie zweisprachiger Wörterbücher

Bei einem gegebenen Sprachenpaar – z.B. Deutsch/Spanisch – können je nach der Muttersprache des Benützers und nach der sprachlichen Aufgabe, die mit dem Wörterbuch bewältigt werden soll, in der Theorie vier Typen unterschieden werden:

(a) das Hinübersetzungswörterbuch (auch: aktives Wörterbuch) für Germanophone (Deutsch → Spanisch);
(b) das Herübersetzungswörterbuch (auch: passives Wörterbuch) für Hispanophone (Deutsch → Spanisch);
(c) das Herübersetzungswörterbuch für Germanophone (Spanisch → Deutsch);
(d) das Hinübersetzungswörterbuch für Hispanophone (Spanisch → Deutsch).

Aufgrund des Kompetenzgefälles zwischen Mutter- und Fremdsprache müsste – obwohl die gleiche Übersetzungsrichtung vorliegt – ein deutsch-spanisches Wörterbuch je nach der Muttersprache des Benützers anders konzipiert sein: der Deutschsprachige, der ins Spanische übersetzt, braucht mehr Information über das Spanische, der Spanischsprachige, der ins Deutsche übersetzt, braucht mehr Information zum Deutschen. In der Praxis reduziert sich diese Typologie in der Regel auf zwei Formen, die alle vier oben beschriebenen Funktionen erfüllen sollen: dasselbe deutsch-spanische oder spanisch-deutsche Wörterbuch wird in der Regel von Angehörigen der beiden Sprachgruppen für Sprachproduktion (fremdsprachliche Textproduktion, Übersetzen in die Fremdsprache) und Sprachrezeption (Verstehen von fremdsprachlichen Texten und eventuell Übersetzen in die Muttersprache) verwendet.

Die Stärken der zweisprachigen Wörterbücher liegen eher in der passiven Funktion, denn sie ermöglichen gezieltes und rasches Nachschlagen von unbekannten fremdsprachlichen Wörtern. Für die aktive Funktion taugen die existierenden zweisprachigen Wörterbücher hingegen nur beschränkt: Im Extremfall werden dem Benützer ohne zusätzliche Information mehrere Äquivalente angeboten, über deren Eignung für einen bestimmten Kontext er wegen seiner eingeschränkten fremdsprachlichen Kompetenz nicht entscheiden kann. Immer wieder kann man beobachten, wie Lerner einfach das erstbeste Äquivalent für ein bestimmtes muttersprachliches Wort auswählen, ohne ihr Ergebnis im Wörterbuch der anderen Richtung bzw. im einsprachigen Wörterbuch zu überprüfen. Die zweisprachigen Wörterbücher versuchen dem abzuhelfen, indem sie Verwendungskontexte für die zielsprachlichen Äquivalente angeben und darauf hinweisen, dass ausgangssprachliche Wörter mehrere Bedeutungen mit je unterschiedlichen Äquivalenten haben können. Vgl. den folgenden Artikel aus dem *Pons Globalwörterbuch Deutsch-Spanisch* (1996):

> **gesetzlich** *adj* legal; (*rechtmäßig*) legíti-
> mo; ~**er Feiertag** fiesta oficial; ~**e Regelun-**
> **gen/Bestimmungen** reglamentos/normas
> legales

Durch die Angabe eines Synonyms von *gesetzlich* wird hier für den deutschsprachigen Benützer klar gemacht, dass er für seine Übersetzung nicht unterschiedslos zu *legal* oder *legítimo* greifen darf. Die hier fettgedruckten Kollokationen dienen ebenfalls zur Textproduktion in der Fremdsprache des Deutschsprachigen (der spanischsprachige Benützer, der das Wörterbuch zum Lösen von Textverständnisproblemen benützt, braucht sie hingegen nicht unbedingt, da er sie problemlos erschließen kann).

11.1.3   Entsprechung – Übersetzung – Äquivalent

Die Annahme, dass zweisprachige Wörterbücher die Übersetzung der Lemmata bieten, gehört zu den großen Irrtümern im Zusammenhang mit diesem Wörterbuchtyp. In Wirklichkeit ist der Status der dargebotenen Äquivalente recht unterschiedlich. Dies zeigt ein Blick in mehrere zweisprachige Wörterbücher des Sprachenpaars Deutsch-Spanisch:

	Pons Globalwörter-buch	*Langenscheidt Millenniumwörterbuch*	*Slabý/Grossmann*
anstandshalber	por decencia, por decoro	para guardar el decoro	para complacer a alg., para guardar el decoro
Zukunftsmusik	utopía, [eso son] castillos en el aire	música del futuro	música del porvenir
Schmerzensgeld	indemnización por daño personal	indemnización por daño personal	indemnización por daño personal

Wie man sieht, gibt es z.B. für *anstandshalber* und *Zukunftsmusik* nicht <u>das</u> richtige Äquivalent; die Wörterbücher bieten spanische Umschreibungen der deutschen Begriffe an; wie man diese im Einzelfall dann wirklich übersetzt, hängt vom Kontext ab. Außerdem sind auch noch andere, in den Wörterbüchern nicht verzeichnete Übersetzungen denkbar. Bei *Schmerzensgeld* präsentiert sich die Sache anders. Da es sich um einen juristischen Fachbegriff handelt, ist es nicht erstaunlich, dass die Ergebnisse identisch ausfallen: dem Terminus im Deutschen steht ein Terminus im Spanischen gegenüber.

Fassen wir zusammen: Zweisprachige Wörterbücher bieten in der Regel mehrere <u>mögliche</u> Übersetzungen der ausgangssprachlichen Lemmata an. Je höher die Sprachkompetenz des Benützers, desto größer die Chance, dass das zum jeweiligen Kontext passende Äquivalent ausgewählt wird.

Angesichts der Fülle auf dem Markt befindlicher brauchbarer Wörterbücher beruht unsere Empfehlung gezwungenermaßen nicht nur auf Qualitätskriterien (insbesondere der Umfang der Makrostruktur beim zweisprachigen passiven Wörterbuch), sondern spiegelt auch persönliche Vorlieben wider. Einige der genannten Wörterbücher sind auch in elektronischer Form – im Internet oder als CD – verfügbar.

Französisch:

GRAPPIN, Pierre (1999): *Dictionnaire général français-allemand, allemand-français.* Paris: Larousse.

Italienisch:

REININGER, Anton/CICOIRA, Fabrizio et al. (2002): *Langenscheidts Handwörterbuch Italienisch-Deutsch/Deutsch-Italienisch.* Berlin/Leipzig: Langenscheidt.

Spanisch:

SLABÝ, Rudolf J./GROSSMANN, Rudolf/ILLIG, Carlos (1999/2001): *Wörterbuch der spanischen und deutschen Sprache.* 2 Bde. Leipzig/Wiesbaden: Tauchnitz/Brandstätter.
Pons Globalwörterbuch (1996). *Deutsch-Spanisch/Spanisch-Deutsch.* 2 Bde. Stuttgart etc.: Klett.

Portugiesisch:

HOEPNER, Lutz/KOLLERT CORTES, Ana Maria (2001): *Langenscheidts Taschenwörterbuch Portugiesisch-Deutsch, Deutsch-Portugiesisch.* Berlin/Leipzig: Langenscheidt.
Dicionário de Alemão-Português e Português-Alemão (1997). Porto: Porto Editora.

Rumänisch:

ILIESCU, Maria/ROMAN, Alexandru (1971): *Wörterbuch Rumänisch-Deutsch, Deutsch-Rumänisch.* Leipzig: Verlag Enzyklopädie.
TIKTIN, Hariton (1986–1989): *Rumänisch-deutsches Wörterbuch.* 2., überarbeitete und ergänzte Auflage von Paul Miron. 3 Bde. Wiesbaden: Harrassowitz.

150

11.1.4   Literatur

Hausmann (1985), Hausmann/Werner (1991)

11.1.5   Aufgaben

1. Lesen Sie Hausmann (1985) und suchen Sie in der Instituts-/Fachbibliothek zu den aufgezählten Typen von Wörterbüchern das jeweils möglichst beste Exemplar für Ihre romanische Sprache. Legen Sie der Liste das folgende Ordnungsprinzip zugrunde: Typ des Wörterbuchs – Name des Verfassers – Titel – Signatur. Bedenken Sie bei der Gestaltung dieser Übersicht, dass Sie gerade eine individuelle Arbeitsunterlage selbst zusammenstellen, auf die Sie während Ihres gesamten Studiums zurückgreifen werden.

2. (a) Suchen Sie je drei Beispiele von Synonymen, Antonymen und Homonymen aus Ihrer romanischen Sprache. (b) Aus welchen griechischen Elementen bestehen die drei in (a) angeführten Fachausdrücke?

3. Fragen Sie zehn Personen, wie sie die folgenden Syntagmen spontan fortsetzen würden: *auf dem Standpunkt …, ein sattsam …, über Stock und …, ein lukratives …, er fasste sich ein …, ein denkbar …, sich nicht mit solchen Kleinigkeiten …, keine Kompromisse …, sich auf ein Geschäft …, die Vorräte gehen …* Bei welchen Wendungen ergeben sich die größten Übereinstimmungen? Worauf lässt dies schließen?

4. Lesen Sie die Einleitung von F. J. Hausmann zu *Langenscheidts Kontextwörterbuch. Französisch-Deutsch.* Berlin/München 1989 und beantworten Sie die folgenden Fragen: (a) Wie frei ist der Wortgebrauch? (b) Warum ist das Wörterbuch nach Substantiven angeordnet? (c) Was unterscheidet Kollokationen von Redewendungen?

5. Lesen Sie Albrecht, Jörn (1991): „Syntagmatik im Wörterbuch". In: Forstner, M. (Hg.): *Festgabe für Hans-Rudolf Singer.* Frankfurt/Bern/New York/Paris: Lang, 305–323 und beantworten Sie die folgenden Fragen: (a) Was ist ein Enkodierwörterbuch? (b) Was versteht der Autor unter *Rektion*, was unter *Kollokation*? Geben Sie Beispiele! (c) Übersetzen Sie die folgenden Wendungen (vom Substantiv ausgehend) in Ihre romanische Sprache: *Aufmerksamkeit schenken, einen Weg einschlagen, Angst einflößen.* Welches Charakteristikum von Kollokationen können Sie aus Ihren Ergebnissen ablesen? Welche Schlüsse ziehen Sie daraus für das Vokabellernen?

11.2   Pragmatik

Die Pragmatik deckt eine Reihe verschiedener Forschungsrichtungen ab, die definitorisch schwer auf einen gemeinsamen Nenner zu bringen sind. Das einigende Band könnte am ehesten in dem besonderen Augenmerk gesehen werden, das auf die konkrete Sprachverwendung und die Rolle des Kontexts beim Produzieren und Verstehen von Äußerungen gerichtet wird.

11.2.1 Sprechen ist Handeln: Sprechakte

Prämisse der Pragmatik ist, dass Sprechen eine Form des Handelns ist. Deshalb setzt man als Grundelemente der Sprache nicht Wörter oder Sätze, sondern sogenannte **Sprechakte** an – etwas vereinfacht könnte man auch von Äußerungen sprechen. In jedem Sprechakt, bei jeder Sprechhandlung, werden gleichzeitig mehrere Teilhandlungen vollzogen:

(a) Wir artikulieren, reihen also sprachliche Zeichen aneinander (**lokutionärer Akt**);
(b) Wir realisieren eine bestimmte kommunikative Absicht (**Illokution**, Mitteilungsabsicht), geben vielleicht eine Information, einen Rat, äußern unser Bedürfnis nach Information usw.;
(c) Wir erzeugen mit unserem Sprechakt auch einen bestimmten Effekt, verunsichern vielleicht unseren Gesprächspartner, bestätigen ihn in seinen Ansichten oder erheitern ihn (**Perlokution**).

Auffällig ist nun, dass der augenscheinliche Inhalt einer Äußerung und die Mitteilungsabsicht sich in unserer Alltagskommunikation häufig nicht decken. Solche Fälle nennt man **indirekte Sprechakte**. Betrachten wir den folgenden Mini-Dialog:

A: Kannst Du kochen?
B: Ich weiß, wie man ein Spiegelei brät.

Es besteht wohl kein Zweifel daran, dass es B hier nicht darum geht, darüber Auskunft zu geben, dass er eine bestimmte Speise zubereiten kann, sondern die Frage von A zu verneinen. A muss hier die Mitteilungsabsicht aus dem Kontext erschließen, anders gesagt, die sog. **Implikatur** (kontextabhängige Mitbedeutung) der Antwort von B erkennen. Klassische Beispiele für indirekte Sprechakte sind Äußerungen wie *Hier zieht's!* oder *Dort ist die Tür!*, mit denen man jemanden auffordert, das Fenster zu schließen bzw. den Raum zu verlassen.
   Wie wichtig der Kontext zum richtigen Verständnis eines Sprechaktes ist, lässt sich am folgenden Beispielsatz zeigen: *Er war stets bemüht, alle Aufgaben gewissenhaft und termingerecht zu erledigen.* Kommt dieser Satz in einem Gespräch unter Kollegen vor, wird man davon ausgehen, dass es sich um eine lobende Einschätzung des Engagements der betreffenden Person handelt, steht dieser Satz aber in einem Dienstzeugnis, wird er von jedem mit den Konventionen dieser Textsorte vertrauten Leser ganz anders interpretiert: Da in einem Dienstzeugnis nichts explizit Negatives stehen darf, wird das Scheitern als Bemühen versprachlicht. Im Klartext heißt dieser Satz: ‚Er hat sich nicht besonders angestrengt, arbeitet schlampig und hält sich nicht an zeitliche Vorgaben‘.

11.2.2 Konversationsmaximen und Rituale

Das Gelingen zwischenmenschlicher Kommunikation ist an bestimmte Bedingungen gebunden, aber nur selten halten wir uns vorbehaltlos an die von H. P. Grice formulierten **Kon-**

versationsmaximen. Damit sind vier wesentliche Idealprinzipien der verbalen Interaktion gemeint:

(a) Qualität („Sage nichts Unwahres, sei aufrichtig"),
(b) Relevanz („Sprich über das im konkreten Fall Wichtige, verhalte dich entsprechend den Erwartungen deines Gesprächspartners"),
(c) Quantität („Sei informativ, aber gib nicht mehr Informationen als notwendig"),
(d) Modalität („Drücke dich klar und deutlich aus").

Im obigen Dialogbeispiel wird bewusst gegen die Prinzipien der Relevanz und Modalität verstoßen, aufgrund unserer Erfahrung wissen wir aber normalerweise, wie wir Verstöße zu interpretieren haben.

Die im Prinzip universellen Konversationsmaximen werden in verschiedenen Sprachgemeinschaften unterschiedlich verbal ausgestaltet: Im deutsch-romanischen Vergleich ergeben sich vor allem Unterschiede bei der Relevanz und bei der Modalität. Wie schnell man zum Thema kommt, wie persönlich ein an sich unpersönliches Gespräch werden darf, wie man jemanden Unbekannten anredet etc. sind kulturspezifische Fragen. Hinzu kommt noch, dass viele Gesprächssituationen (Begrüßung, Telefonanruf etc.) mit z.T. sehr strengen Ritualen verknüpft sind. Insbesondere der Bereich der verbalen Höflichkeit stellt selbst weit fortgeschrittene Fremdsprachenlerner manchmal vor große Probleme. Als Beispiel mögen die Anredesysteme dienen: Während man das deutsche System der höflichen bzw. informellen Anrede recht unproblematisch auf das Französische übertragen kann – *Du = tu*, *Sie = vous* – und auch die sozialen Bedingungen für Duzen und Siezen sehr ähnlich sind, wäre dies beim Spanischen der Iberischen Halbinsel nicht denkbar, da der Anwendungsbereich von *tú* viel breiter ist als jener des deutschen *Du*. Im Rumänischen und Portugiesischen wiederum trifft man auf weit komplexere Systeme, in denen man sich zurechtfinden muss.

11.2.3   Literatur

Kempson (2001), Schulze (1984)

11.2.4   Aufgaben

1. Suchen Sie fünf verschiedene indirekte Sprechakte für die Mitteilungsabsicht ‚Mach die Türe zu' und geben Sie, wenn nötig, die notwendige kontextuelle Information an.

2. Manche Sprichwörter und Sentenzen eignen sich für ganz bestimmte illokutionäre Funktionen. Analysieren Sie die folgenden deutschen Sprichwörter im Hinblick auf ihre möglichen Mitteilungsabsichten und erfinden Sie einen dazupassenden Kontext: *Wie man sich bettet, so liegt man*; *Aus den Augen, aus dem Sinn*; *Gut Ding braucht Weile*; *Der Krug geht so lange zum Brunnen, bis er bricht*; *Du kannst dein Pferd zum Wasser führen, aber trinken muss es selbst.*

3. Geben Sie an, in welchen Sprechsituationen welche der folgenden Formen angebracht ist: (a) *der Herr Professor Kunze*, (b) *Herr Professor Kunze*, (c) *Herr Kollege Kunze*, (d) *der Professor Kunze*, (e) *Professor Kunze*, (f) *der Kunze*, (g) *Kunze*. Stellen Sie die Ergebnisse Ihrer Analysen in Form einer Kreuzklassifikation der Formen (a)–(g) und der relevanten Faktoren (z.B. Anrede vs. Nicht-Anrede, An-/Abwesenheit, a-/symmetrisches Hierarchieverhältnis usw.) dar.

4. Lesen Sie (a) in Beyrer/Bochmann/Bronsert (1987, 3.2, 110–112) nach, wie man dt. *Sie* ins Rumänische übersetzt, und (b) in Hundertmark-Santos Martins (1998, 370–375), wie man dt. *Sie* ins Portugiesische übersetzt. Welche kontextuellen Faktoren spielen eine Rolle?

5. In Texten zur Pragmatik wird gelegentlich folgende Anekdote erzählt: Der Steuermann eines Schiffes ist ständig betrunken. Eines Tages wird es dem Kapitän zu bunt, und er trägt ins Logbuch ein: „Der Steuermann ist betrunken." Als der Steuermann davon erfährt, rächt er sich, indem er ins Logbuch schreibt: „Der Kapitän ist nüchtern." Was ist die Mitteilungsabsicht des Steuermanns und wie haben Sie sie erschlossen?

6. Das Zusammenspiel von sprachlicher Information und Weltwissen spielt auch im Bereich der Wortbildung eine wesentliche Rolle. Die Bedeutung deutscher N+N-Komposita wird allgemein mit ‚ein N_2, das etwas mit N_1 zu tun hat' charakterisiert, wobei N_2 das zweite und N_1 das erste Substantiv bezeichnet, während die genaue Bedeutung als kontextbedingt angesehen wird. Die Speisekarte des Chinarestaurants neben unserer Universität enthielt einmal die folgenden Rubriken: *Hühnergerichte*, *Schweinegerichte*, *Studentengerichte*. Erklären Sie die Bedeutung dieser Komposita als Zusammenspiel sprachlicher und „pragmatischer" Information. Suchen Sie einige weitere Kontrastbeispiele dieses Typs.

11.3   Sprachskizze 9: Spanisch

11.3.1   Die „doppelte Romanisierung" der Iberischen Halbinsel

Im Anschluss an den Zweiten Punischen Krieg (218-201 v. Chr.) wurde die Iberische Halbinsel von den Römern in zähem, sich über zwei Jahrhunderte hinziehendem Ringen „befriedet". Vom heutigen Andalusien aus drang das Latein nach Norden, einen zweiten „Romanisierungskanal" bildete das Ebrotal. Spät und gegen ihren heftigen Widerstand wurden die im Nordwesten der Halbinsel im Schutz des Kantabrischen Gebirges siedelnden Stämme der Asturier und Kantabrer unterworfen. Später sollte gerade von diesem Gebiet aus die zweite Romanisierung ihren Ausgang nehmen.

Im 6. Jahrhundert errichteten die selbst bereits weitgehend romanisierten Westgoten ihr Königreich auf der Halbinsel und machten Toledo zur Hauptstadt, wodurch dem Zentrum erstmals politische Bedeutung zukam.

Im Jahr 711 setzten Araber und Berber über die Meerenge von Gibraltar und nahmen innerhalb kürzester Zeit nahezu die gesamte Halbinsel ein (732 standen sie bekanntlich sogar vor Tours und Poitiers). Nur eine winzige Enklave um Oviedo behauptete ihre Selbständigkeit. Sie wurde zur Keimzelle der Wiedereroberung, der sog. *Reconquista*, die erst 1492 abgeschlossen sein sollte.

Das von den muslimischen Arabern kontrollierte Gebiet hieß *Al-Ándalus*. In diesem Reich entfaltete sich eine blühende maurische Zivilisation. Al-Ándalus war ein zweisprachiges Reich: Kultursprache war Arabisch, während die anfangs in einem Klima religiöser Toleranz lebenden Christen Mozarabisch sprachen, eine arabisch beeinflusste romanische Varietät.

Die Reconquista begann bereits im 8. Jahrhundert. An der Nordküste bildeten sich kleine christliche Königreiche, die sich kontinuierlich nach Süden ausbreiteten und die Araber zurückdrängten. Um 900 war bereits der Duero die Grenze. Den Kastiliern, deren Heimat sich in der Gegend von Burgos befand, gelang es, die politische und alsbald auch die sprachliche Vorherrschaft zu übernehmen, vor allem nach der Rückeroberung der einstigen Hauptstadt Toledo (1085), die in der Stoßrichtung der Kastilier gelegen war.

11.3.2 Die Auswirkung der Reconquista auf die sprachliche Gliederung der Iberischen Halbinsel

Von den christlichen Mini-Reichen des Nordens aus wurden deren Sprachformen nach Süden getragen: Galicisch, Asturisch-Leonesisch, Kastilisch, Navarro-Aragonesisch und Katalanisch. Parallel zur politischen Expansion Kastiliens schnürte das Kastilische aber die Nachbardialekte nach Süden hin deutlich ein (vgl. Karten 10–12). Die frühe politisch-kulturelle Dominanz des Kastilischen drückt sich u.a. auch darin aus, dass der Verfasser des Cid-Heldenepos (Ende 12. Jh.) sich dieses Dialekts bediente, obwohl er Mozaraber war.

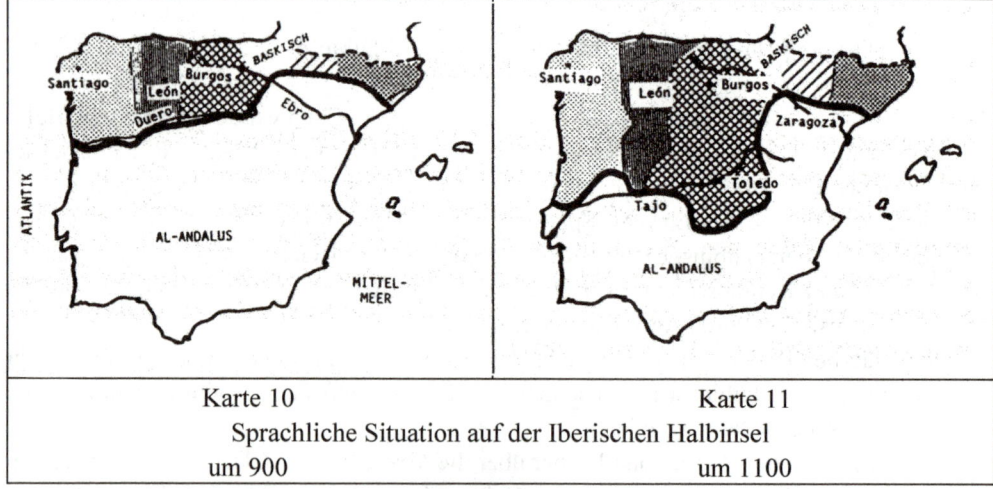

Karte 10   Karte 11
Sprachliche Situation auf der Iberischen Halbinsel
um 900   um 1100

Auf den Verlauf der Reconquista gehen also zwei charakteristische Merkmale der iberoromanischen Sprachgeographie zurück: die streifenförmige West-Ost-Gliederung und die größere dialektale Homogenität des wiedereroberten, politisch-sprachlich kolonisierten Südens.

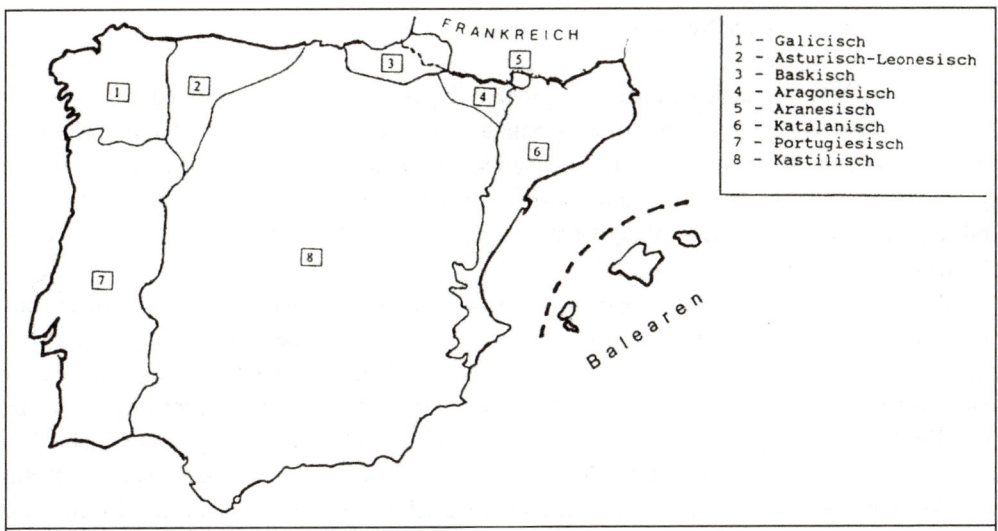

1 – Galicisch
2 – Asturisch-Leonesisch
3 – Baskisch
4 – Aragonesisch
5 – Aranesisch
6 – Katalanisch
7 – Portugiesisch
8 – Kastilisch

Karte 12: Die aktuelle sprachliche Gliederung der Iberischen Halbinsel
(Karten 10–12 adaptiert und vereinfacht auf der Grundlage von Berschin/Fernández-
Sevilla/Felixberger [2005, 41 u. 89])

11.3.3 Übersetzung als Katalysator des Sprachausbaus

In der Frühgeschichte unserer europäischen Kultursprachen spielten Übersetzungen eine entscheidende Rolle. Gewöhnlich handelte es sich um Übersetzungen lateinischer Texte, die vorwiegend in Klöstern angefertigt wurden. Auch die spanische Sprachgeschichte beginnt mit volkssprachlichen Glossen zu Bibeltexten aus dem 10./11. Jahrhundert. Jedoch führte der enge Kontakt mit der in vielen Belangen überlegenen arabischen Kultur und das rege Interesse an ihr auch zu einer intensiven Übersetzungtätigkeit aus dem Arabischen.

In der in der ersten Hälfte des 12. Jahrhunderts gegründeten sogenannten Übersetzer-schule von Toledo arbeiteten gewöhnlich zwei Gelehrte zusammen: Ein des Arabischen kundiger Jude übersetzte mündlich in die romanische Volkssprache, und ein Christ brachte diese Version in eine schriftliche lateinische Form. Der bildungsbegeisterte Alfons X. der Weise (Regierungszeit 1252–84) ordnete die Niederschrift auch in der altspanischen Volks-sprache an, welche mehr und mehr zur alleinigen Zielsprache beim Übersetzen wurde. So entstand in Toledo nicht nur eine für das europäische Mittelalter beispiellose Enzyklopädie des Wissens, auch die spanische Sprache selbst gewann in dieser Auseinandersetzung mit einer hochentwickelten Kultursprache wie dem Arabischen beträchtlich an syntaktischer Flexibilität und Komplexität.

156

11.3.4   Spanisch in der Neuen Welt

Die historischen Tatsachen können in groben Zügen als bekannt vorausgesetzt werden: Nach der (aus europäischer Sicht so genannten) Entdeckung Amerikas durch Kolumbus werden große Teile des Kontinents von Spanien (und bald auch von Portugal) aus in Besitz genommen und kolonisiert. Die unter spanischer Verwaltung geschaffenen politischen Gebilde (Vizekönigreiche, Generalkapitanate) erringen im Lauf des 19. Jahrhunderts ihre politische Unabhängigkeit.

Zwischen der Expansion des Spanischen in der Neuen Welt und der Verbreitung des Lateinischen im Imperium Romanum gibt es auf den ersten Blick zahlreiche Analogien. Auch die Fragen, die die Sprachhistoriker stellen (und oft nicht klar beantworten können), sind einander ähnlich: Welche Varietät sprachen (und vermittelten) die Eroberer? Wie stark war der Einfluss der Substrat- und Adstratsprachen auf die Differenzierung? Wie nachhaltig wirkte das sprachliche Vorbild des Mutterlandes? In einem wesentlichen Punkt greift die Analogie aber nicht. Sowohl Sprecher als auch Sprachwissenschaftler sind sich darin einig, dass es zu keiner Aufspaltung in mehrere Sprachen gekommen ist und ein solcher Prozess auch in absehbarer Zeit sicher nicht zu erwarten ist. Dieser Zustand einer mehr oder weniger harmonischen „Einheit in der Vielfalt" kann aber nur erreicht und erhalten werden, wenn die Sprechergemeinschaft Spanisch als **plurizentrische** Sprache akzeptiert. Hinsichtlich des Verhältnisses zwischen den verschiedenen Varietäten des Spanischen bedeutet dies, dass keine von ihnen a priori als Leitvarietät betrachtet wird, sondern (primär) im Bereich der Mündlichkeit die existierenden **regionalen Standards** toleriert werden. Dass ein solches Gleichgewicht aber noch nicht erreicht ist, lässt sich u.a. aus den **Spracheinstellungen** vieler amerikanischer Hispanophoner ablesen, die ein gespaltenes Verhältnis sowohl zur eigenen Varietät als auch zur nach wie vor prestigeträchtigen kastilischen Norm haben. Ungeachtet der Skepsis, mit der viele Spanier die Konsolidierung anderer Standards betrachten, zeichnen sich jedoch im überseeischen Spanisch drei große Zonen ab: Mexiko, die Andenregion, die La-Plata-Staaten.

Bezüglich der aktuellen Situation ist also festzuhalten, dass die gegenseitige Verständlichkeit (Interkomprehension) der spanischsprachigen Welt im Großen und Ganzen gewährleistet ist. Andererseits wird der Grad der Einheitlichkeit aus ideologischen Gründen manchmal übertrieben (im Zuge der politischen Unabhängigkeitsbewegungen im 19. Jh. manifestierten sich übrigens auch gegenläufige, sprachseparatistische Trends). Ferner muss betont werden, dass sich die Verbreitung sprachlicher Erscheinungen selten mit Staatsgrenzen deckt. Und schließlich ist darauf hinzuweisen, dass es problematisch wäre, im amerikanischen Spanisch Dialekte im herkömmlichen Sinn unterscheiden zu wollen, da es kaum Isoglossenbündel gibt, wie wir sie aus der europäischen Dialektologie kennen (vgl. z.B. die La Spezia-Rimini-Linie). Um nur ein Beispiel zu nennen: Schon früh hat man einen auffallenden Unterschied zwischen Hochland einereits und Küstengebieten andererseits (*tierras altas* vs. *tierras bajas*) beobachtet. In den *tierras altas* sind tendenziell die Konsonanten stabil, während die Vokale gelegentlich bis zum Ausfall reduziert sind; in den *tierras bajas* dagegen bleiben die Vokale stabil, wogegen manche Konsonanten geschwächt oder überhaupt von vollkommenem Schwund betroffen sind. Die Ursachen für diese Verteilung sind bis heute nicht gültig geklärt.

11.3.5   Spanisch in der Diaspora

Im Jahr 1492 fiel mit Granada die letzte maurische Bastion. Ferdinand von Aragón und Isabella von Kastilien verdienten sich den (ihnen 1494 von Papst Alexander VI. verliehenen) Beinamen „Katholische Könige" (*reyes católicos*) dadurch, dass sie mit den Muslimen auch die Juden des Landes verwiesen. Letztere fanden zunächst in Portugal Aufnahme, wurden von dort aber ebenfalls bald vertrieben. Ihre neue Heimat wurden u.a. Nordafrika und das Osmanische Reich (besonders Istanbul, aber auch die damals unter türkischer Herrschaft stehenden Balkanregionen). Heute gibt es nicht assimilierte judenspanische Gemeinschaften z.B. in Israel, in den USA und Südamerika.

Innerhalb des Judenspanischen sind zwei Varietäten zu unterscheiden. Die Wort-für-Wort-Übersetzung der Bibel aus dem Hebräischen hat einen „Kultolekt" hervorgebracht, dem die grammatische Struktur der Ausgangssprache zugrunde liegt (z.B.: *esta noche = la noche la esta < ha layla ha ze*). Die im Alltag gesprochene Sprache dagegen hat zwar einerseits Züge des 15. Jahrhunderts bewahrt, die im Spanischen des Mutterlandes inzwischen verschwunden sind (weshalb sie Sprachhistorikern wertvolle Aufschlüsse geben kann), andererseits nimmt sie viele Elemente aus der jeweiligen anderssprachigen Umgebung auf und ist mangels einer Referenzvarietät in zahlreiche isolierte Ausprägungen aufgesplittert.

11.3.6   Der Turmbau zu Babel: Spanisch

Era entonces toda la tierra de una lengua y unas mismas palabras. Y aconteció que, como se partieron de oriente, hallaron una vega en la tierra de Sinaar, y asentaron allí. Y dijeron los unos a los otros: Vaya, hagamos ladrillo y cozámoslo con fuego. Y fuéles el ladrillo en lugar de piedra, y el betún en lugar de mezcla. Y dijeron: Vamos, edifiquémonos una ciudad y una torre, cuya cúspide llegue al cielo; y hagámonos un nombre, por si fuéremos esparcidos sobre la faz de toda la tierra.

Y descendió Jehová para ver la cuidad y la torre que edificaban los hijos de los hombres. Y dijo Jehová : He aquí el pueblo es uno, y todos éstos tienen un lenguaje: y han comenzado a obrar, y nada les retraerá ahora de lo que han pensado hacer. Ahora pués, descendamos, y confundamos allí sus lenguas, para que ninguno entienda el habla de su compañero.

Así los esparció Jehová desde allí sobre la faz de toda la tierra, y dejaron de edificar la ciudad. Por esto fué llamado el nombre de ella Babel porque allí confundió Jehová el lenguaje de toda la tierra, y desde allí los esparció sobre la faz de toda la tierra.

La Santa Biblia. Madrid: Sociedad Bíblica, 1931.

[s] wird in der spanischen Standardlautung palataler gesprochen als im Deutschen. Es kommt fast in die Nähe unseres [ʃ].

[eɾa entonθes toða la tjera ðe una leŋgwa i unaz mizmas palaβɾas i akonteθjo ke komo se paɾtjeɾon de oɾjente aʎaɾon una βeɣa en la tjera ðe Sinaɾ i asentaɾon aʎi i ðixeɾon los unos a los otɾos baja aɣamos laðɾiʎo i koθamozlo koŋ fweɣo i fweles el laðɾiʎo en luɣaɾ de pjeðɾa i el βetun en luɣaɾ de meθkla i ðixeɾon bamos eðifikemonos una θjuðað i una tore kuja kuspiðe ʎeɣe al θjelo i aɣamonos un nombɾe poɾ si fweremos espaɾθiðos soβɾe ḷa faθ ðe toða la tjerra

i ðesθendjo xeoβa paɾa βeɾ la θiuðað i la tore ke eðifikaβan los ixoz ðe los ombɾes i ðixo xeoβa e aki el pweβlo es uno i toðos estos tjenen un leŋgwaxe i aŋ komenθaðo a oβɾaɾ i naða les retraeɾa aoɾa ðe lo ke am pensaðo aθeɾ aoɾa pwes desθendamos i komfundamos aʎi sus leŋgwas paɾa ke niŋguno entjenda el aβla de su kompaɲeɾo]

11.3.7 Literatur

Born et al. (Hg.) (2012), Berschin/Fernández-Sevilla/Felixberger (2005), Gabinskij (2011), Lipski (1996), Noll (2009), Oesterreicher (2000)

11.3.8 Aufgaben

1. Welcher Zusammenhang besteht zwischen der Araberinvasion und der Etymologie von *Gibraltar*?

2. Lesen Sie Niederehe (1975, 82–97) und beantworten Sie folgende Fragen: (a) Welcher Sprachen bediente sich Alfons der Weise für welche Zwecke? (b) Warum erließ er Landesgesetze nicht in lateinischer Sprache? (c) Welche Gründe machen die Wahl der Volkssprache für astronomische Zwecke erklärlich? (d) Warum entschied sich Alfons als Geschichtsschreiber für das Spanische?

3. Lesen Sie Wandruszka (1979, 115–119) und stellen Sie kurz die Rolle des Lateinischen bei der Ausbildung der althochdeutschen Schriftsprache dar.

4. Transkribieren Sie folgende spanische Städtenamen und sprechen Sie sie richtig aus: *Madrid, Zaragoza, Gijón, Santander, Alcántara, Cádiz, Jerez, Aranjuez, Granada, Huelva, Sevilla, Oviedo, Guadalajara.*

5. Tragen Sie in die Transkription durch Abhören der Kassette die Wortakzente ein. Versuchen Sie dann durch einen Vergleich mit dem geschriebenen Text, die wesentlichsten Akzentregeln der spanischen Orthographie zu ermitteln.

6. Lesen Sie in Noll (2009) Kap. 4 „Die koloniale Expansion". Zeichnen Sie auf einer Karte die Verbreitungsgebiete der aufgezählten Indianersprachen zur Zeit der Eroberung ein und beantworten Sie folgende Fragen: (a) Was haben *Kariben* und *Kannibalen* miteinander zu tun? (b) Welche Sprache wurde in der Kolonialzeit *lengua mexicana* genannt? (c) Welche Sprachen bezeichnete man damals als *lenguas generales*? (d) Woher kommt der Ausdruck *Eldorado*?

7. Lesen Sie in Oesterreicher (2000) Abschnitt 2 und 3 und beantworten Sie folgende Fragen: (a) Wie ist das zahlenmäßige Verhältnis von europäischen und amerikanischen Spanischsprechern? (b) Was spricht dagegen, das europäische Spanisch als Norm und die amerikanischen Varietäten als Abweichungen zu beschreiben? (c) Wie ist der *seseo* entstanden, wie ist er phonologisch zu interpretieren, wo ist er verbreitet, wie ist er aus der Perspektive der Sprachnorm(en) zu beurteilen?

8. Erstellen Sie auf der Basis der Wortliste in Oesterreicher (2000, 304) farbige Wortkarten für die Begriffe ‚Gehsteig‘, ‚Kugelschreiber‘, ‚Streichholz‘, ‚Bus‘. Vergleichen und kommentieren Sie folgende Karten in König (2001): ‚Junge‘, ‚heuer‘, ‚Samstag‘, ‚Tischler‘, ‚Metzger‘, ‚Karotte‘, ‚Kartoffel‘, Schornstein‘.

9. Schlagen Sie in Enzyklopädien und sprachwissenschaftlichen Fachwörterbüchern die Namen für Judenspanier und ihre Sprache nach: *Ladino, Sepharden, Spaniolen, Djudezmo*. Welcher Aspekt wird in den Bezeichnungen jeweils zum Ausdruck gebracht?

10. Lesen Sie das zweite Unterkapitel („Familienstolz") aus Elias Canettis Autobiographie *Die gerettete Zunge*. Charakterisieren Sie das Selbstbild der Spaniolen in der multiethnischen Umgebung, in welcher der Literaturnobelpreisträger einen Teil seiner Kindheit verbrachte.

12. Zwölfte Unterrichtseinheit

12.1 Grammatiken

12.1.1 Drei Bedeutungen von *Grammatik*

Das Wort **Grammatik** wird verschieden verwendet. Im Normalfall bezeichnet es die Gesamtheit von Sprachregeln, die von einer bestimmten Sprachgemeinschaft geteilt werden. Die Grammatik des Französischen z.B. wäre nach dieser Definition die Gesamtheit der Sprachregeln, die von Franzosen normalerweise für französisch gehalten werden. Ferdinand de Saussure nannte dieses Konstrukt **Langue**, Sprache als überindividuelles, soziales System, und stellte es der **Parole**, der konkreten Sprachverwendung, und dem **Langage**, der allgemeinen Sprach- bzw. Sprechfähigkeit des Menschen gegenüber. Daneben bezieht man sich mit dem Wort *Grammatik* in der Fachliteratur aber auch häufig auf das von einem bestimmten Individuum verinnerlichte Sprachsystem, also auf etwas Mentales und Individuelles. Will man die Unverwechselbarkeit des individuellen Sprachgebrauchs herausstreichen – keine zwei Menschen haben genau dieselben Sprachregeln verinnerlicht –, so spricht man auch von **Idiolekt**, d.h. der Sprache eines Individuums. Schließlich bezeichnet man mit *Grammatik* auch ein Buch, in dem versucht wird, ein Sprachsystem in seiner Gesamtheit oder aber zumindest in groben Zügen darzustellen.

Die zentrale Aufgabe der Sprachwissenschaft besteht darin zu erforschen, wie die Grammatik einzelner Sprachen beschaffen ist und was allen einzelsprachlichen Grammatiken gemeinsam ist, also die sog. sprachlichen **Universalien** bzw., wie es Chomsky ausdrückt, die *Universalgrammatik* (vgl. 13.2.2). Da das Wissen um grammatikalische Regeln weitgehend unterhalb der Bewusstseinsebene liegt, kann man grammatikalische Regeln weder durch Introspektion noch durch Befragung von Muttersprachlern direkt gewinnen, vielmehr muss man ausgehend von der Parole, also von konkreten Sprachäußerungen, und anderen Anhaltspunkten versuchen, sie zu erschließen. Explizites Wissen um grammatikalische Regeln ist immer durch Sprachunterricht vermittelt, aber diese Regeln müssen natürlich nicht mit jenen übereinstimmen, die Sprecher bei der Sprachproduktion bzw. -rezeption tatsächlich anwenden. Wie bei so einer Ausgangsposition nicht anders zu erwarten ist, sind verschiedene Forscher zu verschiedenen Ansichten über Sprache und bestimmte Sprachsysteme gelangt, weshalb wir heute über eine Reihe von konkurrierenden Theorien und Beschreibungen verfügen, jedoch über keine allgemein akzeptierte einheitliche Sprachtheorie.

12.1.2   Deskriptive und normative Grammatiken

Aufgabe einer **wissenschaftlichen Grammatik** ist es, das Funktionieren einer bestimmten Sprache in Übereinstimmung mit den Prinzipien der, oder besser, einer allgemeinen Sprachtheorie zu beschreiben. Es ist wichtig, dies hervorzuheben, da die meisten Grammatiken, die der Laie in Händen gehalten hat, nicht nur be<u>schreiben</u>, wie gesprochen oder geschrieben wird, sondern auch <u>vor</u>schreiben, wie man sprechen bzw. schreiben sollte. Beschreibende Grammatiken nennt man **deskriptiv**, vorschreibende **präskriptiv** oder **normativ**.[15] Wissenschaftliche Grammatiken sind also deskriptiv. Sie sollten im Idealfall ein getreues Abbild des Sprachsystems sein, wie es in einer Sprachgemeinschaft tatsächlich funktioniert.

Grammatiken gab es aber schon lange, bevor eine Sprachwissenschaft im modernen Sinn existierte. Im europäischen Kulturraum erreichte die Kunst des Grammatikschreibens bei den Griechen und Römern eine erste Blüte. Sie haben Standards gesetzt, die erst im 19. Jahrhundert übertroffen worden sind. Bis dahin standen, von Ausnahmen abgesehen, alle Verfasser von Grammatiken unter dem prägenden Einfluss der lateinischen Vorbilder. Viele hielten die lateinische Grammatik für die Grammatik schlechthin und übertrugen Beschreibungskategorien, die für das Lateinische angemessen waren, oft blind auf die modernen europäischen oder auf außereuropäische Sprachen, selbst wenn deren Struktur ganz von der des Lateins abwich. Da das Lateinische sechs Kasus hatte, fand man z.B. auch im Französischen sechs. Das sah dann so aus:

Nominativ	lat.	*rex*	frz.	*le roi*
Genitiv		*regis*		*du roi*
Dativ		*regi*		*au roi*
Akkusativ		*regem*		*le roi*
Vokativ		*rex*		*ô roi*
Ablativ		*rege*		*par le roi*

Während die römischen Grammatiker ihre Kasus in erster Linie aufgrund formaler Kriterien bestimmten, ging der französische Renaissance-Grammatiker, von dem das Beispiel stammt, von den Hauptfunktionen der lateinischen Kasus aus und fragte sich umgekehrt, welche Formen im Französischen diesen Funktionen entsprächen. Wäre er, wie die lateinischen Grammatiker, von der Form ausgegangen, so hätte er merken müssen, dass das Wort *roi* in allen syntaktischen Funktionen unverändert bleibt, das Französische also keine Kasus im Sinne des Lateinischen besitzt.

---

[15]   **Norm** wird hier im Sinne von ‚Vorschrift' verwendet. Daneben findet sich dieser Ausdruck in der sprachwissenschaftlichen Literatur aber häufig auch zur Bezeichnung des in einer Sprachgemeinschaft Üblichen. Dieser Gebrauch geht auf Eugenio Coseriu zurück, der die Norm in seinem Sinne zwischen System (*Langue*) und Parole ansiedelte. Das Wort *Computergummi* z.B. wäre nach dieser Terminologie ein zwar systematisch mögliches, aber zur Zeit u.W. in der Norm des Deutschen noch nicht übliches Wort, auch wenn es soeben erstmals in der Parole erschienen ist.

Solche Schablonen findet man auch in anderen Bereichen der Grammatik, teilweise bis heute. Seit es eine Wissenschaft von der Sprache gibt, verliert das lateinische Vorbild allerdings allmählich an Bedeutung. Dafür nehmen die Verfasser von Gebrauchsgrammatiken immer öfter Anleihen bei diversen wissenschaftlichen Grammatikmodellen, was positive und negative Folgen hat. Die positiven Folgen bestehen darin, dass die Ergebnisse moderner Sprachforschung allmählich in Umlauf gebracht werden und der Informationswert der Grammatiken steigt. Der Nachteil besteht darin, dass mit dem Wissenstransfer meist auch ein terminologischer verbunden ist, wodurch für den eiligen Benutzer oft unüberwindliche Sprachbarrieren aufgebaut werden. Konsultiert er mehrere Grammatiken, so verschärft sich das Problem noch, da verschiedene Grammatiker u.U. bei verschiedenen Theorien Anleihen machen und damit verschiedene Terminologien, manchmal sogar Einteilungen, übernehmen. Es bedarf, vor allem von Seiten des Anfängers, oft nicht unbeträchtlicher Geduld, um zu einer gewünschten Information vorzustoßen.

Alle Grammatiken sind lückenhaft, und zwar aus mehreren Gründen. Manche Gebiete einer Sprache sind einfach erst ungenügend erforscht, und selbst wenn der Forschungsstand befriedigend ist, muss ja der Verfasser einer Gebrauchsgrammatik noch lange nicht darüber informiert sein. Schließlich ist auch nicht zu vergessen, dass Gebrauchsgrammatiken praktische Zielsetzungen haben und sich daher auf jene Informationen konzentrieren, die für den angepeilten Leserkreis von Interesse sind. So enthält eine Grammatik für Ausländer meist andere Informationen als eine für Muttersprachler, da die beiden Adressatenkreise ganz unterschiedliche Bedürfnisse haben.

12.1.3   Empfehlenswerte romanische Grammatiken

In diesem Abschnitt führen wir Grammatiken an, die für Studierende mit deutscher Muttersprache am empfehlenswertesten erscheinen.

Hervorragende wissenschaftliche Grammatiken gibt es für das Italienische und das Spanische. Ihre fruchtbringende Konsultation ist allerdings Fortgeschrittenen vorbehalten:

RENZI, Lorenzo et al. (Hg.) (1988–95): *Grande grammatica di consultazione della lingua italiana.* 3 Bde. Bologna: Il Mulino.

BOSQUE, Ignacio/DEMONTE, Violeta (Hg.) (1999): *Gramática descriptiva de la lengua española.* 3 Bde. Madrid: Espasa.

REAL ACADEMIA ESPAÑOLA/ASOCIACIÓN DE ACADEMIAS DE LA LENGUA ESPAÑOLA (2009-2011): *Nueva gramática de la lengua española.* Madrid: Espasa.

Als Gebrauchsgrammatiken mittleren Umfangs seien empfohlen:

BEYRER, Arthur/BOCHMANN, Klaus/BRONSERT, Siegfried (1987): *Grammatik der rumänischen Sprache der Gegenwart.* Leipzig: VEB Verlag Enzyklopädie. (374 S.)

SCHWARZE, Christoph (1995): *Grammatik der italienischen Sprache.* 2., verb. Aufl. Tübingen: Niemeyer. (812 S.)

REUMUTH, Wolfgang/WINKELMANN, Otto (2001 u.ö.): *Praktische Grammatik der italienischen Sprache*. 6., neu bearb. Aufl. Wilhelmsfeld: Egert. (425 S.)

GREVISSE, Maurice/GOOSE, André (2011): *Le bon usage*. 15. Aufl. Paris: Duculot. (1666 S.)

RIEGEL, Martin/PELLAT, Jean-Christophe/RIOUL, René (1999): *Grammaire méthodique du français*. 5. Aufl. Paris: PUF. (646 S.)

WEINRICH, Harald (1982): *Textgrammatik der französischen Sprache*. Stuttgart: Klett (Nachdruck 1997) (894 S.) (frz. Übers. Paris: Didier, 1997).

BRUYNE, Jacques de (2002): *Spanische Grammatik*. 2., erg. Auflage. Tübingen: Niemeyer (663 S.).

CARTAGENA, Nelson/GAUGER, Hans-Martin (1989): *Vergleichende Grammatik. Tomo I: Spanisch-Deutsch. Tomo II: Deutsch-Spanisch*. Mannheim/Wien/Zürich: Duden (641 + 705 S.).

CUNHA, Celso/CINTRA, Luís F. Lindley ([8]1991): *Nova Gramática do Português Contemporâneo*. Lisboa: Sá da Costa. (734 S.)

HUNDERTMARK-SANTOS MARTINS, Maria Teresa (1998): *Portugiesische Grammatik*. 2., verb. Aufl., Tübingen: Niemeyer. (404 S.)

12.1.4 Aufgaben

1. Sehen Sie in fünf Grammatiken nach, was darin über folgende Probleme zu finden ist: (a) Französisch: *de belles fleurs* vs. *des belles fleurs*; (b) Italienisch: Indikativ und Konjunktiv nach Verben wie *credere*, *pensare* u.ä.; (c) Spanisch: *no le conozco* vs. *no lo conozco*; (d) Portugiesisch: *O facto do João não ter chegado …* vs. *O facto de o João não ter chegado …* Versuchen Sie, so weit wie möglich präskriptive und deskriptive Informationen zu trennen.

2. In keiner Sprachgemeinschaft ist der Sprachgebrauch homogen, doch gilt ein bestimmter Sprachgebrauch meist als Norm. Versuchen Sie zu eruieren, wie die Norm Ihrer romanischen Sprache in einer der angegebenen Gebrauchsgrammatiken definiert ist.

12.2 Textlinguistik

12.2.1 Vom Laut zum Text

Auf die Frage, welche Elemente der Sprache die grundlegenden sind, hat die Sprachwissenschaft des 20. Jahrhunderts nacheinander verschiedene Antworten gegeben. Der Strukturalismus war am erfolgreichsten bei der Systematisierung der Laute und konzentrierte sich daher zunächst besonders auf die Phonemanalyse. Die traditionellen und die meisten semantikorientierten Richtungen sehen in den Wörtern die wesentlichsten Bausteine, womit sie wahrscheinlich der Intuition des naiven Sprechers am nächsten kommen. Mit der Generativen Grammatik rückte der Satz ins Zentrum des Interesses. Aber in den 1960er Jahren wurden zwei Argumente für die Überschreitung der Satzgrenze vorgebracht, die zu zwei recht unterschiedlichen Formen von Textlinguistik führten.

12.2.2 Textgrammatik/transphrastische Grammatik

Die erste Richtung ging von der Beobachtung aus, dass Sätze in Texten nach bestimmten, bis dahin aber wenig erforschten Regeln miteinander verknüpft sind. Ein Märchen würde nicht beginnen *Es war einmal ein König. Der König hatte drei Söhne. Der König liebte die Söhne sehr.* Ein möglicher Beginn wäre dagegen: *Es war einmal ein König, der hatte drei Söhne, die er sehr liebte.* *König* ist hier zuerst durch ein Demonstrativpronomen (*der*), dann durch ein Personalpronomen (*er*) ersetzt, *Söhne* ist im Nebensatz durch ein Relativpronomen (*die*) wiederaufgenommen usw. Bei dieser Art der Beschreibung geht es darum, die formalen Beziehungen zwischen den Elementen in Texten zu erfassen. Das Hauptarbeitsfeld dieser sog. **transphrastischen Grammatik** waren die **Proformen**, d.h. die Elemente, die auf andere verweisen (wie z.B. die Pronomina im obigen Beispiel). Den Rückverweis (*er* auf *König*) nennt man **Anapher** (Adj.: **anaphorisch**), der Vorverweis (*Dazu sagte der König Folgendes:*) heißt **Katapher** (Adj.: **kataphorisch**).

Im Gegensatz zum alltagssprachlichen Gebrauch des Wortes versteht man in der Linguistik unter Text übrigens jede durch ein Thema zusammengehaltene schriftliche oder mündliche Äußerung. Dieser „Zusammenhalt" hat eine formal-grammatische und eine inhaltliche Komponente, weshalb manche Linguisten (syntaktische) **Kohäsion** und (semantische) **Kohärenz** unterscheiden. Die kindersprachliche Äußerung *Teddy runterfallt. Mama aufheben.* ist semantisch absolut kohärent und (im Zusammenspiel mit der verbalen Reaktion der Mutter) ein Text. Syntaktisch freilich ist sie sehr defizient. Dagegen gibt es wohl keine Alltagssituation, in der folgende grammatisch korrekten Sätze einen sinnvollen Text bilden würden (in literarischen Kontexten gibt es natürlich erheblich mehr Freiheiten): *Der Himmel verfärbt sich. Zwei und zwei macht vier. Der Antrag wurde mit einfacher Stimmenmehrheit angenommen.*

12.2.3 Textlinguistik nach der pragmatischen Wende

Die zweite und erheblich vielfältigere Richtung der Textlinguistik stellt den kommunikativen Aspekt des Sprechens und Schreibens ins Zentrum und kommt so zu der Behauptung, der Text sei überhaupt das primäre sprachliche Zeichen („Wir kommunizieren nicht in Sätzen, sondern in Texten"). Damit ist in gewisser Weise eine Anbindung sowohl an die antike **Rhetorik** als auch an die zeitgenössische **Stilistik** hergestellt, denn beide beschäftigen sich ja mit der situationsspezifischen Angemessenheit der sprachlichen Mittel und deren Wirkung. Konsequenterweise ist denn auch bei diesem Ansatz die **Textfunktion** das wichtigste Kriterium der Untersuchung. Allerdings hat sich keine allgemein akzeptierte Liste von Funktionen erstellen lassen. Nach einer verbreiteten Klassifikation werden fünf solcher Funktionen unterschieden: Information, Appell, Obligation, Kontakt, Deklaration. In den realen Texten kommen diese Funktionen natürlich selten ungemischt vor, aber in (idealtypischen) Beispielen wie Rundfunknachrichten, Werbeanzeige, Garantieschein, Glückwunschkarte, Testament ist eine der Funktionen eindeutig dominant.

166

Texte können schriftlich oder mündlich, monologisch oder dialogisch sein. Mündliche dialogische Texte sind inzwischen das Forschungsgebiet eines eigenen Zweiges der Sprachwissenschaft, der als **Gesprächslinguistik** oder **Konversationsanalyse** bezeichnet wird.

Jeder Text gehört einer bestimmten Klasse von Texten an. Für solche Klassen hat sich der intuitiv gut verständliche Name **Textsorten** eingebürgert. In jeder Kulturgemeinschaft haben sich Konventionen für bestimmte Textsorten herausgebildet. Diese Konventionen können natürlich – anders als etwa Satzstrukturen – bewusst und abrupt Veränderungen unterworfen werden (z.B. durch geforderte Anpassung an die Richtlinien der Europäischen Union, wie im Fall der Medikamenten-Beipackzettel). Es ist aber auch zu bedenken, dass gewisse Textsorten nur in einzelnen Kultur- und Sprachräumen vorkommen und in anderen ganz unbekannt sind oder dass sie in verschiedenen Ländern unterschiedliche Textbaupläne und/oder inhaltliche Füllungen aufweisen. Mit solchen Fragen beschäftigt sich ein Zweig der Angewandten Sprachwissenschaft namens **Kontrastive Textologie**.

Bis vor kurzem galt die Behauptung, dass Texte linear seien. Diesem Kriterium entspricht der **Hypertext** jedoch nicht mehr. Ob dadurch die herkömmlichen Definitionen von Text obsolet geworden sind, lässt sich heute noch nicht beantworten.

Aus dem Umstand, dass die transphrastische Grammatik ihr Potential weitgehend ausgeschöpft zu haben scheint und die kommunikationsorientierte Richtung in der Pragmatik aufgeht, ziehen manche Linguisten den Schluss, dass die Textlinguistik bereits eines natürlichen Todes gestorben sei.

12.2.4 Literatur

de Beaugrande/Dressler (1981), Brinker ([7]2010), Coseriu (1994), Sager (2000)

12.2.5 Aufgaben

1. Lesen Sie Lausberg (1984, § 1–2) und halten Sie fest: (a) den Unterschied zwischen „Rhetorik in weiterem Sinne" und „Schulrhetorik"; (b) in welchem Umfeld die Rhetorik in der Antike entstanden ist.

2. Suchen Sie in einem einschlägigen Sachwörterbuch Definitionen und je ein Beispiel zu folgenden stilistischen Begriffen: **Anakoluth, Chiasmus, Hyperbel, Litotes, Oxymoron, Parallelismus, rhetorische Frage**.

3. Welche hauptsächlichen Textfunktionen (vgl. die Liste in 12.2.3) würden Sie folgenden Textsorten zuordnen: Kochrezept, Geburtsurkunde, Stellenanzeige, Kaufvertrag, Liebesbrief, Lehrbuch.

4. Lesen Sie Sager (2000, 587–589) und überlegen Sie, (a) inwiefern sich Hypertexte strukturell von konventionellen Texten unterscheiden; (b) welche Auswirkungen die Interaktivität auf das Verständnis des Textes haben kann.

5. Suchen Sie in einem Zeitungsartikel in Ihrer romanischen Sprache alle anaphorischen und kataphorischen Elemente.

12.3   Sprachskizze 10: Portugiesisch

12.3.1   Galicisch-Portugiesisch und die Reconquista

Die „Wiege" des Portugiesischen liegt in einem Gebiet, das den heutigen Norden Portugals und die spanische Region Galicien umfasst. Der dort im Mittelalter gesprochene romanische Dialekt, das sog. *Galicisch-Portugiesische*, ist, genauso wie die anderen nördlichen Dialekte der Halbinsel, im Laufe der Reconquista nach Süden getragen worden. Diese kam in Portugal mit der Einnahme von Faro an der Algarve im Jahre 1249 fast 250 Jahre früher zum Abschluss als in Spanien.

Einige der wichtigen lautlichen Eigenheiten, die das (Galicisch-)Portugiesische vom Kastilischen abheben, sind (a) die Nicht-Diphthongierung von betontem lat. Ĕ und Ŏ, (b) die Entwicklung von PL-, CL-, FL- zu [ʃ] (altpg. [tʃ], graphisch <ch>), (c) die Entwicklung von -CL- zu [ʎ] (graphisch <lh>), (d) von -CT- zu [jt] (graphisch <it>), (e) der Ausfall von intervokalischem -L- und (f) der Ausfall von intervokalischem -N-, häufig mit gleichzeitiger Nasalierung des vorangehenden Vokals (die daraus resultierenden Vokalkombinationen wurden später auf verschiedene Weise umgestaltet):

		vlt.	pg.	kast.
(a)	TĔRRA		*terra*	*tierra*
	FŎCU		*fogo*	*fuego*
(b)	PLAGA ‚Wunde'		*chaga*	*llaga*
	CLAVE ‚Nagel'		*chave*	*llave*
	FLAMMA ‚Flamme'		*chama*	*llama*
(c)	OC'LU ‚Auge'		*olho*	*ojo*
(d)	NOCTE ‚Nacht'		*noite*	*noche*
(e)	FILU ‚Faden'		*fio*	*hilo*
(f)	LUNA ‚Mond'		*lua*	*luna*
	MANU ‚Hand'		*mão*	*mano*

Aufgrund der sehr zahlreichen lexikalischen Gemeinsamkeiten zwischen den iberoromanischen Sprachen kann jemand, der Spanisch beherrscht, ziemlich problemlos eine portugiesische Zeitung lesen, den Radionachrichten wird er jedoch nur mit Schwierigkeiten folgen können. Dies hängt damit zusammen, dass die portugiesische Schrift einen älteren Sprachzustand widerspiegelt, d.h. vor allem die für das europäische Portugiesisch charakteristischen phonologischen Prozesse der Vokalreduktion und des Wandels von [s,z] zu [ʃ,ʒ] nicht nachvollzieht (vgl. 12.3.2). Das Wort für den Wecker etwa schreibt man sowohl im Spanischen als auch im Portugiesischen *despertador*, während sich jedoch die spanische Lautung [despeɾtaðoɾ] fast mit der Schreibung deckt, spricht man dasselbe Wort im Portugiesischen [diʃpəɾtɐðoɾ] bzw. im Schnellsprechtempo [dʃpɾtɐðoɾ].

12.3.2   Portugiesisch vs. „Brasilianisch"

Im Jahre 1500 entdeckte der Seefahrer Cabral das heutige Brasilien und nahm es für den portugiesischen König in Besitz. Die Kolonisierung, mit der auch die portugiesische Sprache auf den südamerikanischen Kontinent verpflanzt wurde, begann aber erst einige Jahrzehnte später.

Das Portugiesische und das „Brasilianische" unterscheiden sich heute in einer Reihe von Zügen, ohne dass dadurch bei gebildeten Sprechern die gegenseitige Verständlichkeit beeinträchtigt wäre. Die meisten der im folgenden beschriebenen Merkmale des brasilianischen Portugiesisch gehören in Brasilien auch zur (präskriptiven) Norm, d.h. sie sind völlig unmarkiert, und es käme z.B. keinem Brasilianer in den Sinn, Merkmale der in Portugal gepflegten Aussprache zu übernehmen. Portugiesisch kann daher als Musterbeispiel für plurizentrische Sprachen gelten, d.h. Sprachen mit mehreren, regional unterschiedlichen Normen für die Standardsprache.

Das brasilianische Portugiesisch hat einerseits sprachliche Entwicklungen nicht mitgemacht, die in Portugal erst nach der Kolonisierung stattgefunden haben, andererseits haben sich auch im brasilianischen Portugiesisch Entwicklungen vollzogen, die das europäische Portugiesisch nicht gekannt hat. Aus europäischer Perspektive ist das brasilianische Portugiesisch also zugleich konservativ und innovatorisch.

Von den konservativen Zügen des brasilianischen Portugiesisch sind vor allem zwei sehr wichtig. Im Bereich des Vokalismus hat es die für das europäische Portugiesisch so typische Reduktion der vor dem Hauptakzent des Wortes stehenden Vokale (z.B. altpg./bras. *palavra* [palaⱱɾa] vs. pt. [pɐlavɾɐ]), eine Entwicklung des 18. Jahrhunderts, nicht mitgemacht. Nach dem Akzent ist auch im brasilianischen Portugiesisch [o] zu [u] reduziert worden, das aus [e] entstandene [i] hingegen wurde nicht zu einem Schwa wie im Portugiesischen (Bsp.: *cidade* pt. [siðaðə] vs. bras. [sidadi] bzw. [sidadʒi]), während [a] unverändert blieb (Bsp.: *uma* pg. [umɐ] vs. bras. [uma]). Im Konsonantismus unterscheidet sich das brasilianische Portugiesisch vor allem dadurch, dass es den Wandel von [s,z] am Silbenende zu [ʃ,ʒ] nicht vollzogen hat (Bsp.: *mesmas* pg. [meʒmɐʃ] vs. bras. [mezmas]. In der Orthographie finden diese phonetischen Unterschiede keinen Ausdruck.

Von den innovatorischen Zügen sei nur die Vokalisierung von auslautendem [l] genannt, wie sie z.B. im Namen des Landes selbst zu beobachten ist: *Brasil* [bɾaziu].

Diese für Kolonialsprachen typische Kombination von innovatorischen und konservativen Merkmalen zeigt sich auch auf anderen Sprachebenen, z.B. in Lexikon und Grammatik. Der brasilianische Wortschatz weist z.B. zahlreiche Entlehnungen aus indigenen Sprachen auf (Beispiele aus dem Tupí-Guaraní: *urubu* ‚Geier', *mingua* ‚Brei', *jacarandá* ‚Palisander'). Auch die Sprachen der ehemaligen schwarzen Sklaven (Kimbundo, Joruba) haben Spuren hinterlassen: *senzala* ‚(Sklaven-)Hütte', *samba*, *vatapá* ‚typisches Gericht' usw. In der Grammatik fallen als archaische Züge z.B. die größere Stellungsfreiheit der klitischen Objektpronomen und die Verwendung der Periphrase *estar* + Gerundium (bras. *estou cantando* ‚ich singe gerade' vs. pt. *estou a cantar*) auf; eine Innovation im Verhältnis zum europäischen Portugiesisch stellt hingegen die häufigere Setzung der Subjektpronomen dar.

12.3.3 Portugiesisch in Asien und Afrika

Von den Kolonien, die Portugal in Indien, Südostasien und Afrika besaß, verlor es die meisten 1974 im Zuge der sog. „Nelkenrevolution" (Brasilien war bereits 1822 unabhängig geworden.) Sprachlich hat die portugiesische Kolonialherrschaft vor allem in Afrika Spuren hinterlassen, wo fünf Ex-Kolonien das Portugiesische als Staatssprache beibehalten haben (Angola, Moçambique, Cabo Verde, Guiné Bissau, São Tomé e Principe). Dem Portugiesischen sind in diesen Ländern die höheren Domänen vorbehalten, während im Alltag afrikanische Sprachen oder auch portugiesische Kreolsprachen (vgl. 13.3) Verwendung finden. In den ehemaligen Kolonien in Asien – Goa (Indien), Macau (China) und Timor Leste (Osttimor) – ist das Portugiesische stark in seiner Existenz bedroht. Alle lusophonen Länder sind seit 1996 in der „Comunidade dos Países de Língua Portuguesa" zusammengeschlossen.

12.3.4 Der Turmbau zu Babel: Portugiesisch und „Brasilianisch"

Em toda a terra, havia sòmente uma língua, e empregavam-se as mesmas palavras. Emigrando do oriente, os homens encontraram uma planície na terra de Sennaar e nela se fixaram. Disseram uns para os outros: „Vamos fazer tijolos, e cozamo-los ao fogo." Utilizaram o tijolo em vez de pedra, e o betume serviu-lhes de argamassa. Depois disseram: „Vamos construir uma cidade e uma torre cuja extremidade atinja os céus. Assim, tornar-nos-emos famosos para evitar que nos dispersemos por toda a face da terra".

O Senhor, porém, desceu, a fim de ver a cidade e a torre que os filhos dos homens estavam a edificar. E o Senhor disse: „Eles constituem apenas um povo e falam uma única língua. Se principiaram desta maneira, coisa nenhuma os impedirá, de futuro, de realizarem todos os seus projectos. Vamos, pois, descer e confundir de tal modo a linguagem deles que não se compreendam uns aos outros." E o Senhor dispersou-os dali para toda a face da terra, e suspenderam a construção da cidade. Por isso, lhe foi dado o nome de Babel, visto ter sido lá que o Senhor confundiu a linguagem de todos os habitantes da terra, e foi também dali que o Senhor os dispersou por toda a terra.

Bíblia Sagrada. Lisboa: Difusora Bíblica, [5]1973.

In der folgenden Transkription steht in der ersten Zeile jeweils die portugiesische „Lesart", während in der zweiten die brasilianische Aussprache angegeben wird. Neben den in 12.3.2 erwähnten Unterschieden transkribieren wir auch noch andere, weniger auffällige Ausspracheunterschiede zum europäischen Portugiesisch. Ferner sei darauf hingewiesen, dass im brasilianischen Portugiesisch [ʀ] fast wie [h] gesprochen wird. Bezüglich des [ɧ] gilt dasselbe wie beim Katalanischen.

170

[ẽj toðɐ ɐ tɛʀɐ ɐviɐ sɔmẽntə umɐ lĩŋgwɐ i ẽmprəɣavẽu s ɐʒ meʒmɐʃ pɐlavʀɐʃ.
[ẽj toda a tɛʀa avia sɔmẽnti uma lĩŋgwa i ẽmpɾegavẽu si aʒ mezmas palavɾas.

əmiɣʀẽndu ðu uʀʃẽntə uz ɔmẽjz ẽnkõntɾaʀẽu umɐ plɐnisi nɐ tɛʀɐ ðə senaaʀ i nɛlɐ
emigɾẽndu du oʀʃẽnti uz ɔmẽjz ẽnkõntɾaʀẽu uma planisje na tɛʀa de senaaʀ i nɛla

sə fiksaʀẽu. diseʀẽu ũʃ pɐʀɐ uz otʀuʃ: vɐmuʃ fɐzeʀ tiʒɔluʃ i kuzɐmuluʃ ɐu foɣu.
si fiksaʀẽu. diseʀẽu ũs paʀa uz otʀus: vamus fazeʀ tiʒɔlus i kozamuluz au fogu.

utəlizaʀẽu u tiʒolu ẽj veʒ də pɐðʀɐ i u βətumə səʀviuʎəʒ də ɐʀɣɐmasɐ. dəpoiʒ diseʀẽu:
utilizaʀẽu u tiʒolu ẽj vez di pɐdʀa i u betumi seʀviuʎiz de aʀgamasa. depoiz diseʀẽu:

vɐmuʃ kõʃtʀwiʀ umɐ siðaðə i umɐ toʀə kuʒɐ iʃtɾəmiðaðə ɐt ĩʒɐ uʃ sɐuʃ.
vamus kõstʀwiʀ uma sidadi i uma toʀi kuʒa estʀemidadi at ĩʒa us sɐus.

ɐsĩ tuʀnaʀnuzemuʃ fɐmɔzuʃ pɐʀɐ əvitaʀ kə nuʒ diʃpəʀsemuʃ puʀ toðɐ ɐ fasə dɐ tɛʀɐ.
asĩ toʀnaʀnuzemus famɔzus paʀa evitaʀ ke nuz dispeʀsemus poʀ toda a fasi da tɛʀa.

u siɲoʀ puʀẽj diʃseu ɐfĩ ðə veʀ ɐ siðaðə i ɐ toʀə kə uʃ fiʎuʃ duz ɔmẽjz iʃtavẽu
u seɲoʀ poʀẽj deseu afĩ di veʀ a sidadi i a toʀi kə us fiʎuz duz ɔmẽjz estavẽu

ɐ əðifikaʀ. i u siɲoʀ disə: eliʃ kõʃtituẽj ɐpenɐz ũ povu i falẽu umɐ unikɐ lĩŋgwɐ. sə
a edifikaʀ. i u seɲoʀ disi: elis kõstituẽj apenaz ũ povu i falẽu uma unika lĩŋgwa. se

prĩsipjaʀẽu ðeʃtɐ mɐnejʀɐ koizɐ niɲumɐ uz ĩpəðiʀɐ də futuʀu də ʀjɐlizaʀẽj toðuz
prĩsipjaʀẽu desta manejʀa koiza neɲuma uz ĩpediʀa di futuʀu di hjalizaʀẽj toduz

uʃ seuʃ pʀuʒɐtuʃ. vɐmuʃ poiʃ diʃseʀ i kõfũndiʀ də taɫ mɔðu ɐ liŋgwaʒẽj ðeliʃ
us seus pʀoʒɐtus. vamus pois deseʀ i kõfũndiʀ di tau mɔdu a liŋgwaʒẽj delis

kə nẽu sə kõpʀjẽndẽu ũz ɐuz otʀuʃ.]
ke nẽu si kõpʀjẽndẽu ũz auz otʀus.]

12.3.5   Literatur

Baxter (1992), Schäfer-Prieß/Schöntag (2012), Teyssier (1990)

12.3.6   Aufgaben

1. Suchen Sie in einem zweisprachigen Wörterbuch alle Ihnen unbekannten Wörter.

2. Suchen Sie durch einen Vergleich der portugiesischen und brasilianischen Transkription einige Beispiele für jeden Typ von Reduktion vor dem Akzent gelegener Vokale, der das europäische vom brasilianischen Portugiesisch unterscheidet.

3. Während im brasilianischen Portugiesisch im Auslaut nur [s] und [z] zu finden sind, erscheinen in der europäischen Varietät daneben auch noch [ʃ] und [ʒ]. Erstellen Sie eine Liste aller einschlägigen Fälle und versuchen Sie, die **satzphonetischen** Bedingungen für das Auftreten der

einzelnen Allophone im europäischen und brasilianischen Portugiesisch möglichst allgemein zu formulieren.

4. Suchen Sie einige Wörter, wo der für das Brasilianische typische Wandel von auslautendem *e* zu [i] ersichtlich ist.

5. Welches Wort des Turmbau-Texts zeigt im brasilianischen Portugiesisch *l*-Vokalisierung?

6. Transkribieren Sie auf der Basis des Textes und der Aufnahmen den Rest des Turmbau-Textes.

7. Suchen Sie im Turmbau-Text Beispiele für den Ausfall von lat. intervokalischem -L-, für Nicht-Diphthongierung von lat. Ĕ und Ŏ und den Erhalt von anlautendem lat. F-. Suchen Sie auch die diesen entsprechenden spanischen Wörter.

8. Durch den Ausfall von lat. intervokalischem -N- und -L- im Portugiesischen entstanden unzählige **Hiate** (Sg.: *Hiatus*). Solche zusammentreffenden Vokale, die getrennt gesprochen werden, sind instabil und wurden in der Regel im Laufe der portugiesischen Sprachgeschichte getilgt. Versuchen Sie zu beschreiben, wie in den folgenden Wörter diese Tilgung erfolgt ist:

MANU > *mão* ‚Hand'	PALATIU > *paço* ‚Palast'
VINU > *vinho* ‚Wein'	PLENU > *cheio* ‚voll'

9. Zeichnen Sie auf einer Karte der Iberischen Halbinsel folgende Isoglossen ein:

(a) Ausfall von intervokalischem -L- und -N-,
(b) Bewahrung von lat. Ǫ́ und Ę́ vs. Diphthongierung zu [ue] und [ie],
(c) Bewahrung bzw. Aufgabe der Opposition /v/–/b/,
Dazu müssen Sie die Karten 8: *abuelo* (< *AVIŎLU), 29: *caballo* (< CABALLU), 59: *cuero* (< CŎRIU), 69: *diente* (< DĔNTE) des *ALPI* (*Atlas lingüístico de la Península Ibérica*) konsultieren (Hinweis: Die Aufgabe der Opposition /v/–/b/ korreliert mit der frikativen Realisierung des lat. intervokalischen -B-).

13. Dreizehnte Unterrichtseinheit

13.1 Korpora

13.1.1 Korpuslinguistik

Dem Sprachwissenschaftler stehen grundsätzlich sehr unterschiedliche **Datentypen** zur Verfügung, um Sprachstruktur und Sprachgebrauch zu untersuchen. Ein Muttersprachler etwa kann sein „Sprachgefühl" durch **Introspektion** befragen. Das Sprachgefühl erlaubt z.B. einem kompetenten Sprecher des Deutschen zu entscheiden, dass der Satz *Diese Bäume sind fallbar* kein möglicher deutscher Satz ist. Dasselbe Sprachgefühl wird den sehr ähnlichen Satz *Diese Bäume sind fällbar* hingegen akzeptabel finden, obwohl *fällbar* genauso wenig wie *fallbar* ein übliches Wort des Deutschen ist. Das unterschiedliche Urteil kann daher nicht auf dem Bekanntheitsgrad der beiden Wörter beruhen, sondern muss auf das Wissen dieser Sprecher über den Gebrauch des Suffixes *-bar* zurückgeführt werden. Solche **Akzeptabilitätsurteile** sind von unschätzbarem Wert für die sprachwissenschaftliche Forschung, speziell weil sie auch Aussagen über Nicht-Mögliches ermöglichen. Daneben hat die introspektive Methode aber auch einige gravierende Nachteile: sie steht nur dem Muttersprachler offen (der Nicht-Muttersprachler kann natürlich Muttersprachler befragen), kann leicht durch das Erkenntnisziel beeinflusst werden (man findet einen Satz akzeptabler, wenn dies die eigene Theorie bestätigt), erfasst nicht die ganze Variabilität des Sprachgebrauchs in einer Sprachgemeinschaft und ist nicht auf vergangene Sprachstadien anwendbar.

Daher stützen sich Sprachwissenschaftler auch häufiger auf effektiv getätigte sprachliche Äußerungen. Wenn eine Sammlung solcher Äußerungen – worunter man in der Sprachwissenschaft auch Texte versteht – systematischen Charakter hat, spricht man von einem **Corpus** (Pl. *Corpora*) oder, eingedeutscht, **Korpus** (Pl. *Korpora*). Ein altes Korpus, das für die Erforschung des Vulgärlateins wichtig war und ist, ist etwa das *CIL*, das **Corpus inscriptionum latinarum**, die Sammlung lateinischer Inschriften. Da Steinmetze wenig gebildete Leute waren, enthalten Inschriften viele volkssprachliche Züge, und die z.T. bestimmbare räumliche und zeitliche Verteilung der Inschriften lässt manchmal wertvolle Aufschlüsse über die räumliche und zeitliche Verteilung der darin enthaltenen volkssprachlichen Phänomene zu. Durch die allgemeine Verfügbarkeit von Computern und die enorme Steigerung von deren Leistungsfähigkeit, speziell seit den achtziger Jahren des 20. Jahrhunderts, hat die Verwendung von Korpora in der linguistischen Forschung einen großen Aufschwung erlebt.[16] Als Sammelname für alle korpusbasierten linguistischen Aktivitäten

---

[16] Korpusbasierte Untersuchungen gab es natürlich auch schon vor dem Computerzeitalter. Durch den Computer ist es nur wesentlich einfacher geworden, große Korpora systematischer zu untersuchen.

hat sich der Ausdruck **Korpuslinguistik** etabliert. In der Folge soll kurz beschrieben werden, wie Korpora in der linguistischen Forschung heute eingesetzt werden.

Am nützlichsten sind korpusbasierte Untersuchungen für das Studium des Sprachge<u>brauchs</u>. Anstatt nur zu fragen, ob ein Wort bzw. eine bestimmte sprachliche Struktur möglich ist, untersucht man, wie oft diese/s im Korpus bzw. in verschiedenen Teilkorpora vorkommt. Eine auf die **Sprachstruktur** konzentrierte Untersuchung des Passivsatzes wird z.B. beschreiben, wie und mit welchen Verben dieser in einer bestimmten Sprache gebildet wird, während eine auf den **Sprachgebrauch** konzentrierte (korpuslinguistische) Untersuchung z.B. der Frage nachgehen wird, in welchen Textsorten Passivsätze mit welcher Häufigkeit vorkommen oder ob sich im Laufe der Zeit Verschiebungen in der Anwendungshäufigkeit ergeben haben. In einem zweiten Schritt wird dann oft untersucht, ob andere Phänomene eine ähnliche Verteilung aufweisen. Dabei kann es sich um andere <u>sprachliche</u> Phänomene wie Satzmuster, Textsorten usw. oder aber um außersprachliche Faktoren wie Herkunft, Geschlecht usw. der Sprecher/Schreiber oder Kommunikationsziel handeln. Die In-Bezug-Setzung der konstatierten Häufigkeitsverteilungen nimmt dabei meist die Form einer **funktionalen Erklärung** an: eine solche versucht, das Vorhandensein von Wort/Struktur A damit zu erklären oder, weniger prätentiös gesagt, zu motivieren, dass A zur Realisierung der Funktion B dient. Ein Vergleich von Dialogen und wissenschaftlichen Texten etwa ergibt, dass letztere wesentlich mehr Passivsätze enthalten. Dieser Umstand wird funktional erklärt, indem man darauf hinweist, dass Passivsätze erlauben, den Handelnden auszublenden, und die Ausblendung des Handelnden, d.h. des Forschers, für wissenschaftliche Texte besonders angemessen ist. In der Folge wollen wir anhand von einigen Beispielen veranschaulichen, zu welcher Art von sprachwissenschaftlichen Untersuchungen Korpora heute u.a. eingesetzt werden können.

Ganz offensichtlich ist der Nutzen von Korpora für die Lexikologie und Lexikographie. Sogenannte **Konkordanzprogramme** erlauben, schnell alle Vorkommen eines Wortes bzw. einer Wortform in einem Korpus zusammenzustellen und mit einem minimalen Kontext in Listenform auszudrucken. Damit kann man Antworten auf für den Lexikographen wichtige Fragen wie die folgenden erhalten: Wie häufig ist das besagte Wort? Wie häufig sind die einzelnen Verwendungen eines bestimmten Wortes? Mit welchen anderen Wörtern tritt das Wort besonders häufig gemeinsam auf? Durch getrennte Auswertung verschiedener Korpora oder Teilkorpora kann man weiters u.U. eine Antwort auf die Frage erhalten, in welchen Textsorten ein bestimmtes Wort bzw. eine bestimmte Verwendung besonders häufig vorkommt oder wie sich seine Gebrauchshäufigkeit in Abhängigkeit von Textsorten im Laufe der Zeit entwickelt hat. All diese Informationen sind natürlich auch bei der Beschreibung der Bedeutungen und des Valenzverhaltens eines Wortes eine große Hilfe.

Korpusuntersuchungen erlauben auch, die Unterschiede im Gebrauch von auf den ersten Blick synonymen Wörtern wie engl. *small* und *little* präzise herauszuarbeiten. Konkordanzprogramme stützen sich bei ihrer Suche lediglich auf die Form und sind nicht in der Lage, formgleiche Wörter bzw. Wortformen mit unterschiedlicher Bedeutung auseinanderzuhalten. Sie werden daher das französische Substantiv *chasse* und die Verbform (*il*) *chasse* in einer einzigen Liste vereinen, was eine händische Nachbearbeitung der Liste notwendig macht. Will man dies vermeiden, so muss man ein **annotiertes Korpus** (engl. *tagged corpus*) verwenden, d.h. ein Korpus, in dem die einzelnen Wörter einen Hinweis auf ihre Wortart oder auch noch weitere grammatikalische Kategorien enthalten (etwa *chasse*-N vs. *chasse*-V).[17]

Technisch schwieriger zu bewerkstelligen sind Untersuchungen oberhalb der Wortebene, da Konkordanzprogramme nur Formen, nicht aber grammatikalische Strukturen erkennen können. In solchen Fällen ist es meist notwendig, eigene Computerprogramme zu schreiben, um die entsprechenden Strukturen finden zu können. Der Nutzen von Korpusuntersuchungen im Bereich der Grammatik besteht vor allem darin, dass man die Häufigkeit von grammatikalischen Strukturen in Abhängigkeit von Textsorten bestimmen und so deren effektiven Gebrauch präziser beschreiben kann als dies introspektiv oder durch Befragung von Muttersprachlern möglich wäre. So kann man z.B. auf diese Weise das genaue Verhältnis von Aktiv- und Passivsätzen oder von verbalen und nominalen Ausdrucksformen in verschiedenen Textsorten ermitteln. Solche Angaben über den effektiven Gebrauch sind auch für den Sprachunterricht von großem Interesse, da es für einen Sprachlerner ja nicht nur darum geht, Strukturen zu meistern, sondern auch darum, diese situationsgerecht einzusetzen.

Schließlich können Korpusuntersuchungen auch fruchtbringend zur Charakterisierung von Texten und Textsorten bzw. Diskursen eingesetzt werden. Diese Forschungsrichtung heißt **Diskursanalyse** (vgl. die Übersicht in Schiffrin et al. 2001). Diskursanalytische Untersuchungen müssen nicht unbedingt mit korpuslinguistischen Mitteln und quantitativen Methoden arbeiten, doch erlaubt der Einsatz von Korpora und Computern Berechnungen, die in dieser Komplexität bei händischer Auszählung nur schwer möglich wären. Es geht bei solchen Untersuchungen darum, für bestimmte Texte, Textsorten oder Diskursformen typische Merkmale bzw. Merkmalbündel zu eruieren, was natürlich immer den Vergleich mit anderen Texten, Textsorten oder Diskursformen impliziert. Die Aussagekraft der Resultate steigt mit der Anzahl der zugrundegelegten Texte und der analysierten Variablen. So kann man auf diese Weise etwa feststellen, dass akademische Texte sich gegenüber Erzählungen oder umgangssprachlichen Dialogen durch einen beträchtlich höheren Prozentsatz von Substantiven, Nominalisierungen, Passiv-, Kausal- und Relativsätzen, eine deutlich größere Satzlänge usw. und gleichzeitig durch einen beträchtlich niedrigeren Prozentsatz von Imperativen, Fragesätzen, Personalpronomina der 2. Person usw. auszeichnen. Durch statistische Techniken ist es möglich, Bündel von Merkmalen zu identifizieren, die dazu tendieren, gemeinsam in Textsorten aufzutreten. In einem weiteren Schritt ist es meist unschwer möglich, die festgestellten Merkmalsbündel funktional zu erklären, d.h. durch den Zweck und die spezifischen Anwendungsbedingungen der jeweiligen Textsorte zu motivieren. Die Analysen lassen sich natürlich beliebig verfeinern, indem man z.B. Texte verschiedener wissenschaftlicher Disziplinen miteinander vergleicht oder aber bestimmte Teile von Texten wie Einleitung oder Hauptteil. Natürlich wird man z.B. in einem geschichtswissenschaft-

---

[17] Die Annotierung von Korpora geschieht durch eigene Computerprogramme, die normalerweise über 90 % der Wörter richtig analysieren.

lichen Text einen anderen Tempusgebrauch feststellen als in einem Artikel aus dem Gebiet der Chemie. Zu den ersten Anwendungen des Computers im Bereich der Diskursanalyse gehörten übrigens literaturwissenschaftliche Arbeiten zum Stil einzelner Autoren, speziell mit der Absicht, die Zuschreibung anonymer Werke auf eine sicherere Basis zu stellen.

Alle angesprochenen linguistischen Analysen ließen sich im Grunde auch ohne den Einsatz von Computern durchführen, und in der Tat wurden viele der Fragen ja auch in früherer Zeit durch ausgedehnte händische Auszählungen bearbeitet. Der Mehrwert, den die Korpuslinguistik gebracht hat, besteht also weniger in grundlegend neuen Einsichten als vielmehr in einer größeren Präzision der Beschreibungen und häufig in einer beträchtlichen Zeit- und Arbeitsersparnis. Die Beantwortung mancher Fragen ist allerdings wirklich erst durch die Verfügbarkeit elektronischer Korpora möglich geworden, da ohne diese der Arbeitsaufwand einfach zu groß gewesen wäre.[18]

13.1.2 Romanische Korpora

Elektronische Korpora werden in der romanistischen Forschung bereits seit einigen Jahrzehnten verwendet, durch die flächendeckende Verbreitung des PCs und anderer elektronischer Hilfsmittel hat ihr Einsatz jedoch, wie schon erwähnt, seit den achtziger Jahren enorm zugenommen und wird es in Zukunft wohl noch weiter tun.

Es kann hier nicht darum gehen, alle romanischen Korpora aufzulisten oder gar einzeln zu besprechen. Für einen ersten Zugang sei der Leser auf Gabriel et al. (2000) oder auf http://www.sfb441.uni-tuebingen.de/c1/corp-ling.html verwiesen.[19]

Neben den zahlreichen Korpora, die speziell für bestimmte linguistische Fragestellungen zusammengestellt wurden, sind für den Linguisten aber auch Korpora von Interesse, deren primäre Zielsetzung nicht linguistischer Natur ist. Darunter fallen etwa via Internet oder durch cd-roms zugängliche Sammlungen literarischer Texte wie *FRANTEXT* für das Französische, *LIZ* (Letteratura Italiana Zanichelli) für das Italienische oder *CORDE* und *CREA* für das Spanische (zu finden unter http://www.rae.es). Weiters erscheinen seit über einem Jahrzehnt auch von mehreren Zeitungen jährlich cd-roms mit allen publizierten Texten. Diese in erster Linie für Journalisten konzipierten Korpora bieten den Vorteil der Aktualität der Texte, sind allerdings leider meist mit einer für linguistische Zwecke nur bedingt brauchbaren Software ausgestattet.

---

[18] Der Aufwand bei der Erstellung eines Korpus ist natürlich beträchtlich, speziell bei Korpora gesprochener Sprache. Die Arbeitsersparnis gilt hier meist nur für jene, die in der glücklichen Lage sind, von anderen erstellte Korpora benutzen zu können.

[19] Als erster Einstieg empfiehlt sich Stein (2004), für eine vertiefte Beschäftigung, speziell was die gesprochene Sprache betrifft, Pusch/Raible (2002). Es handelt sich dabei um Beiträge der 1. Freiburger Arbeitstagung zur Romanistischen Korpuslinguistik. Die zweite Arbeitstagung fand 2003 statt und war dem Thema „Korpora und Historische Sprachwissenschaft" gewidmet (Pusch/Kabatek/Raible 2005).

Auch das Internet wurde nicht als Textkorpus für Linguisten konzipiert, kann aber als solches betrachtet und benutzt werden. **Suchmaschinen** funktionieren ähnlich wie Konkordanzprogramme: sie suchen Wortformen, zeigen deren Frequenz im Korpus an, erstellen aber leider keine Listen von Wörtern mit Kontexten. Diese muss man sich vielmehr durch das Herunterladen der einzelnen Dateien und das Suchen der Wörter im Text selbst erstellen (sofern man nicht Zugang zu einem eigens für diesen Zweck konzipierten Programm hat).

13.1.4 Literatur

Biber/Conrad/Reppen (1998), Gabriel et al. (2000)

13.1.3 Aufgaben

1. Lesen Sie Gabriel et al. (2000, 71–74) und fassen Sie in wenigen Sätzen zusammen, worin die Autoren Möglichkeiten und Grenzen der elektronischen Korpusanalyse sehen.

2. Wegen seiner immensen Ausmaße ist das Internet speziell bei seltenen Wörtern und Neologismen herkömmlichen Korpora überlegen. Rufen Sie fünf seltene Wörter bzw. Neologismen aus Ihrem Gedächtnis ab und überprüfen Sie, ob diese in herkömmlichen Wörterbüchern verzeichnet und im Internet dokumentiert sind. Ermöglichen die Internet-Vorkommen eine präzisere Beschreibung?

3. Suchmaschinen ermöglichen auch die Suche nach Wortverbindungen (bei Google etwa müssen diese in Anführungszeichen gesetzt werden, also z.B. "j'ai marché"). Dadurch kann man das Internet auch als Hilfsmittel bei der Lösung von sprachlichen Zweifelsfällen – also z.B. zur Selbstkorrektur – verwenden. Wenn Sie z.B. nicht wissen, ob frz. *marcher* das Hilfszeitwort *être* oder *avoir* verlangt, so können Sie durch Eingabe der Sequenzen "je suis marché" und "j'ai marché" leicht herausfinden, welches die richtige Lösung ist. Überprüfen Sie nach dieser Methode fünf Zweifelsfälle Ihrer Mutter- oder Fremdsprache. Ist Internet in allen Fällen gleich hilfreich?

4. Das Internet ermöglicht in bescheidenem Ausmaß sogar sprachgeographische Recherchen, da viele Texte durch die Länderkennung geographisch zuordenbar sind. Wenn Sie bei Google neben dem gesuchten Wort (z.B. nonante) auch noch die Länderkennung (z.B. site:be) eingeben, so sucht das Programm nur in Texten mit der jeweiligen Länderkennung. Auf diese Weise kann man z.B. feststellen, ob bestimmte Wörter auf bestimmte Länder beschränkt sind oder für diese besonders typisch sind. Untersuchen Sie nach dieser Methode die geographische Verteilung von *der Joghurt, die Joghurt* und *das Joghurt*, sowie einige ähnliche Beispiele aus dem Deutschen oder Ihrer romanischen Sprache. Einige Länderkennungen: Argentinien = ar, Belgien = be, Deutschland = de, Frankreich = fr, Kanada = ca, Mexiko = mx, Österreich = at, Schweiz = ch, Spanien = es.

13.2 Zweitspracherwerb

Von den vielen Teilgebieten der Sprachwissenschaft ist jenes über den Zweitspracherwerb für künftige Lehrer, aber auch für Lerner vielleicht das wichtigste und interessanteste. Es kann hier natürlich nur in seinen Grundzügen angerissen werden und sollte im Laufe des Studiums auf jeden Fall weiter vertieft werden.

13.2.1 Formen des Spracherwerbs

Im Allgemeinen unterscheidet man drei Spielarten des Spracherwerbs: **Erst-** und **Zweit-spracherwerb**, sowie innerhalb von letzterem **ungesteuerten** oder **natürlichen** (z.B. im Falle eines Gastarbeiters am Bau) und **gesteuerten** (z.B. im Falle eines Schülers im Fremd-sprachenunterricht). Die Bedingungen des Sprachenlernens sind in diesen drei Fällen so unterschiedlich, dass es auf jeden Fall angebracht ist, sie getrennt zu untersuchen. Die erste Sprache – in der Fachliteratur oft **L1** genannt – erlernt man immer als Kleinkind, die zweite Sprache – auch **L2** genannt – häufig erst in der Schule oder im Erwachsenenalter. L2-Lerner sind daher meist kognitiv reifer und besitzen schon soziale Kompetenz sowie ein mehr oder weniger umfassendes Weltwissen. Beim Erlernen der zweiten Sprache beherrscht der Lerner außerdem bereits eine Sprache, was nicht ohne Einfluss auf den Erwerbsprozess bleibt. Starke Unterschiede bestehen auch in den äußeren Bedingungen: Im Falle des ge-steuerten Spracherwerbs z.B. hat der Lerner wesentlich weniger Zeit zum Lernen zur Ver-fügung und das Lernen findet nicht in einer natürlichen Umgebung, sondern innerhalb einer Lerngruppe statt, wo der **Input** in einer weitgehend durch Lehrmaterialien vorstrukturierten Weise dargeboten wird, die sich von der Interaktion im Familienverband wesentlich unter-scheidet. Allein aus den genannten Gründen ist zu erwarten, dass der Zweitspracherwerb z.T. anders verläuft als der Erstspracherwerb.

13.2.2 Universalgrammatik vs. allgemeine Lernmechanismen

In der Erstspracherwerbsforschung gibt es heute zwei große Lager: Für die Vertreter der Generativen Grammatik hat ein Neugeborenes eine spezifisch menschliche, angeborene Spracherwerbsfähigkeit, die als sog. **Universalgrammatik** (abgekürzt: *UG*) festlegt, wie die Grammatik einer natürlichen Sprache beschaffen sein kann; der Spracherwerb bestehe auf weite Strecken darin herauszufinden, welche der in der Universalgrammatik vorgesehenen Optionen in der jeweiligen sprachlichen Umgebung vorhanden sind und welche nicht. Als stärkstes Argument für ihre Position führen die Generativisten ins Treffen, dass eine solche Sicht des Erstspracherwerbs erkläre, weshalb alle Kinder in so kurzer Zeit jede Sprache der Welt lernen können. Die Gegenposition besagt, dass Spracherwerb auf dieselben kognitiven Fähigkeiten zurückgreife, mit denen Kinder auch viele andere Probleme lösen, und somit die Annahme einer angeborenen Universalgrammatik entbehrlich sei. Obwohl der Streit zwischen diesen beiden Grundpositionen bis heute nicht entschieden ist, ist er auch in die Zweitspracherwerbsforschung hineingetragen worden. Dort geht es unter generativistisch orientierten Linguisten um die Frage, ob der Zweitspracherwerb ebenfalls noch durch direkten Zugriff auf die Universalgrammmtik geschieht oder aber in einer vom Erstspracherwerb grundsätzlich verschiedenen Form. Die Frage ist bis heute noch weiter von einer endgültigen Klärung entfernt als in Bezug auf den Erstspracherwerb, und es mangelt auch nicht an Kompromisspositionen, die allgemeinen Lernmechanismen zumindest einen größeren Anteil zubilligen als im Erstspracherwerb.

13.2.3 Der Einfluss der Erst- auf die Zweitsprache

Ein weiteres großes Thema der Zweitspracherwerbsforschung, das wir schon in Kap. 1.2.3 angedeutet haben, ist seit jeher der Einfluss der Erstsprache auf die Zweitsprache – in der Forschung **Transfer** genannt. In der Frühphase der Zweitspracherwerbsforschung – also ca. Mitte des 20. Jahrhunderts – ging man von der Hypothese aus, dass in Erst- und Zweitsprache identische Wörter und Regeln leicht zu lernen seien (**positiver Transfer**), während unterschiedliche Wörter und Regeln Schwierigkeiten bereiteten und zu Fehlern führten (**negativer Transfer** oder **Interferenz**). Diese auf den ersten Blick vielleicht einleuchtende Hypothese wird aber einigen Fakten nicht gerecht. Z.B. kann man beobachten, dass Fehler häufiger auftreten, wenn L1 und L2 bzgl. eines Worts oder einer Regel zwar unterschiedlich, aber doch ähnlich sind (man spricht dann von **falschen Freunden**), als wenn beide ganz unterschiedlich sind.[20] Auch gibt es Fehler, die nicht durch Interferenz, sondern durch falsche Analogien innerhalb der Zweitsprache zu erklären sind (z.B. *childs* statt *children*) oder aber weder auf die L1 noch auf die L2 zurückgeführt werden können. Mangelhaftes Wissen um die Regeln der L2 ist eine häufigere Ursache von Fehlern als Interferenz. Als Konsequenz aus diesen Erkenntnissen wurde der Begriff **Lernersprache** (engl. *interlanguage*) eingeführt, um sich auf jene Übergangssprachsysteme zu beziehen, die Lerner beim Erwerb als sukzessive Annäherungen an die Zweitsprache aufbauen. Eine Lernersprache weist z.T. von Erst- und Zweitsprache verschiedene Eigenschaften auf, die außer durch Interferenz auch durch falsche Analogien, durch eigene Regelbildung des Lerners oder aber auch durch mangelhaften Input (Lehrmaterialien, Lehrer) zustande kommen können. Bleibt ein Lerner – und bei den meisten erwachsenen Lernern geschieht dies in mehr oder weniger starkem Ausmaß! – dauerhaft auf einem dieser Durchgangsstadien hängen, ohne die Zweitsprache jemals „perfekt" zu erlernen, spricht man von **Fossilisierung**.

---

[20] Die meisten von Ihnen erwerben bzw. studieren im Augenblick eine romanische Sprache nicht als Zweitsprache, sondern bereits zumindest als dritte Fremdsprache (man spricht auch von **Tertiärsprache**). Die erste Fremdsprache ist im deutschen Sprachraum normalerweise das Englische, häufig gefolgt von Latein und erst dann von einer oder mehreren romanischen Sprachen. Die Hauptquelle für Interferenzen stellt daher oft das Englische bzw. die zuletzt gelernte romanische Sprache dar. Zugleich erleichtert diese Situation aber auch den Spracherwerb stark, vor allem aufgrund der großen Ähnlichkeiten im Wortschatz.

180

13.2.4 Alter und Erfolg beim Spracherwerb

Viele Forscher haben versucht herauszufinden, warum manche Lerner eine Zweitsprache oft auch in fortgeschrittenem Alter noch quasi muttersprachlich erlernen, während andere mehr oder weniger starke Formen der Fossilisierung aufweisen. Nach einer weit verbreiteten Auffassung ist das Alter, in dem mit dem Erwerb der zweiten Sprache begonnen wird, von zentraler Bedeutung. Manche glauben sogar an die Existenz eines „kritischen Alters", jenseits dessen kein quasi muttersprachlicher Zweitspracherwerb mehr möglich sei (je nach Forscher liegt diese kritische Phase zwischen dem Alter von 6 Jahren und der Pubertät). Die Realität scheint etwas differenzierter zu sein. So hat man festgestellt, dass Erwachsene und speziell Jugendliche eine zweite Sprache – vor allem am Anfang – schneller lernen als (Klein-)Kinder, letztere allerdings auf lange Sicht zu einer besseren Beherrschung der Sprache gelangen. Relativ unumstritten ist auch, dass sich der frühe Beginn besonders im Bereich der Aussprache günstig auswirkt. Ein anderes interessantes Forschungsergebnis besagt, dass durch längeren Sprachkontakt (z.B. einen Auslandsaufenthalt) sich zwar meist die kommunikativen Fähigkeiten verbessern, aber nicht unbedingt die grammatikalische Korrektheit. Wie man sieht, betrifft der Einfluss des Alters verschiedene Aspekte der zielsprachlichen Kompetenz also in unterschiedlicher Weise.

Auch wenn der Einfluss der Variable Alter als gesichert gelten kann, heißt dies nicht unbedingt, dass das Alter an und für sich die beobachteten Unterschiede erklärt; eigentlich verantwortlich kann auch ein Faktor sein, der mit dem Alter kovariiert, etwa die Persönlichkeitsentwicklung: Erwachsene haben meist größere Hemmungen als Kinder, was sie z.B. daran hindern könnte, die fremde Aussprache getreu nachzuahmen, und stehen anderen Kulturen weniger offen gegenüber. Für die Leserinnen und Leser dieser Einführung ist es jedenfalls beruhigend zu erfahren, dass Erwachsene nicht grundsätzlich als gehandicapte Sprachlerner anzusehen sind. Sollten Sie keine quasi muttersprachliche Kompetenz in Ihrer Fremdsprache bzw. ihren Fremdsprachen erreichen, so können Sie sich nach dem heutigen Stand der Forschung nicht einfach auf die Überschreitung des kritischen Alters berufen …

13.2.5 Weitere Einflussfaktoren

Neben dem Alter ist in der Forschung auch eine Reihe weiterer Faktoren mit dem Sprachlernerfolg korreliert worden. Es scheint keinen direkten Zusammenhang zwischen Lernerfolg und allgemeiner Intelligenz zu geben, außer vielleicht bei stark kognitiv orientierter Unterrichtsgestaltung. Dem gemeinsprachlichen Begriff der „Sprachbegabung" scheint einerseits tatsächlich eine individuell unterschiedliche Sprachverarbeitungskapazität, die sich in Beherrschung der Muttersprache, verbaler Intelligenz und Gedächtnis manifestiert, zu entsprechen, andererseits fließen in diesen vorwissenschaftlichen Begriff auch eine Reihe weiterer kognitiver und affektiver Faktoren ein, welche die Forschung zu trennen bemüht ist. So scheint es individuelle Unterschiede in der Fähigkeit zu geben, mit der Zielsprache als dekontextualisiertem System umzugehen, was besonders für den gesteuerten Spracherwerb in schulischer Umgebung von Belang werden kann. Was die Motivation betrifft, unterscheidet man in der Literatur normalerweise eine „integrative" von einer „instrumentellen". Im ersten Fall lernt man eine Sprache aus dem Bedürfnis heraus, sich in eine Sprachgemeinschaft zu integrieren, im zweiten aus mehr praktischen Erwägungen (z.B. um die Berufsaussichten zu verbessern). Welche der beiden Motivationsarten dem Lernerfolg zuträglicher ist, hängt von zahlreichen Faktoren ab. Wichtig ist auch zu betonen, dass nicht nur die Motivation den Lernerfolg steigert, sondern umgekehrt auch der Lernerfolg die Motivation. Ebenso vielgestaltig ist auch der Zusammenhang zwischen der Einstellung zu den Sprechern der Zielsprache und dem Lernerfolg. Auch hier können im Prinzip Einflüsse in beide Richtungen gehen. Schließlich haben auch Persönlichkeitsfaktoren wie Intro- und Extrovertiertheit sowie Ängstlichkeit als Determinanten des Lernerfolgs viel wissenschaftliche Beachtung gefunden, ohne dass allerdings klare Einflüsse festgestellt worden wären. Was das schulische Fremdsprachenlernen betrifft, korreliert der Erfolg stark positiv mit dem Bildungsniveau der Eltern, was allerdings in unserem Schulsystem für schulischen Erfolg allgemein gilt.

13.2.6 Literatur

Bausch/Christ/Krumm (2007), Buttaroni (Hg.) (2011), Edmondson/House (2011)

13.2.7 Aufgaben

1. Lesen Sie Edmondson/House (2011, 266–269) und beantworten Sie folgende Fragen: (a) Warum ist die Hypothese, Sprachlernerfolg sei eine direkte Konsequenz der Menge des Inputs, nicht haltbar? (b) Welches sind die wesentlichen Züge von Krashens Input-Hypothese? (c) Welches methodologische Manko machen die Autoren geltend?

2. Lesen Sie Edmondson/House (2011, 280–294) und beantworten Sie folgende Fragen: (a) Worin besteht nach Krashen der Unterschied zwischen „Erwerben" und „Lernen"? (b) Welche Funktion hat das Gelernte in seinem Modell? (c) Welchen Einwand formulieren die Autoren gegen die Monitor-Hypothese? (d) Wie bewerten sie die didaktischen Forderungen, die aus Krashens Theorie abgeleitet wurden? (e) Welche Vorgangsweise empfehlen die Autoren selbst bzgl. implizitem und explizitem Sprachwissen?

3. Frauen gelten landläufig als sprachbegabter als Männer, und der Anteil weiblicher Studierender in Ihrer Lehrveranstaltung scheint diese These zu bestätigen. Lesen Sie den Artikel „Fremdsprachen – Mädchensache? Geschlechtsspezifische Aspekte des Fremdsprachenerwerbs in der Schule" von Kettemann et al. in *Moderne Sprachen* 42 (1998) 1, 11–25 und fassen Sie den Stand der Forschung zu dieser Frage zusammen.

4. Lesen Sie den Aufsatz „Fremdsprachenunterricht für Fortgeschrittene: Ein Überblick" von P. Portmann in *Bulletin Suisse de Linguistique Appliquée* 61 (1994), 7–30 und analysieren Sie anhand seiner Parameter, welcher Typ von Fortgeschrittener/m Sie sind. Beschreiben Sie möglichst detailliert Ihre Stärken und Schwächen und die sich daraus ergebenden Bedürfnisse hinsichtlich des weiteren Spracherwerbs bzw. -unterrichts.

182

5.   Ein besonders augenfälliges Beispiel für falsche Freunde ist das Wortpaar dt. *Tschau*/it. *ciao*, da ersteres nur zur informellen Verabschiedung dient, letzteres jedoch auch zur Begrüßung. Suchen Sie weitere fünf falsche Freunde und erklären Sie die Bedeutungsunterschiede oder unterschiedlichen Verwendungskontexte (Es gibt auch spezielle Wörterbücher für falsche Freunde!)

13.3   Sprachskizze 11: Kreolsprachen (am Beispiel Papiamentu)

13.3.1   Pidgins und Kreolsprachen

Erst in letzter Zeit beschäftigt sich die Sprachwissenschaft verstärkt mit Sprachen, die nicht – wie die bisher behandelten – über eine historisch und kulturell gefestigte Identität bzw. Kontinuität verfügen, sondern aus spezifischen Kommunikationsbedürfnissen entstanden sind und deren (ursprüngliche) Rolle als Hilfssprachen ebenso wie ihre strukturelle Einfachheit und ihr auffallender Mischcharakter jeder Form sozialer Anerkennung im Wege stand.

Das älteste belegte Beispiel stellt die im Hochmittelalter zwischen Romanen, Griechen, Arabern und Türken entwickelte **lingua franca** dar, die im östlichen und südlichen Mittelmeerraum als Handelssprache diente. Der bekannteste Fall ist das zwischen Engländern und Chinesen verwendete **Pidgin** (verballhornt aus engl. *business*). Beide Bezeichnungen stehen heute übrigens auch als Gattungsnamen für natürliche wie künstliche Hilfssprachen.

Pidgins bildeten sich typischerweise in vielsprachigen Gesellschaften mit starkem sozialen Gefälle heraus, in denen die sozial benachteiligte Bevölkerungsgruppe zahlenmäßig überlegen, aber sprachlich heterogen war, wie das in den so genannten Plantagengesellschaften der Fall war. Weitere Faktoren, die die Ausbildung eines Pidgins begünstigen, sind geographische Isolation, ungesteuerter Spracherwerb und ein geringer Bedarf an Schriftlichkeit.

Werden Pidgins zur Muttersprache, so nennt man sie **Kreolsprachen**. Mit ihnen beschäftigt sich der relativ junge Forschungszweig der **Kreolistik**. Durch den Einsatz in mehreren Domänen werden Kreolsprachen zumindest lexikalisch meist erheblich angereichert.

13.3.2   Externe Sprachgeschichte des Papiamentu

Im Vergleich zu anderen Kreolsprachen ist das Papiamentu aufgrund seiner heutigen gesellschaftlichen Position ein Sonderfall. Zwar hat das Niederländische auf den Karibikinseln Curaçao, Aruba und Bonaire den Rang der offiziellen Sprache inne, doch fungiert Papiamentu dank seiner Verwendung in Presse, Rundfunk und Literatur *de facto* als Nationalsprache.

Die Inselgruppe blickt auf eine bewegte Geschichte zurück. Sie wurde von den Spaniern entdeckt und 1527 offiziell in Besitz genommen, aber 1634 ohne nennenswerte Gegenwehr an die Holländer abgetreten, die nach der vollständigen Emigration der Indios und Spanier nach Venezuela Curaçao zum Stützpunkt des Sklavenhandels ausbauten. Um die Mitte des 17. Jahrhunderts erfolgte ein größerer Zuzug von spanischen und portugiesischen Juden. Eine weitere Stärkung des Spanischen auf dem Archipel wurde durch spanische Missionare ab ca. 1700 und durch Einwanderung aus Ländern Südamerikas im 19. Jahrhundert bewirkt.

13.3.3 Wesenszüge des Papiamentu

Der charakteristische Wesenszug von Kreolsprachen ist ihre relative grammatische Einfachheit. Kreolsprachen sind auch Mischsprachen, was in mehr oder minder großem Ausmaß wohl für alle natürlichen Sprachen gilt, bei den Kreolsprachen aber in ganz auffälliger Weise zu Tage tritt.

Das Papiamentu beruht nach herkömmlicher Auffassung auf einer afro-portugiesischen Grundlage, zu der starke spanische und niederländische Beimischungen kommen. Die neuere Entwicklung ist durch eine starke Hispanisierung gekennzeichnet, d.h. eine Angleichung von Wortschatz, Phonetik und sogar Grammatik an das moderne Spanisch.

Das afrikanische Element im Papiamentu wird mit nur 3–4 % veranschlagt, was nicht zuletzt auf die große Verschiedenheit der Sprachen der schwarzen Sklaven zurückzuführen sein dürfte. Das Niederländische hat etwa 30 % des Wortschatzes beigesteuert (vgl. im Text z.B. *klenku*), der iberoromanische Anteil hingegen beläuft sich auf 65 %, wobei es wegen der großen Ähnlichkeit von Spanisch und Portugiesisch oft schwer zu sagen ist, auf welche der beiden Sprachen ein bestimmtes Papiamentuwort zurückgeht.

13.3.4 Der Turmbau zu Babel: Papiamentu

Dem Text wurde bewusst keine Interlinearversion beigefügt, um den Lehrveranstaltungsteilnehmern die Möglichkeit zu geben, eine ihnen unbekannte Sprache zu „entziffern". Folgende Hinweise mögen genügen. Verben erscheinen in unveränderlicher Form; Tempus, Modus und Aspekt werden durch Partikeln markiert: *lo* = Futur; *ta* = Präsens; *a* = Vergangenheit, perfektiv; *tabata* = Vergangenheit, imperfektiv; *laga* = Hortativ (Aufforderungsform) u.a. Der Plural von Substantiven wird durch das Morphem *nan* afrikanischen Ursprungs gekennzeichnet, das auch als Personal- und Possessivpronomen der dritten Person fungiert. Wenn die Mehrzahl bereits durch ein anderes Wort der Nominalphrase impliziert wird, kann *nan* unterbleiben.

Den e tempu ei tur hende tabata papia e mesun lenga. Ora nan tabata bai den direkshon ost, nan a hañã un sabana den e pais Sinear, kaminda nan a keda biba. Un dia nan a bisa otro: „Ban traha klenku i hòrna nan bon." Nan a uza e klenkunan pa blòki i breu pa pega e blòkinan na otro. Despues nan a bisa: „Ban lanta un siudat ku un toren ku ta yega te na shelu. Asin'ei nos lo bira famoso i nos lo no haña nos plamá riba henter mundu."

Ora SEÑOR a baha pa mira e stat ku e toren ku e hendenan tabata trahando. El a pensa: „Wak, e hendenan aki ta ún pueblo, i nan tur ta papia e mesun lenga. Esaki ta djis e kuminsamentu di loke nan ke logra. Aworó nada riba mundo lo no ta imposibel pa nan. Laga Nos baha anto i brua nan lenga, ya nan no ta komprondé otro mas." Asina SEÑOR a hasi ku nan a plama riba henter mundu. Nan mester a laga trahamentu di e stat para. Einan SEÑOR a brua lenga di henter humanidat. For di einan El a pone nan plama riba henter mundu. Pesei e siudat yama Bábel.

Übersetzt von Bernardino van Baars

13.3.5   Literatur

Holm 1988/89, Kramer (2004), *LRL* VII: Art. 486–490, Stein (1984)

13.3.6   Aufgaben

1. Lesen Sie den Abschnitt 3 von Stein (1984) und zeichnen Sie auf einer Weltkarte die dort auf-geführten Kreolsprachen mit romanischer Basis ein.

2. Ermitteln Sie die Etymologie von *papiamentu*.

3. Versuchen Sie, den Text soweit als möglich zu entziffern und die Herkunft der einzelnen Wörter herauszufinden.

14.   Bibliographie

ÁGEL, Vilmos (2000): *Valenztheorie*. Tübingen: Narr.

AITCHISON, Joan (1991): *Language Change: progress or decay?* Second Edition. Cambridge: Cambridge University Press.

ALBRECHT, Jörn (2000): *Europäischer Strukturalismus*. 2., völlig überarb. und erw. Aufl. Tübingen etc.: Francke (UTB 1487).

ALLEN, William S. (1965): *Vox Latina. A Guide to the Pronunciation of Classical Latin*. Cambridge: University Press.

Atlas lingüístico de la Península Ibérica. Vol. 1,1: Fonética. Madrid: Consejo Superior de Investigaciones Científicas.

ARENS, Hans (²1969, 1955): *Sprachwissenschaft. Der Gang ihrer Entwicklung von der Antike bis zur Gegenwart*. Freiburg/München: Alber.

BAUSCH, Karl-Richard/CHRIST, Herbert/KRUMM, Hans-Jürgen (Hg.) (2007): *Handbuch Fremdsprachenunterricht*. 5. Auflage. Tübingen/Basel: Francke.

BAXTER, Alan N. (1992): „Portuguese as a pluricentric language". In: Clyne, Michael (Hg.): *Pluricentric Languages. Differing Norms in Different Nations*. Berlin/New York: Mouton de Gruyter, 11–43.

BEAUGRANDE, Robert-Alain de/DRESSLER, Wolfgang U. (1981): *Einführung in die Text-linguistik*. Tübingen: Niemeyer.

BERSCHIN, Helmut/FELIXBERGER, Josef/GOEBL, Hans (2008): *Französische Sprachge-schichte*. 2., überarbeitete Auflage. Hildesheim: Olms.

BERSCHIN, Helmut/FERNÁNDEZ-SEVILLA, Julio/FELIXBERGER, Josef (2005): *Die spanische Sprache. Verbreitung, Geschichte, Struktur*. 3., korrigierte und durch einen Nachtrag ergänzte Auflage. Hildesheim: Olms.

BEYRER, Arthur/BOCHMANN, Klaus/BRONSERT, Siegfried (1987): *Grammatik der rumä-nischen Sprache der Gegenwart*. Leipzig: VEB Verlag Enzyklopädie.

BIBER, Douglas/CONRAD, Susan/REPPEN, Randi (1998): *Corpus Linguistics. Investigating Language Structure and Use*. Cambridge: Cambridge University Press.

BLANK, Andreas (1997): *Prinzipien des lexikalischen Bedeutungswandels am Beispiel der romanischen Sprachen*. Tübingen: Niemeyer.

BLANK, Andreas (2001): *Einführung in die lexikalische Semantik für Romanisten*. Tü-bingen: Niemeyer (RA 45).

BLUMENTHAL, Peter/ROVERE, Giovanni (1998): *PONS Wörterbuch der italienischen Ver-ben*. Stuttgart/Düsseldorf/Leipzig: Klett.

BOOIJ, Geert E. (2005): *The grammar of words. An introduction to linguistic morphology*. Oxford: Oxford University Press.

BORN, Joachim/FOLGER, Robert/LAFERL, Christopher F./PÖLL, Bernhard (Hg.) (2012): *Handbuch Spanisch. Sprache, Literatur, Kultur, Geschichte in Spanien und Hispano-amerika*. Berlin: Schmidt.

BOSSONG, Georg (2008): *Die romanischen Sprachen. Eine vergleichende Einführung*. Hamburg: Buske.

BRINKER, Klaus (2010): *Linguistische Textanalyse. Eine Einführung in Grundbegriffe und Methoden*. 7., durchges. Auflage. Berlin: Schmidt.

BUTTARONI, Susanna (Hg.) (2011): *Wie Sprache funktioniert. Einführung in die Linguistik für Pädagoginnen und Pädagogen*. Baltmannsweiler: Schneider.

BÜNTING, Karl Dieter/BERGENHOLTZ, Henning (^{3}1995): *Einführung in die Syntax. Grundbegriffe zum Lesen einer Grammatik.* Weinheim: Beltz Athenäum.

BÜNTING, Karl-Dieter/BITTERLICH, Axel/POSPIECH, Ulrike (1996): *Schreiben im Studium: ein Trainingsprogramm.* Berlin: Cornelsen/Scriptor-Verlag.

BUSSE, Winfried (1994): *Dicionário sintáctico de verbos portugueses.* Coimbra: Almedina.

BUSSE, Winfried/DUBOST, Jean-Pierre (1977): *Französisches Verblexikon.* Stuttgart: Klett-Cotta.

BUSSMANN, Hadumod (Hg.) (2008): *Lexikon der Sprachwissenschaft.* 4., durchges. und bibliographisch erg. Auflage. Unter Mitarbeit von Hartmut Lauffer. Stuttgart: Kröner.

CAVALLI-SFORZA, Luigi Luca (1999): *Gene, Völker und Sprachen.* Darmstadt: Wissenschaftliche Buchgesellschaft.

CHRISTMANN, Hans Helmut (1974): *Idealistische Philosophie und moderne Sprachwissenschaft.* München: Fink.

CHRISTMANN, Hans Helmut (1985): *Romanistik und Anglistik an der deutschen Universität im 19. Jahrhundert.* Wiesbaden/Stuttgart: Steiner.

CHRISTMANN, Hans Helmut/HAUSMANN, Frank-Rutger (Hg.) (1989): *Deutsche und österreichische Romanisten als Verfolgte des Nationalsozialismus.* Tübingen: Stauffenburg.

CICHON, Peter (1999): *Einführung in die okzitanische Sprache.* Bonn: Romanistischer Verlag.

COSERIU, Eugenio (1979): *Die Sprachgeographie.* Tübingen: Narr.

COSERIU, Eugenio (^{3}1994): *Textlinguistik. Eine Einführung.* Hg. und bearb. von Jörn Albrecht. Tübingen/Basel: Francke (UTB 1808). Textedition einer Monographie

CUNHA, Celso/CINTRA, Luís F. Lindley (^{8}1991): *Nova Gramática do Português Contemporâneo.* Lisboa: Sá da Costa.

DAHMEN, Wolfgang et al. (Hg.) (2000): *Kanonbildung in der Romanistik und in den Nachbardisziplinen. Romanistisches Kolloquium XIV.* Tübingen: Narr.

DUMBRAVA, Vasile (1998): „Auf der Suche nach einer Identität. Veränderungen des Sprachbewußtseins in der Republik Moldova in den neuziger Jahren." In: *Grenzgänge* 5/10, 45–54.

EDMONDSON, Willis/HOUSE, Juliane (2011): *Einführung in die Sprachlehrforschung.* 4., überarb. Auflage. Tübingen/Basel: Francke.

EGGER, Kurt/LARDSCHNEIDER MCLEAN, Margareth (2001): *Dreisprachig werden in Gröden.* Bozen: Institut Pedagogich Ladin.

ENGEL, Ulrich et al. (1993): *Valenzlexikon Deutsch-Rumänisch. Dicţionar de valenţă german-român.* Heidelberg: Groos.

ESCHMANN, Jürgen (1986): „Okzitanien heute". In: *Die Neueren Sprachen* 85, 90–102.

FELIXBERGER, Josef/BERSCHIN, Helmut (1974): *Einführung in die Sprachwissenschaft für Romanisten.* München: Hueber.

FÖLDES-PAPP, Károly (1987): *Vom Felsbild zum Alphabet. Die Geschichte der Schrift.* Darmstadt: Wissenschaftliche Buchgesellschaft.

FRANK, Barbara/HARTMANN, Jörg (1997): *Inventaire systématique des premiers documents des langues romanes.* 5 volumes. Tübingen: Narr.

GABINSKIJ, Mark A. (2011): *Die sefardische Sprache.* Übersetzt von Heinrich Kohring. Bearbeitet von Winfried Busse und Heinrich Kohring. Tübingen: Stauffenburg.

GABRIEL, Christoph/MEISENBURG, Trudel (2007): *Romanische Sprachwissenschaft.* Paderborn: Fink.

GABRIEL, Christoph/MÜLLER, Natascha (2008): *Grundlagen der generativen Syntax. Französisch, Italienisch, Spanisch.* Tübingen: Niemeyer (RA 51).

GABRIEL, Klaus/IDE, Katja/OSTHUS, Dietmar/POLZIN-HAUMANN, Claudia (2000): *Rom@nistik im Internet: eine praktische Einführung in die Nutzung der neuen Medien im*

Rahmen der romanistischen Linguistik. 2., erw. und aktual. Aufl. Bonn: Romanistischer Verlag.

GAUGER, Hans-Martin/OESTERREICHER, Wulf/WINDISCH, Rudolf (1981): *Einführung in die romanische Sprachwissenschaft*. Darmstadt: Wissenschaftliche Buchgesellschaft.

GECKELER, Horst/DIETRICH, Wolf (2012): *Einführung in die französische Sprachwissenschaft: ein Lehr- und Arbeitsbuch*. 5., neu bearb. und erw. Auflage. Berlin: Schmidt.

GERSTENBERG, Annette (2009): *Arbeitstechniken für Romanisten: eine Anleitung für den Bereich Linguistik*. Tübingen: Niemeyer (RA 53).

GLÜCK, Helmut (Hg.) (2010): *Metzler Lexikon Sprache*. 4., aktualisierte und überarbeitete Auflage, Stuttgart/Weimar: Metzler.

HAARMANN, Harald (2001): *Kleines Lexikon der Sprachen*. München: Beck (Beck'sche Reihe 1432).

HALL, Edward T. (1973): *The Silent Language*. New York: Anchor Press.

HANDKE, Jürgen (2000): *The Mouton Interactive Introduction to Phonetics and Phonology*. Berlin etc.: de Gruyter (CD).

HAUSMANN, Frank-Rutger (1993): *„Aus dem Reich der seelischen Hungersnot". Briefe und Dokumente der romanistischen Fachgeschichte im Dritten Reich*. Würzburg: Königshausen & Neumann.

HAUSMANN, Franz Josef (1985): „Lexikographie". In: Schwarze, Christoph/Wunderlich, Dieter (Hg.): *Handbuch der Lexikologie*. Königsstein: Athenäum, 367–411.

HAUSMANN, Franz Josef/WERNER, Reinhold (1991): „Spezifische Bauteile und Strukturen zweisprachiger Wörterbücher: eine Übersicht." In: Hausmann, Franz Josef et al. (Hg.): *Wörterbücher – Dictionaries – Dictionnaires. Ein internationales Handbuch zur Lexikographie*. 3. Teilband. Berlin/New York: de Gruyter, 2729–2769.

HERMANN, Joseph (1967): *Le latin vulgaire*. Paris: PUF.

HILLEN, Wolfgang/RHEINBACH, Ludwig (1989): *Einführung in die bibliographischen Hilfsmittel für das Studium der Romanistik 2: Italienische Sprach- und Literaturwissenschaft*. Bearb. v. A. Klapp-Lehrmann und W. Hillen. Bonn: Romanistischer Verlag.

HILLEN, Wolfgang/RHEINBACH, Ludwig (1995, [1]1985): *Einführung in die bibliographischen Hilfsmittel für das Studium der Romanistik 1: Französische Sprach- und Literaturwissenschaft*. Bonn: Romanistischer Verlag.

HOLM, John (1988/89): *Pidgins and creoles*. Cambridge etc.: Cambridge University Press.

HUNDERTMARK-SANTOS MARTINS, Maria T. ([2]1998): *Portugiesische Grammatik*. Tübingen: Niemeyer.

JANICH, Nina/GREULE, Albrecht (Hg.) (2002): *Sprachkulturen in Europa. Ein internationales Handbuch*. Tübingen: Narr.

JÄNICKE, Otto (1991): *Französische Etymologie. Einführung und Überblick*. Tübingen: Niemeyer.

JANSON, Tore (2006): *Latein. Die Erfolgsgeschichte einer Sprache*. Hamburg: Buske.

KATTENBUSCH, Dieter (1996): „Ladinien". In: Hinderling, Robert/Eichinger, Ludwig M. (Hg.): *Handbuch der mitteleuropäischen Sprachminderheiten*. Tübingen: Narr, 311–333.

KELLER, Rudi (1994): *Sprachwandel*. 2. überarb. u. erw. Aufl. Tübingen/Basel: Francke (UTB 1567).

KELLER, Rudi (1995): *Zeichentheorie*. Tübingen/Basel: Francke (UTB 1849).

KEMPSON, Ruth (2001): „Pragmatics: Language and Communication". In: Aronoff, Mark/Rees-Miller, Janie (Hg.): *The Handbook of Linguistics*. Malden/Oxford: Blackwell, 395–427.

KLEIN, Hans-Wilhelm (1963): *Phonetik und Phonologie des heutigen Französisch*. München: Hueber.

KÖNIG, Werner (^{13}2001): *dtv-Atlas Deutsche Sprache*. München: dtv.

KOLBOOM, Ingo/KOTSCHI, Thomas/REICHEL, Edward (Hg.) (2008): *Handbuch Französisch. Sprache, Literatur, Kultur, Gesellschaft: für Studium, Lehre, Praxis*. 2., neu bearbeitete und erweiterte Auflage. Berlin: Schmidt.

KONTZI, Reinhold (Hg.) (1982): *Substrate und Superstrate in den romanischen Sprachen*. Darmstadt: Wissenschaftliche Buchgesellschaft.

KRAMER, Johannes (2004): *Die iberoromanische Kreolsprache Papiamento: eine romanistische Darstellung*. Hamburg: Buske.

KREMNITZ, Georg (1981): *Das Okzitanische. Sprachgeschichte und Soziologie*. Tübingen: Niemeyer.

KUHN, Julia (2000): *Die Stellung des Katalanischen in Europa. Eine soziolinguistische Studie zur katalanischen Sprache in Spanien, Frankreich, Italien und Andorra*. Bozen: Europäische Akademie Bozen.

LAUSBERG, Heinrich (1956-62): *Romanische Sprachwissenschaft*. 3 Bde. Berlin/New York: de Gruyter.

LAUSBERG, Heinrich (^{8}1984): *Elemente der litarischen Rhetorik*. München: Hueber.

LEBSANFT, Franz (2002): „Katalanisch." In: Janich, Nina/Greule, Albrecht (Hg.): *Sprachkulturen in Europa. Ein internationales Handbuch*. Tübingen: Narr, 121–126.

LENNEBERG, Eric H. (1977): *Biologische Grundlagen der Sprache*. Frankfurt/Main: Suhrkamp.

LEPSCHY, Anna/LEPSCHY, Giulio (1986): *Die italienische Sprache*. Tübingen: Francke.

LICHEM, Klaus (1969): *Phonetik und Phonologie des heutigen Italienisch*. München: Hueber.

LIPSKI, John M. (1996): *El español de América*. Traducción de Silvia Iglesias Recuero. Madrid: Cátedra.

LIVER, Ricarda (2010): *Rätoromanisch. Eine Einführung in das Bündnerromanische*. 2., überarbeitete und erweiterte Auflage. Tübingen: Narr.

LRL = Lexikon der romanistischen Linguistik. Herausgegeben von Günter Holtus/Michael Metzeltin/Christian Schmitt. 8 Bde. Tübingen: Niemeyer, 1988-2005.

LÜDTKE, Helmut (1964): „Die Entstehung romanischer Schriftsprachen". In: *Vox Romanica* 23, 3-21.

LÜDTKE, Helmut (1968): *Geschichte des romanischen Wortschatzes*. 2 Bde. Freiburg/Br.: Rombach.

LÜDTKE, Jens (1984): *Katalanisch. Eine einführende Sprachbeschreibung*. München: Hueber.

LUSTIG, Wolf/TIEDEMANN, Paul (2000): *Internet für Romanisten. Eine praxisorientierte Einführung*. Darmstadt: Wissenschaftliche Buchgesellschaft.

LYONS, John (1991): „Bedeutungstheorien". In: Stechow, Armin/Wunderlich, Dieter (Hg.): *Semantik/Semantics. Ein internationales Handbuch der zeitgenössischen Forschung*. Berlin/New York: de Gruyter, 1–24.

MALKIEL, Yakov (1993): *Etymology*. Cambridge: Cambridge University Press.

MAROUZEAU, Jules (1969): *Das Latein. Gestalt und Geschichte einer Weltsprache*. München: dtv.

MEISENBURG, Trudel (1996): *Romanische Schriftsysteme im Vergleich: eine diachrone Studie*. Tübingen: Narr.

MEISENBURG, Trudel/SELIG, Maria (1998): *Phonetik und Phonologie des Französischen*. Stuttgart etc.: Klett.

MENSCHING, Guido (1994): *Einführung in die sardische Sprache*. 2. durchgesehene Auflage. Bonn: Romanistischer Verlag.

MICHEL, Andreas (1997): *Einführung in das Altitalienische*. Tübingen: Narr.

189

MORRIS, Desmond (1979): *Gestures – Their Origins and distribution*. London: Jonathan Cape.

MÜLLER, Bodo (1975): *Das Französische der Gegenwart*. Heidelberg: Winter.

MÜLLER, Natascha/RIEMER, Beate (1998): *Generative Syntax der romanischen Sprachen. Französisch, Italienisch, Portugiesisch, Spanisch*. Tübingen: Stauffenburg.

MÜLLER-LANCÉ, Johannes (2012): *Latein für Romanisten*. 2., akt. Auflage. Tübingen: Narr (Narr Studienbücher).

NAVARRO, Tomás/HAENSCH, Günther/LECHNER, Bernhard (1970): *Spanische Aussprachelehre*. München: Hueber.

NIEDEREHE, Hans-Josef (1975): *Die Sprachauffassung Alfons des Weisen*. Tübingen: Niemeyer.

NOLL, Volker (2009): *Das amerikanische Spanisch: ein regionaler und historischer Überblick*. 2., aktualisierte und erweiterte Auflage. Tübingen: Niemeyer (RA 46).

OESTERREICHER, Wulf (2000): „Plurizentrische Sprachkultur – der Varietätenraum des Spanischen." In: *Romanistisches Jahrbuch* 51, 287–318.

OTERO, Jaime (Hg.) (1995): *El peso de la lengua española en el mundo*. Valladolid: Fundación Duques de Soria.

PFISTER, Max (1980): *Einführung in die romanische Etymologie*. Darmstadt: Wissenschaftliche Buchgesellschaft.

POMPINO-MARSCHALL, Bernd (1995): *Einführung in die Phonetik*. Berlin etc.: de Gruyter.

PÖLL, Bernhard (1998/2001): *Französisch außerhalb Frankreichs. Geschichte, Status und Profil regionaler und nationaler Varietäten*. Tübingen: Niemeyer (erweiterte frz. Fassung unter dem Titel: *Francophonies périphériques. Histoire, statut et profil des principales variétés du français hors de France*. Paris: L'Harmattan, 2001).

PÖLL, Bernhard (2002): *Spanische Lexikologie. Eine Einführung*. Tübingen: Narr (Narr Studienbücher).

POSNER, Rebecca/ROGERS, Kenneth H. (1993): „Bilingualism and language conflict in Rhaeto-Romance." In: Posner, Rebecca/Green, John N. (Hg.): *Trends in Romance Linguistics and Philology. Vol. 5: Bilingualism and Linguistic Conflict in Romance*. Berlin/New York: Mouton de Gruyter, 231–252.

PUSCH, Claus D./RAIBLE, Wolfgang (Hg.) (2002): *Romanistische Korpuslinguistik: Korpora und gesprochene Sprache*. Tübingen: Narr.

PUSCH, Claus D./KABATEK, Johannes/RAIBLE, Wolfgang (Hg.) (2005): *Romanistische Korpuslinguistik II: Korpora und diachrone Sprachwissenschaft*. Tübingen: Narr.

RALL, Dietrich/RALL, Marlene/ZORRILLA, Oscar (1980): *Diccionario de valencias verbales*. Tübingen: Narr.

REUTNER, Ursula/SCHWARZE, Sabine (2011): *Geschichte der italienischen Sprache. Eine Einführung*. Tübingen: Narr (Narr Studienbücher).

RHEINBACH, Ludwig (1985): *Die laufenden Bibliographien zur romanischen Sprachwissenschaft: eine vergleichende Untersuchung*. Bonn: Romanistischer Verlag.

ROSSILLON, Philippe (Hg.) (1983): *Un milliard de Latins en l'an 2000. Étude de démographie linguistique sur la situation présente et l'avenir des langues latines*. Paris: L'Harmattan.

ROCA, Iggy/JOHNSON, Wyn (2000): *A Course in Phonology*. Oxford: Blackwell.

ROHLFS, Gerhard (1971): *Romanische Sprachgeographie*. München: Beck.

RÖNTGEN, Karl-Heinz (2000): *Einführung in die katalanische Sprache*. 4., korrigierte und aktualisierte Auflage. Bonn: Romanistischer Verlag.

SAGER, Sven (2000): „Hypertext und Hypermedia". In: Brinker, Klaus et al. (Hg.): *Text und Gesprächslinguistik. Ein internationales Handbuch zeitgenössischer Forschung*. Berlin/New York: de Gruyter, 587–603.

SCHÄFER-PRIESS, Barbara/SCHÖNTAG, Roger (2012): Spanisch/Portugiesisch kontrastiv. Berlin: de Gruyter (RA 56).

SCHALLER, Helmut Wilhelm (1975): *Die Balkansprachen. Eine Einführung in die Balkanphilologie.* Heidelberg: Winter.

SCHIFFRIN, Deborah/TANNEN, Deborah/HAMILTON, Heidi E. (Hg.) (2001): *The Handbook of Discourse Analysis.* London: Blackwell.

SCHROEDER, Klaus-Henning (1967): *Einführung in das Studium des Rumänischen.* Berlin: Schmidt.

SCHLÖSSER, Rainer (2001): *Die romanischen Sprachen.* München: Beck (Beck'sche Reihe 2167).

SCHMID, Stephan (1999): *Fonetica e fonologia dell'italiano.* Turin: Paravia Scriptorium.

SCHMITT, Christian (2001): „Wörter und Sachen." In: *LRL* I/1, 235–292.

SCHULZE, Rainer (1984): „Pragmalinguistische Forschungsergebnisse der Gegenwart. Probleme und Tendenzen." In: *Neuphilologische Mitteilungen* 3, 143–150.

SCHWARZ, Monika ([2]1996): *Einführung in die Kognitive Linguistik.* Tübingen: Francke (UTB 1636).

SEIFFERT, Helmut/RADNITZKY, Gerald (Hg.) (1989): *Handlexikon zur Wissenschaftstheorie.* München: Ehrenwirt.

STEIN, Achim (2004): „Wörterbücher und Textkorpora für Französisch und Italienisch." In: Dahmen, Wolfgang et al. (Hg.) *Romanistik und Neue Medien. Akten des XVI. Romanistischen Kolloquiums.* Tübingen: Narr, 107–124.

STEIN, Peter (1984): *Kreolisch und Französisch.* Tübingen: Niemeyer (RA 25).

TAMÁS, Lajos (1983): *Einführung in die historisch-vergleichende romanische Sprachwissenschaft.* Gerbrunn bei Würzburg: Lehmann.

TEYSSIER, Paul (1990): *História da Língua Portuguesa.* Lisboa: Sá da Costa.

VOLLI, Ugo (2002): *Semiotik: eine Einführung in ihre Grundbegriffe.* Tübingen/Basel: Francke (UTB 2318).

WAGNER, Max Leopold (2002): *Geschichte der sardischen Sprache.* Übers. und hrsg. v. G. Masala. Tübingen: Francke.

WANDRUSZKA, Mario (1979): *Die Mehrsprachigkeit des Menschen.* München: Piper.

WARTBURG, Walther von (1950): *Die Ausgliederung der romanischen Sprachräume.* Bern: Francke.

WINKELMANN, Otto/LAUSBERG, Uta (2001): „Romanische Sprachatlanten." In: *LRL* I/2, 1004–1068.

WOCHELE, Holger (2012): „Sprach- und Minderheitenpolitik: Rumänien und das Rumänische – eine Einführung." In: *Quo vadis Romania?* 39, 55-70.

WODE, Henning (1988): *Psycholinguistik.* Hueber: München.

WOLF, Lothar (1975): *Aspekte der Dialektologie.* Tübingen: Niemeyer.

15. Sachindex

Die Fachausdrücke sind im Arbeitsheft fett gedruckt, sofern sie nicht in Überschriften erscheinen. Die Seitenzahlen verweisen auf das erste Vorkommen im Text.

Ablativ 48
Abstand 30
Adstrat 16
Adverbialsatz 127
Adversativsatz 127
affirmativ 72
Affix 108
Affixsubstituion 110
Affrikata 9
Agens 125
Akkusativ 48
Aktant 125
Akzent 11
Akzeptabilität 173
Allomorph 108
Allophon 83
Alphabetschrift 95
Anakoluth 166
Analogie 26
analytisch 49
Anapher 165
anaphorisch 165
annotiertes Korpus 175
Anthroponym 58
Antonym 134
Antonymie 138
~, konträre 138
Aphärese 27
apikal 6
Apokope 27
Approximant 9
arbiträr 72
Archaismus 135
Argument 125
Argumentstruktur 125
Artikulationsart 8

Artikulationsorgane 6
Artikulationsort 6
Aspekt 111
Aspiration 12
aspiriert 12
Assimilation 27
Asterisk 39
Aufsatz 36
Ausbau 31
Ausgangssprache 147
Ausgliederung 15
Auslautverhärtung 13
Basis 110
Bedeutung 69
Bedeutungserweiterung 40
Bedeutungsverbesserung 43
Bedeutungsverengung 40
Bedeutungsverschlechterung 43
Begriff 69
Besprechung 36
Bibliographie 51
bilabial 9
Bilderschrift 94
Bilinguismus 143
Blockierung 110
Brückensprache 144
Buchwort 26
casus obliquus 16
Chiasmus 166
Code-switching 115
constructio ad sensum 125
Corpus 173
Dakoromania 15
Dativ 48
deadjektivisch 112
Defektivität 112

Definiendum 120

Definiens 120

Definitionswörterbuch 133

Deklarativsatz 126

Deklination 48

Demotivierung 71

denominal 112

Denotat 69

Denotation 137

dental 6

Dependenzgrammatik 125

Derivat 110

Desideratum 36

deskriptiv 162

deverbal 112

Dezimalklassifikation 80

Diachron 22

Diakritika 95

diakritisch 74

Dialekt 30

Dialektologie, vertikale 57

~, horizontale 57

Dialektometrie 57

diaphasisch 135

diastratisch 135

diatopisch 135

differentia specifica 137

Differenzierung 15

Diffusion 25

Diglossie 87

Diminutiv 39

Dingvorstellung 69

Diphthong 7

~, fallender 101

~, steigender 101

Diphthongierung 27

Diskursanalyse 175

Dissimilation 27

distanzsprachlich 135

distinktives Merkmal 83

Distribution 109

Domäne 31

Doppelkonsonant 74

D(o)ublette 42

dorsal 6

dreiwertig (Verb) 125

einwertig (Verb) 125

Ellipse 40

empirischer Gehalt 119

Enquête 54

Enquêteur 54

enzyklopädisches Wissen 69

Epenthese 27

Erbwort 26

Erstbeleg 39

Erstspracherwerb 178

Etymon 39

Euphemismus 43

Explikation 123

Expressivität 43

Extension 120

extensional (Definition) 120

Fachwörterbuch 133

falsche Freunde 179

falsifizierbar (Hypothese) 119

Familienähnlichkeit 137

Feldforschung 54

Festschrift 35

Finalsatz 127

Flexion 110

Flexionskategorie 111

Flexionsklasse 111

Flap 9

Forschungsbericht 36

Fossilisierung 179

Fragebuch 54

Frequenzwörterbuch 133

Frikative 9

fruchtbar (Definition) 122

funktionale Erklärung 175

Galloromania 15

Gebrauchstheorie der Bedeutung 137

Geminata 74

Generative Grammatik 23

generisch 27
Genitiv 48
genus proximum 137
gerundet (Vokal) 7
Gesprächslinguistik 166
gespreizt (Vokal) 7
Gleitlaut 7
Glossar 28
Glosse 28
glottal 6
Glottisschlag 12
Glottonym 60
Grammatik, Historische 20
~, wissenschaftliche 162
Halbkonsonant 7
Halbvokal 7
Hauchlaut 12
Hiatus 171
Hieroglyphenschrift 94
Historisch-vergleichende Methode 20
Homonym 135
Homophonie 57
Hyperbel 166
Hyperkorrektismus 45
Hyperonym 139
Hypertext 166
Hyponym 139
Hyponymie 139
Hypothese 119
Iberoromania 15
Ideogramm 94
Idiolekt 161
idiomatisch 140
Ikon 70
Illokution 151
Implikatur 151
indirekter Sprechakt 151
Inferenz 70
Informant 54
Inkompatibilität 138
Innovation 25
Input 178

Intension 120
intensional (Definition) 120
Interferenz 13
Interlinearversion 28
Intonation 12
Introspektion 173
Isoglosse 55
Italoromania 15
Junggrammatiker 21
kakuminal 88
Karolingische Renaissance 27
Kasus 48
Katapher 165
kataphorisch 165
Kausalsatz 127
Klitikon 108
Knacklaut 12
kognitive Wende 23
Kohärenz 165
Kohäsion 165
Koiné 29
Kollokation 134
Kollokationswörterbuch 133
Kommutation 127
Komparation 49
Komplementarität 138
Komposition 110
Kompositionalitätsprinzip 140
Kompositum 110
Konditionalsatz 127
Kongressakten 36
Kongruenz 120
kongruieren 120
Konjugation 111
Konkordanzprogramm 175
Konnotation 137
Konsekutivsatz 127
Konsonant 8
Konsonantenschrift 94
Konstituente, unmittelbare 109
Kontextwörterbuch 133
Kontinuitätsthese 58

Kontrastive Textologie 166

Konvention 70

Konventionalität 40

Konversationsanalyse 166

Konversationsmaxime 151

Konversion 110

Konzept 69

Konzessivsatz 127

Korpus 173

Korpuslinguistik 174

Korpusplanung 61

Kreolistik 182

Kreolsprache 182

L1 178

L2 178

labial 6

labio-dental 9

Langage 161

Langue 161

laryngal 6

lateral 9

Lautgesetz 26

~e, Ausnahmslosigkeit der 55

Lemma 106

Lemmazeichen 134

Lernersprache 179

Lernerwörterbuch 133

Lexem 110

lexikalische Semantik 136

lexikalisiert 140

lingua franca 182

Linguistik 22

~, kognitive 23

Liquid 9

Litotes 166

Lokalsatz 127

lokutionärer Akt 151

Loyalität 32

Lusitanistik 15

Makrostruktur 134

Markierung 135

Merkmalssemantik 137

Metapher 40

Metaphonie 88

Metasprache 81

Metathese 27

Metonymie 40

Mikrostruktur 134

Minimalpaare 82

Miszelle 36

Monographie 35

Morph 108

Morphem 108

~, diskontinuierliches 108

~, freies 108

~, gebundenes 108

Morphonologie 85

Morphosyntax 111

motiviert 71

Motiviertheit 40

Muta 8

Nachruf 36

nähesprachlich 135

nasal 6

Nasalierung 27

Nasalität 7

Nasalvokal 7

Negation 72

Neologismus 135

Nomen actionis 112

Nomen agentis 112

Nomen instrumenti 112

Nomen loci 112

Nomen qualitatis 112

Nominativ 48

nonverbale Kommunikation 71

Norm 162

normativ 162

Numerus 48

Objektsatz 127

Objektsprache 81

Öffnungsgrad 7

Okklusiv 8

Ökonomie 43

195

Onomatopoetika 40
operationale Definition 120
Optimalitätstheorie 85
oral 6
Oralvokal 7
Ostromania 16
Oxymoron 166
palatal 6
Palatalisierung 27
Paradigma 111
paradigmatisch 125
Paradigmenwechsel 19
Paragoge 88
Parallelismus 166
Paraphrase 93
Parasynthese 110
Parole 161
Perlokution 151
Permutation 127
persuasiv (Definition) 123
pharyngal 6
Philologie 20
Phon 82
Phonem 82
Phonetik, akustische 5
~, artikulatorische 5
phonographisch 95
Phonologie 82
Phonotaktik 11
Phrase 125
Phraseologismus 126
Pidgin 182
Plosiv 8
Plural 48
plurizentrisch 156
Polysemie 106
Präfix 108
Pragmalinguistik 23
Pragmatik 23
pragmatische Wende 23
präskriptiv 162
Prestige 61

Proform 162
Prosodie 11
Prototypensemantik 137
Proxemik 71
produktiv/unproduktiv 110
Quantitätenkollaps 47
questione della lingua 74
Rätoromania 15
Reduplikation 110
Referent 69
Referenztheorie der Bedeutung 137
regionaler Standard 156
Reibelaut 9
rekonstruieren 21
Rektion 49
relative Lautchronologie 64
Relativsatz 127
retroflex 88
Rezension 36
Rhetorik 165
rhetorische Frage 166
Rhotazismus 27
Romania continua 14
Romania nova 14
Romania submersa 14
Rückbildung 110
Rundung 7
Sammelband 35
satzphonetisch 170
Satzsemantik 136
Schwa 144
Segmentierung 124
Selektionsbeschränkungen 138
semantisches Merkmal 137
Seme 137
Semiose 69
Semiotik 69
semiotisches Dreieck 69
signifiant 69
signifié 69
Silbe, offene 26
~, geschlossene 26

Silbenschrift 94

Singular 48

Skripta 113

Sonorisierung 27

Soziolinguistik 23

Sprechakt 151

Subjektsatz 127

Suchmaschine 177

Spirant 9

Sprachbund 60

Sprache 30

Spracheinstellungen 156

Sprachgebrauch 174

Sprachgeschichte, externe 39

Sprachpflege 114

Sprachstruktur 174

Sprachtod 34

Sprachtypologie 126

Sprachwandel 24

Standardisierung 32

Status 61

Statusplanung 61

Stilistik 165

stimmhaft 9

stimmlos 9

Strukturalismus 22

Strukturbaum 109

Substitutionsprobe 125

Substrat 14

Suffix 108

Suggestivdefinition 123

Superstrat 15

Suppletion 112

Symbol 70

Symptom 70

synchron 22

Synkope 47

Synonym 135

Syntagma 125

syntagmatisch 125

Syntax 124

synthetisch 49

Tap 9

Tautologie 119

teilnehmende Beobachtung 54

Temporalsatz 127

Tempus 111

terminus technicus 120

Tertiärsprache 179

Textedition 37

Textfunktion 165

Textsorte 166

Theorie 119

Tilde 7

Toponym 58

Transfer 13

~, negativer 179

~, positiver 179

Transkription, phonetische 5

~, breite/enge 5

transphrastische Grammatik 165

Trill 9

trivial (Hypothese) 119

Universalgrammatik 178

Universalie 161

unmarkiert 126

unmotiviert 71

uvular 6

Valenz 126

Valenzwörterbuch 126

velar 6

Verb, unregelmäßiges 111

Verbform, finite 111

~, infinite 111

Verschlusslaut 8

Vibrant 9

Vokal 6

Vokalabschwächung 27

Vokaldreieck 7

Vokalquantität 47

Vokativ 48

Volksetymologie 41

Weltwissen 69

Westromania 16

197

Wort, einfaches 108
~, komplexes 108
Wortbildung 110
Wörter und Sachen 40
Wörterbuch, etymologisches 42
~, historisches 42
~, terminologisches 133
Wortfeld 138
Wortgeschichte 39
Wortsemantik 136
Wortstellung 126

Zeitschrift 36
Zentralisierung 27
Zielsprache 147
zirkulär (Definition) 121
Zirkumstant 125
Zitat 92
Zweitspracherwerb 178
~, ungesteuert/natürlich 178
~, gesteuert 178
zweiwertig (Verb) 125